# クリニックが在宅医療をはじめようと思ったら最初に読む本

医業経営研鑽会［編］
岸部宏一・松山　茂・小島浩二郎・山田隆史［著］

日本法令®

# はしがき

気が付いたら我々医業経営研鑽会のメンバーの共著による書籍も本書で８冊目となり、お陰様で「クリニック開業を思い立ったら最初に読む本」「病医院の引き継ぎ方・終わらせ方が気になったら最初に読む本」（いずれも日本法令）も好評をいただき、増刷を重ねるに至っています。

本書は「最初に読む本」シリーズの第３弾として、これから在宅医療への参入を検討していらっしゃる診療所の院長先生に向けた入門書として企画し、メンバー共著で執筆を始めたものです。

ところが本書執筆中に新型コロナウィルスが拡大し、医療に限らず、社会の前提が大きく変わってしまいました。当然のことながら、執筆途中で内容を入れ替える等、本書も可能な限り対応しています。

新型コロナウィルスの影響で外来患者数が減少するなか、在宅患者は全然減っていないところもあり、またこの先も医療政策的に街のクリニックに期待される「かかりつけ医」の役割を考えると、これまで在宅医療に二の足を踏んでいた院長先生にも、複数ある選択肢の１つとして在宅医療を検討していただく必要があるのでは？というのが本書の趣旨です。

本書を手に取っていただいた院長先生のところでは、本書序説にあるような悩ましいケースが発生した事例はありませんでしょうか？

本書はそのような院長先生が在宅医療に取り組む際の「はじめの一歩」の解説書として、現役の事務長、医業経営コンサルタント、弁護士、税理士、行政書士が在宅医療参入前後の診療所を支援している各専門職の立場から執筆したものです。

なお、在宅医療参入の「はじめの一歩」としての守備範囲を明確にする意味で、多数の在宅患者の家を回る在宅専門診療所や、専門の在宅チームを持つ大規模診療所や病院、また障害児（者）医療等の場面で発生する問題や課題については本書内では触れておらず、外来への通院が困難となった高齢者に対する在宅医療に絞っておりますことにつきましては、ご容赦願いたく存じます。

本書が、在宅医療を必要とする患者さんとそのご家族のQOL向上の一助になれば幸いです。

最後になりますが、本書の企画構想の段階からご指導いただいた我々医業経営研鑽会のリーダーである西岡秀樹会長と、足並みのそろわない共著者に最後までお付き合いいただき、本書をなんとかまとめてくださった日本法令の吉岡幸子さまには、心よりお礼申し上げます。

それでは「法令クリニック」２代目院長である「法令次郎」先生を例にとって、在宅医療に取り組むうえでの「はじめの一歩」につき、一緒に考えて参りましょう。

令和３年１月

著者代表　岸部 宏一

Contents

## 第３章　在宅医療の制度と将来

# 序　説

## 法令クリニック２代目院長が、はじめての「在宅医療」を軌道に乗せるまで

### 1　初めての往診（平成31年2月1日）

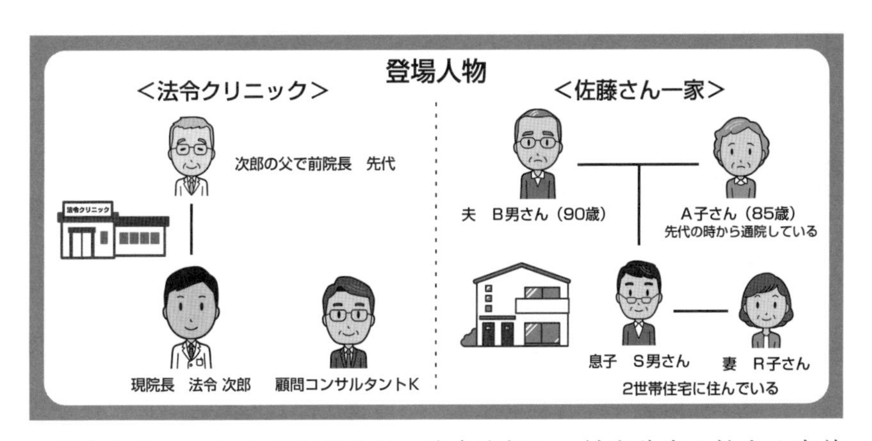


法令クリニックの２代目院長・法令次郎は、外来診療の始まる直前に、佐藤A子さんの息子である佐藤S男さんから電話を受けた。A子さんは先月、自宅玄関で転倒し、大腿骨頸部骨折で入院していたが、昨日、退院して、自宅に戻ったとのこと。しかし、まだ歩くこともできず、ADL（日常生活動作）も大幅に低下していることから、家まで診察に来てもらえないか、また、これまで服用してきた血圧の薬などを処方してもらえないかとの相談であった。あまり気が進まなかったが、長年、通院している患者さんであり、自宅がクリニックから車で５分ほどと近いこともあり、その日の昼休みを利用して、A子さん

宅に向かった。

佐藤さんのお宅は、1階がA子さん夫婦、2階が息子夫婦の2世帯住宅で、A子さんは夫のB男さんと暮らしている。B男さんは年齢の割に元気だが、息子のS男さんの話では、近頃、物忘れがひどくなってきているとのことで、A子さんの介護・療養は、S男さんの妻であるR子さんが主に担っている。

A子さんの診察の結果、心雑音が聴取され、血圧は高めで、便秘気味であった。また、時々、足が痛いといった症状も出ていることから、降圧剤、利尿剤、整腸剤、鎮痛剤を14日分処方することにした。S男さんには、処方箋を用意しておくので、後ほど、クリニック受付に取りに来るよう伝え、診察を終えた。

## 2　2回目の往診（平成31年2月12日）

S男さんから、再び、電話があった。母A子さんはまだ通院できる状態ではないので、前回同様、家に診察に来て、必要な薬の処方箋を発行してもらえないかとの依頼であった。今回も昼休みに佐藤さんの家に行き、診察をして、必要な薬の処方箋を発行した。息子のS男さんからは、今後、定期的に家に来て診察や薬の処方をお願いできないかとの話があった。

## 3　在宅訪問診療の検討

S男さんからの依頼を受け、法令次郎は先代院長や顧問コンサルタントKとも相談した。

法令 次郎

在宅訪問診療の依頼を受けた以上、訪問すること自体は吝かではないが、さて何から手を付けたらよいのでしょう？

在宅医療となると24時間拘束されるのですよね？　できればそこは避けたいのですが……

コンサルタントK

①これまでは往診扱いでよい。
②今後、定期的に患家を訪問して診察を行うということになれば、在宅訪問診療になる。
③在宅訪問診療＝24時間対応とは限らない。佐藤A子さんの状態は今のところ安定しているようでもあり、まずは24時間対応が必須ではないレベルの在宅訪問診療をスタートさせてはどうか。
④具体的には、在宅療養支援診療所の届出をせず、診療報酬は在宅患者訪問診療料を算定する。
⑤その場合でも、在宅訪問診療として行う以上、本人や家族に訪問診療の同意を文書で取る必要がある。
⑥さらに在宅療養計画を作成し、総合的な医学管理を行っていくのであれば、在宅時医学総合管理料の算定も可能であるが、この場合は施設基準の届出が必要である。

## 4　在宅訪問診療の開始（平成31年2月26日）

次郎は悩んだ末、24時間対応が必須ではない在宅訪問診療を開始することにした。コンサルタントKのアドバイス通り、当面は在宅療養支援診療所、在宅時医学総合管理料の施設基準の届出をせず在宅患者訪問診療料の算定のみ、という必要最小限の在宅訪問診療である。次郎は、S男さんに電話をして、以下のことを伝えた。

法令 次郎

- ご依頼の通り、今後定期的に訪問して診察や薬の処方などを行う。
- 前回の往診から2週間後となる明日、家に伺い、診察を行う。
- 診察の前に本人や家族に説明をし、文書を取り交わしたうえで、在宅訪問診療を開始する。

翌日、家に伺うとS男さんは仕事で不在だったため、在宅訪問診療を始める前に、A子さんとR子さんに、在宅訪問診療の説明をして了解をもらい、A子さんに訪問診療の同意書に署名・捺印をしてもらった。診療後、今後も2週間に1回の頻度で、佐藤さんのお宅を訪問することを伝えた。

## 5 主治医意見書の作成（平成31年4月9日）

訪問診療を開始してから少し経った頃、R子さんから次のような相談があった。

妻 R子さん

- 義母のA子さんの療養・介護を担っているが、思った以上に大変である。
- 困っていたところ介護保険サービスを利用できることを知り、先日、地元の地域包括支援センターに相談に行った。
- ケアマネージャーを選任して、介護サービス計画を立ててもらうことで、介護保険サービスが利用できることなどを教えてもらった。
- そのため、まずは、主治医に主治医意見書を書いてもらい提出する必要がある。
- 書類を預かってきたので、主治医意見書の作成をお願いしたい。

主治医意見書は病院勤務時代に何回か書いた経験はあるが、それからは随分時間が経っている。そこで、コンサルタントKに相談し、何とか作成することができた。しばらくして、介護認定の結果の通知があり、A子さんは要介護4と認定された。

## 6 緊急往診（令和元年5月26日）

在宅訪問診療を開始してから3カ月が経った日曜日の夜の10時過

ぎに、先代院長である父が次郎の家を訪ねてきた。聞けば、今しがた佐藤さん宅から電話があり、A子さんが39℃近い熱を出しているとのこと。先代とB男さんとは、20年ほど前まではよく一緒にゴルフをする仲で、先代の自宅の電話番号を知っていたため、S男さんが電話してきたようだ。先代は俺が診に行くと言ったが、先代も高齢であり、車の運転には少々不安もあるので、次郎は自分が行くと告げ、佐藤さんのお宅に向い診察し、薬を処方して緊急時の連絡先等につきアドバイスして帰宅した。

## 7 24時間対応の検討

その後A子さんは熱も下がり、ひとまず事なきを得た。しかし次郎は、今後も今回のようなことがあるのは困ると思い、コンサルタントKに相談した。

法令 次郎

地域密着の診療所である以上、患者さんからの要請を断ることはできないが、さりとて高齢の父に負担をかけることもできず、どうしたものか？

コンサルタント K

- 先代の自宅の電話番号を佐藤さんが知っている以上、A子さんの容態に何かあれば、今後も先代の自宅に電話をかけてきて相談することは十分考えられる。
- 次郎先生が行かないと言えば、今回のように先代が行くと言うだろうし、先代と佐藤さんの関係を考えると本当に行ってしまうかもしれない。
- そうであれば、この際、在宅療養支援診療所の届出をして、在宅訪問診療を24時間対応に切り替えて次郎先生が対応するしかないのではないか。

次郎は、こんなことなら、最初に家に呼ばれた時に断ればよかった……と後悔した。一方で、先日、保険医協会の講演会で地域包括ケアシステムの話を聞き、自分も生まれ育ったこの地での地域医療における在宅医療の必要性・重要性を認識してもいた。

また、長年この地域の医療を担ってきた先代は、つい数年前までは、往診したり、自宅で看取ったりしていて、住民・患者さんから感謝されていることもよく知っていた。色々と考えた結果、在宅訪問診療を24時間対応に切り替えることにした次郎は、コンサルタントKにその決心を告げて、具体的にどうするかを相談した。

## 8　在宅療養支援診療所等の手続き（令和元年6月）

法令　次郎

本格的に在宅療養支援診療所として在宅医療を始めたいのですが、何から始めたらよいでしょう？

コンサルタントK

- 手続きの前提として、24時間対応をしてくれる訪問看護ステーションや在宅患者をいざというときに受け入れてくれる病院が必要。
- 手続き時には必須ではないが、24時間対応をしてくれたり、薬を届けてくれたりする調剤薬局があったほうがよい。

コンサルタントKからは、心当たりをあたって、目途が立ったら教えてくださいとのことだった。

病院については、隣の市に大学の先輩が院長を務める中規模の病院があることを思い出し、院長に電話して頼んだところ、同様の依頼は多数あるとのことで、快く了解が得られた。しかし、訪問看護ステーションや調剤薬局には心当たりがなかったため、コンサルタントKに相談した。すると、近隣で在宅部門を強化している中規模の調剤薬局チェーンの在宅部門の責任者を知っているとのことで紹介してもらったところ、佐藤さん宅に近い店舗で対応してくれることになった。また、その責任者が連携している訪問看護ステーションの所長に話をしておくから、直接話をしてみてくださいとも言ってもらえた。翌日電話を入れると、すでに話が通っており、今日の夕方ご挨拶方々伺いますとのこと。話をしたところ、書類上だけではなく、実際の在宅訪問診療でも連携・協力していきましょうということになった。

## 9 在宅療養支援診療所としての在宅訪問診療の開始（令和元年7月2日）

施設基準の届出が完了し、今月から法令クリニックは在宅療養支援診療所となった。それに伴い、月初めの訪問診療の際に、A子さんとR子さんに24時間対応の案内をしたうえで文書を渡し、併せて今後の診療・療養の計画についての説明も行った。そのなかで今後の診療・療養の計画の１つとして、同意・了解が得られるのならば定期的に訪問看護にも入ってもらいたいと考えていることも伝えた。説明を受けたR子さんは夫のS男さんと相談しますとのことだったが、後日、S男さんから、訪問看護ステーションと契約したため、訪問看護指示書の作成・発行をお願いしますとの連絡があった。

## 10 介護保険の居宅療養管理指導料

コンサルタントKから、次の説明があった。

- 法令クリニックは介護保険法上のみなし指定として介護事業所となっており、所定の届出をすることで、介護保険の居宅療養管理指導料を算定・請求できる。
- そのためには、多職種連携やサービス担当者会議が重要である。

早速、居宅療養管理指導料算定の手続きをし、A子さんやR子さんに説明して同意をもらったうえで、翌月から居宅療養管理指導料の算定を開始することとし、それに合わせて、翌月最初の訪問診療の時に佐藤さんのお宅でサービス担当者会議を開いた。勝手がわからずに不安なまま参加した法令次郎だったが、集まったケアマネージャー、訪問看護ステーションの看護師、福祉用具の担当者、薬を届けている調剤薬局の薬剤師たちは互いにそれぞれ面識もあるようだった。ケアマネージャーの司会で打合せが進み、法令次郎には病状の説明や今後の見通し、医師からの意見や在宅療養上のアドバイスなどが求められた。

## ⑪ 食事量の低下や尿路感染症・肺炎の発症（令和２年２月頃から）

最初の往診から１年ほど経った頃から、Ａ子さんの食事量が徐々に減ってきた。そのうえ時々、尿路感染症や肺炎を起こすようにもなった。必要に応じて訪問看護ステーションに頻回の訪問看護や点滴を行ってもらうなど、連携・協力して対応することとなり、法令クリニックとしては、その都度、必要な指示書を作成・発行した。

## ⑫ ご主人Ｂ男がアルツハイマー型認知症との診断（令和２年３月）

Ａ子さんの夫Ｂ男さんは、このところ家に引きこもりがちで、息子夫妻から見ても明らかに認知症ではないかと思われる状態であった。そこで、息子のＳ男さんが、日本法令病院の認知症外来に連れていき、MRIや認知機能検査等をしてもらったところ、アルツハイマー型認知症と診断され、薬も処方された。ただ、法令病院まではやや遠く、薬がなくなる度に父を連れていくのは大変であるため、医師に相談したところ、在宅訪問診療をしてもらい、その医師に薬を出してもらったらどうかとの話があった。そこで、母がすでに在宅訪問診療を受けているので、同じ先生に診てもらうよう紹介状をお願いした。S男さんから紹介状を渡され、ぜひ、父も訪問診療をお願いしますと言われた法令次郎は断れるはずもなく、B男さんの在宅訪問診療も行うことになった。

## ⑬　るい痩・褥瘡・在宅酸素療法（令和２年８月）

さらに半年ほど過ぎた頃から、A子さんの状態はさらに低調となり、るい痩も目立つようになった。この頃から、仙骨部などに褥瘡ができるようになり、エアマットを入れたり、指示書を発行して、訪問看護ステーションに褥瘡の頻回の処置をしてもらったりした。また、心不全が悪化して、血中酸素飽和度も上がらなくなってきた。そのため、在宅酸素療法を開始することにして、酸素濃縮装置のレンタルの手配や指示書の作成などを行った。

## ⑭　終末期（令和２年10月）

法令次郎は、最近のA子さんの状態は閉眼している時間も多くなり、意識レベルも低下してきているようで、終末期に近づいているか、場合によってはすでに終末期に入っていると考えた。そのため、S男さんに、A子さんの最期をどうしたいか、ご家族でよく話し合ってもらい、その結果を教えてほしいとの依頼をした。２週間後、S男さんからクリニックへ電話があった。家族の希望・意向をまとめたので、お話に伺いたいとのことだったので、その週の土曜日の診療終了後にクリニックで面談することにした。併せて、ケアマネージャー、訪問看護ステーションの看護師、福祉用具の担当者、調剤薬局の薬剤師にもクリニックに来てもらい、サービス担当者会議を開くことにした。

土曜日、S男さんの話を伺うと、自宅で母の最期を看取りたい、病院への入院や延命措置は望まない、それは母も望んでいることだと思うので、次郎先生に看取りをお願いしたいという内容だった。話を受け、法令次郎より、看取りに向けた説明等をし、看取り同意書に署名・捺印をしてもらった。また、関係者で看取りに向けた連携・協力などについて話し合った。

## ⑮ ご主人B男さんの施設入居を検討

また、S男さんから、父のB男さんについての相談も受けた。近頃、知らぬ間に外出してしまうことが何回かあり、2日前には警察に捜索願いを出すことも検討したほどだったとのこと。妻のR子さんは母A子さんの介護でかなり疲れており、そのうえ、父がこのような状態ではR子さんがダウンしかねないとのことで、B男さんを施設に入れたほうがよいのではないかとの話であった。

## ⑯ 看取り（令和2年12月24日）

それから2カ月後の夜の11時前に、S男さんから電話があった。A子さんの呼吸が非常に弱く、呼びかけにも開眼しないので、診察に来てほしいとの依頼であった。佐藤さんの家に急いで駆けつけ、A子さんの診察をするも、ほとんど呼吸音や心音は聴こえず、10分後に、心肺停止や対光反射の消失を確認し、死亡診断を行った。

## ⑰ ご主人B男さんのその後

B男さんはといえば、A子さんの亡くなる1カ月ほど前に有料老人ホームへ入所した。グループホームへの入所が希望だったが空きがなく、グループホームの空きが出るまでの間、とりあえず系列の有料老人ホームに入所することになったとのこと。事前に、S男さんからは、有料老人ホーム側の了解も得ているので、有料老人ホームに入所後も、引き続き、次郎先生に父を診てもらいたいとのお願いをされた。その有料老人ホームは、クリニックから車で15分の所にあり、それほど遠くはないので、B男さんの診療継続を引き受けることにした。

## 18 施設への在宅訪問診療

有料老人ホームに最初に訪問診療に行った際、B男さんの診察前に、施設長、看護師、サービス計画担当者、フロアーリーダーなどの施設関係者と打合せを行った。法令次郎から訪問診療の説明を行い、必要な書類を渡し、施設側の対応を確認するなどした。一通りの話が終わった頃に、施設長より、B男さん以外の他の入居者の訪問診療もしてもらえないかとの話があった。すでに2つの医療機関から、在宅訪問診療を受けているとのことだが、「どちらの医療機関からも、9名までしか在宅訪問診療を行わないと言われている。そのため、その枠から出た入居者で訪問診療を希望している方たちをお願いしたい」とのことだった。法令次郎は、A子さんが終末期に入っており、心理的にもあまり余裕がないこともあって、即答はせず、少し時間がほしいという話に留めておいた。

## 19 法令次郎の所感

A子さんの最初の往診から、最期を看取るまでを振り返ってみると、訪問看護ステーションが非常に協力的で、佐藤さんの家族ともよくコミュニケーションを取ってくれたこともあり、思っていたほど、夜間・早朝・休日に連絡があるわけではなかった。しかし、終末期に入り、いつ呼ばれてもおかしくない状況では、好きな酒も飲めず辛かったが、A子さんの最期を看取り、S男さんはじめご家族から大変感謝され、在宅医療を始めてよかったと思えた。また、今回初めて在宅訪問診療の診療報酬を知り、外来診療が頭打ちの状況のなかでは(最近、近隣に内科のクリニックが新たに開設された)、経営的にも在宅訪問診療は必要なのではないかと考えを改めた。

## 20 法令次郎のその後

その後、法令次郎は、B男さんの入居している有料老人ホームからの訪問診療の話を受け、施設への在宅訪問診療も行うようになった。また、ケアマネージャーの紹介などにより、A子さんのような自宅への訪問診療も引き受けている。コンサルタントKとも相談しながら、在宅訪問診療を広げるため、体制や人員を調え、職員への教育などを行っている。施設への在宅訪問診療を始めて、その診療報酬を知ると、なぜ自宅と施設でこれほどまでに診療報酬に差があるのかといった疑問が湧いてくる。数年前には、施設の在宅訪問診療の診療報酬がいきなり大幅にカットされたという話を知って、一抹の不安を感じながらも、毎日、忙しい日々を送っている。

以上が、法令次郎が在宅診療を行うようになった経緯の概略です。参考までに、これまでの主な日付における診療報酬を示します。

- ❶平成31年2月1日(初めての往診)および❷平成31年2月12日(2回目の往診)
  往診料:720点 + 再診料:73点 + 外来管理加算:52点 + 処方箋料:68点 + 特定疾患処方管理加算1:18点 = **931点**(*)
- ❹平成31年2月26日(在宅訪問診療の開始)
  在宅患者訪問診療料:888点 + 処方箋料:68点 + 特定疾患処方管

理加算1：18点 ＝ **974点**（＊）

- **6**令和元年5月26日（緊急往診）
  往診料：720点 ＋ 深夜加算：1,300点 ＋ 再診料：73点 ＋ 深夜加算：420点 ＋ 外来管理加算：52点 ＋ 処方箋料：68点 ＋ 特定疾患処方管理加算1：18点 ＝ **2,651点**

- **9**令和元年7月（在宅療養支援診療所としての在宅訪問診療の開始）の1カ月分の診療報酬
  在宅患者訪問診療料：888点 × 2回 ＋ 在宅時医学総合管理料：3,700点 ＝ **5,476点**
  8月からは介護保険の居宅療養管理料5,900円も加わるので、5,476点 × 10円 ＋ 5,900円 ＝ **60,660円**となる。

- **13**令和2年8月（るい痩・褥瘡・在宅酸素療法）1カ月分の診療報酬
  在宅患者訪問診療料：888点×2回 ＋ 在宅時医学総合管理料：3,700点 ＋ 在宅酸素療法指導管理料および加算：7,280点 ＋ 訪問看護指示料および特別訪問看護指示加算：400点 ＝ **13,156点**

- **16**令和2年12月24日（看取り）
  往診料：720点 ＋ 深夜加算：2,300点 ＋ ターミナルケア加算：4,500点 ＋ 看取り加算：3,000点 ＋ 再診料：73点 ＋ 深夜加算：420点 ＝ **11,013点**

- 令和元年7月以降、施設基準を届け出れば、初診料の機能強化加算80点の算定が可能になる。1年間に、初診料を2,000回算定しているとすると、80×2,000 ＝ 160,000点、すなわち、160万円の増収になる。

＊：主病について、治療計画に基づき、服薬、運動、栄養等の療養上の管理を行っていれば、さらに特定疾患療養管理料：225点も算定できる。

詳しい説明や解説は、この後の各章・各節でお読みください。

## 法令次郎が在宅診療を行うようになった経緯

| 番号 | 日付 | タイトル | |
|---|---|---|---|
| 1 | 平成31年２月１日 | 初めての往診 | |
| 2 | 平成31年２月12日 | 2回目の往診 | |
| 3 | | 在宅訪問診療の検討 | |
| 4 | 平成31年２月26日 | 在宅訪問診療の開始 | |
| 5 | 平成31年４月９日 | 主治医意見書の作成 | |
| 6 | 令和元年５月26日 | 緊急往診 | |
| 7 | | 24時間対応の検討 | |
| 8 | 令和元年６月 | 在宅療養支援診療所等の手続き | |
| 9 | 令和元年７月２日 | 在宅療養支援診療所としての在宅訪問診療の開始 | |
| 10 | | 介護保険の居宅療養管理指導料 | |
| 11 | 令和２年２月頃 | 食事量の低下や尿路感染症・肺炎の発症 | |
| 12 | 令和２年３月 | ご主人がアルツハイマー型認知症との診断 | |
| 13 | 令和２年８月 | るい痩・褥瘡・在宅酸素療法 | |
| 14 | 令和２年10月 | 終末期 | |
| 15 | | ご主人B男さんの施設入居を検討 | |
| 16 | 令和２年12月24日 | 看取り | |
| 17 | | ご主人・B男さんのその後 | |
| 18 | | 施設への在宅訪問診療 | |
| 19 | | 法令次郎の所感 | |
| 20 | | 法令次郎のその後 | |

| | 主なテーマ | 主な手続き | 参照 |
|---|---|---|---|
| | 次郎医師の佐藤A子さんへの初往診 | | 1章3節 |
| | 在宅訪問診療の依頼、今後の往診の問題点 | | 1章3節 |
| | 顧問コンサルタントKに在宅訪問診療について相談 | | 1章3節 |
| | 訪問診療の手続き（同意書） | 訪問診療同意書の署名・捺印 | 1章3節・4節 |
| | 介護保険の利用 | | 1章8節 |
| | 日曜日の夜間に往診 | | 1章3節 |
| | 顧問コンサルタントKに在宅療養支援診療所等について相談 | | 1章1節 |
| | 訪問看護ステーションや調剤薬局との協力・連携 | 施設基準（*）の届出 | 1章1・2・5・7節 |
| | 24時間対応の文書と在宅療養計画 | 24時間対応文書の交付、在宅療養計画の説明 | 1章2・3・4節 |
| | クリニックが介護保険報酬を算定・請求 | 居宅療養管理指導の説明と同意の署名・捺印 | 1章1・8節 |
| | A子さんの状態が徐々に低下 | | |
| | B男さんの認知症が顕著・B男さんに訪問診療開始 | | 1章3節 |
| | A子さんに在宅酸素療法 | | 1章5節 |
| | A子さんの看取りに向けた対応 | 看取り同意書の作成および署名・捺印 | 1章6節、2章7節 |
| | 家族がB男さんを自宅で世話するのが困難 | | |
| | A子さんが亡くなり次郎医師が看取る | 死亡診断書の作成・交付 | 1章6節、2章7節 |
| | B男さんは有料老人ホームへ入所 | | 1章5節 |
| | 施設の訪問診療、なぜ9人？ | | 1章5節 |
| | A子さんの訪問診療を振り返っての次郎医師の感想 | | |
| | 次郎医師はB男さんの有料老人ホームへ訪問診療開始 | | |

*：在宅療養支援診療所、在宅時医学総合管理料、
施設入居時等医学総合管理料、在宅がん医療総合診療料

［第1章］

# 在宅医療の基礎

# 第１節　在宅医療とは

## １．医療の提供を受けられる場所

通常、医療の提供を受ける場所は医療機関であることは、誰でも知っています。それでは、医療機関以外の場所である在宅で、医療の提供を受けることに問題はないのでしょうか。医療法および同施行規則の１条は次のように定めています。

**【医療法】**

第１条の２

２　医療は、国民自らの健康の保持増進のための努力を基礎として、医療を受ける者の意向を十分に尊重し、病院、診療所、介護老人保健施設、介護医療院、調剤を実施する薬局その他の医療を提供する施設（以下「医療提供施設」という。）、医療を受ける者の居宅等（居宅その他厚生労働省令で定める場所をいう。以下同じ。）において、医療提供施設の機能に応じ効率的に、かつ、福祉サービスその他の関連するサービスとの有機的な連携を図りつつ提供されなければならない。

**【医療法施行規則】**

第１条　医療法（昭和23年法律第205号。以下「法」という。）第１条の２第２項の厚生労働省令で定める場所は、次のとおりとする。

一　老人福祉法（昭和38年法律第133号）第20条の４に規定する養護老人ホーム（第９条第３項第三号において同じ。）

二　老人福祉法第20条の５に規定する特別養護老人ホーム（第９条第３項第四号において同じ。）

三　老人福祉法第20条の６に規定する軽費老人ホーム（第９条第３項第五号において同じ。）

四　有料老人ホーム

五　前各号に掲げる場所のほか、医療を受ける者が療養生活を営むことができる場所であって、法第１条の２第２項に規定する医療提供施設（以下単に「医療提供施設」という。）以外の場所

したがって、医療提供施設以外で医療が受けられるのは、医療を受ける者の居宅等＝在宅ということになり、在宅で医療を受けることに制度上の問題はありません。

## 2．狭義の在宅医療と広義の在宅医療

在宅医療というと、「医療」という言葉から医師が「在宅」で行う「医療」というように捉えがちであり、たしかに狭義ではその通りです。しかし、厚生労働省のパンフレットにもあるように、現代において在宅医療という言葉は、医師が行う往診・在宅訪問診療だけを指すものではなく、看護師が行う訪問看護、歯科医が行う訪問歯科診療、薬剤師が行う訪問薬剤管理、理学療法士などが行う訪問リハビリテーション、管理栄養士が行う訪問栄養食事指導など、自宅で受けられる医療全般を指すものとして考えられており、近年、地域包括ケアシステムとの関連で、非常に重要性・必要性が高まっています。

なお、地域包括ケアシステムとは、住み慣れた地域で自分らしい暮らしを人生の最期まで続けることができるように、国が推奨している包括的な支援・サービス体制のことです。住み慣れた地域といえば、多くの場合、自宅のある地域ということになります。そして、高齢になっても自宅に最期まで住み続けるには、広義の在宅医療が必要不可欠であることは、誰にでも容易に理解できることです。地域包括ケアシステムの詳細については、第３章で後述します。

この地域包括ケアシステムには、在宅医療だけではなく色々なサービス・支援が必要であり、またそれらをコーディネートし、専門職同士が協力・連携する、いわゆる多職種連携が必要不可欠です。在宅医療における多職種連携や、その代表的な打合せであるサービス担当者会議については、第２章で解説します。

本書は、外来診療を行っているクリニックが在宅医療を開始する（もしくは検討する）ときに、院長やスタッフの皆様に読んでいただくことを想定し執筆しています。したがってこれ以降、在宅医療とは狭義の在宅医療、即ち医師による往診や在宅訪問診療が中心となります。しかし、頭の片隅でもよいので、広義の在宅医療も少し意識しながら読んでいただくことをお勧めします。

1-1-1 ［在宅医療をご存じですか］

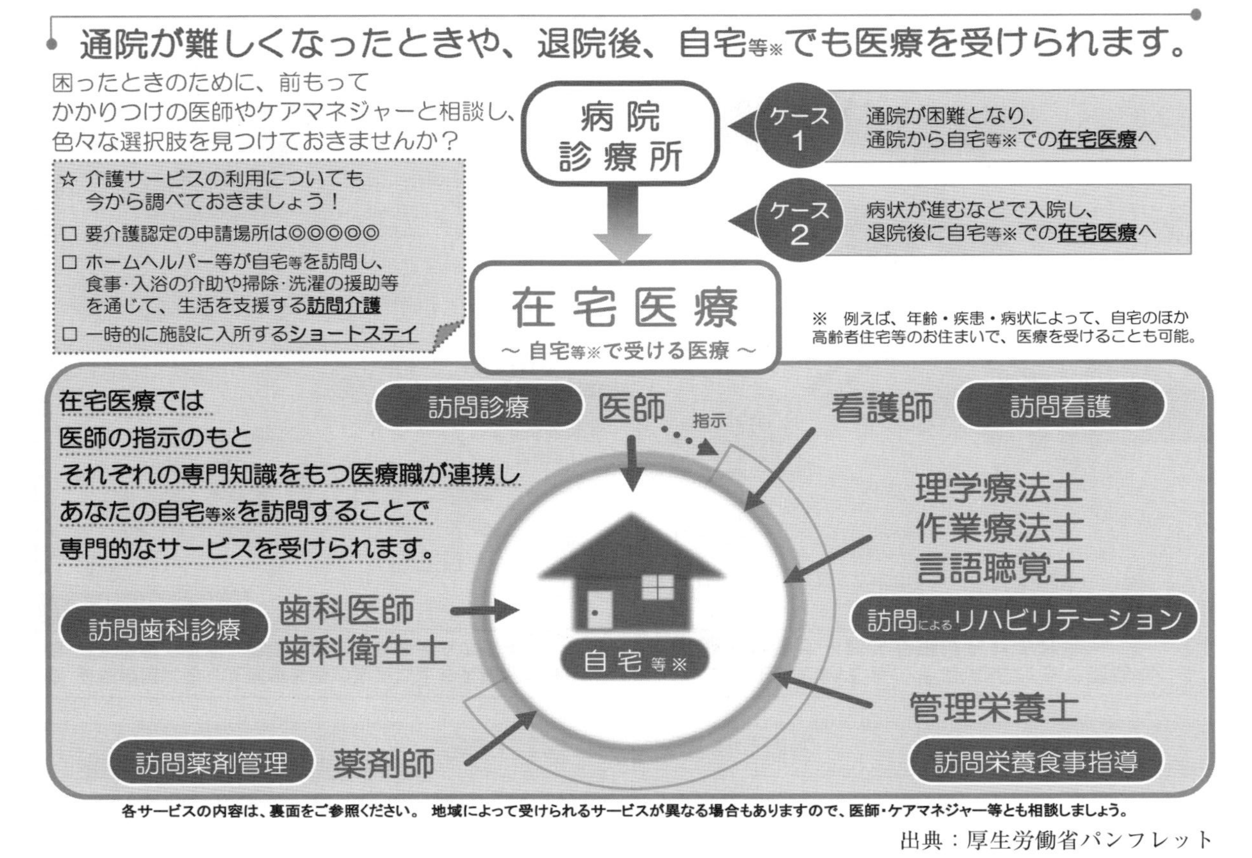


出典：厚生労働省パンフレット

1-1-2［医療・介護サービス保障の強化（地域包括ケアシステム）］

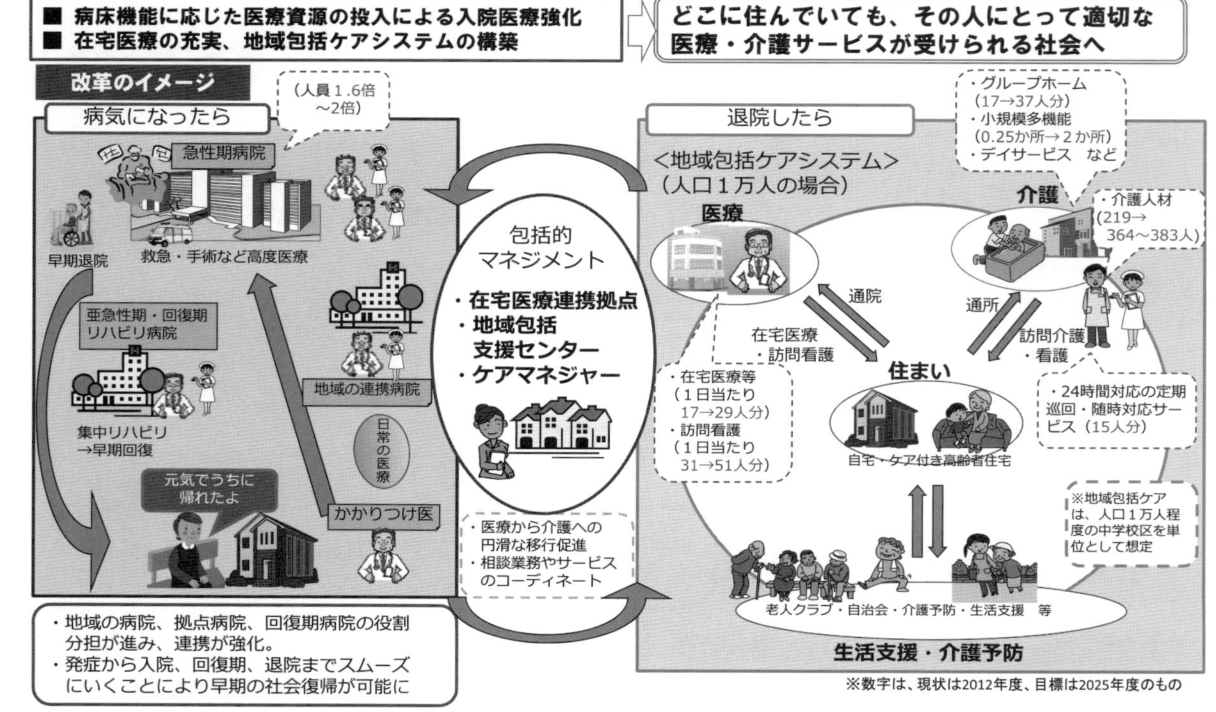


出典：社会保障制度改革国民会議 平成25年3月13日資料

## ３．在宅医療の対象

地域包括ケアシステムは、団塊の世代が後期高齢者となる2025年問題に対応する重要施策として国が推奨してきた、高齢者を対象とした包括的な支援・サービス体制です。しかし、そのコンセプトが、「住み慣れた地域で自分らしい暮らしを人生の最期まで続ける」ということであれば、対象は高齢者に限られず、何等かの事情で、自宅で療養をする必要のある壮年期の成人や小児も対象となるはずです。当然、このような人たちも医療を必要とするのが通常ですので、自宅で療養をする壮年期の成人や小児への在宅医療も必要です。

例えば早産や低出生体重などのため、出生直後から高度な医療が必要となり、なかには一生病気と共存して生きていかなければならない子供たちもいることから、このような子供たちへの在宅医療も必須ですが、高齢者に対する在宅医療以上に担う医師が少ないのが実情です。その理由は、主に次のようなことが挙げられます。

- 小児科医は、日々の外来診療で手一杯で、訪問診療にまで手が回らない。
- 教育などを含めた幅広い分野との連携・協力が必要となり、対応が非常に煩雑となる。
- 介護保険が使えず医療保険と公費負担での対応となり、小児の在宅医療の診療報酬は複雑である。

一部には高齢者に対して在宅医療を行っている医師が、小児の在宅医療も行ってはどうかという意見もあるようです。しかし、一般に小児科医でなければ小児への診療経験が乏しく、また成長によって病態の変化があり、医療依存度が非常に高い場合も多いことなどから、現実的には非常に難しいともいわれています。前述の通り本書は、外来診療を行っているクリニックが在宅医療を開始する（もしくは検討する）ときに読んでいただくことを想定しています。小児科領域までを含めるとさらにハードルが高くなってしまうため、本書では、高齢者に対する在宅医療に絞って話を進めていきます。

本章第２節以降で、序説の経緯に出てきた事案を参照しながら在宅医療の解説をしていきますが、ここではその前提として、重要なキーワードにつき簡単な説明をしておきます。なお、各々のキーワードについて、後節でさらに詳しく取り上げます。

## ４．往診と在宅訪問診療

医療や介護の関係者の中にも、在宅訪問診療も含めて往診という人も結構いるようですが、この２つは診療報酬上明確に区分されています。

往診は、厚生労働省の通知「診療報酬の算定方法の一部改正に伴う実施上の留意事項について（令和２年３月５日保医発0305第１号）」（以下、「留意事項」という）に、次のように記載されています。

**【留意事項】**

往診料は、患者又は家族等患者の看護等に当たる者が、保険医療機関に対し電話等で直接往診を求め、当該保険医療機関の医師が往診の必要性を認めた場合に、可及的速やかに患家に赴き診療を行った場合に算定できるものであり、定期的ないし計画的に患家又は他の保険医療機関に赴いて診療を行った場合には算定できない。

序説の経緯で、往診の典型例がありました。令和元年５月26日の場面です。日曜日の夜に息子のＳ男さんから電話があり、母のＡ子さんが39℃の発熱をしているので診察に来てほしいとの依頼があり、それを受けて次郎医師が佐藤さんのお宅に赴き診察をした事例です。**患家から診察の依頼を受け、患家に診察に赴くこと**を、往診といい、診療報酬上では往診料を算定します。

一方、前述の「留意事項」には「定期的ないし計画的に患家に赴いて診療を行った場合には（往診料は）算定できない。」と書かれており、この場合が在宅訪問診療に該当し、診療報酬上では在宅患者訪問診療料を算定します。序説の経緯では、平成31年２月26日以降、定期的・計画的に、佐藤さんの家に診察に赴いています。例えば、来月は、第２・第４水曜日の午後に診察に伺いますというように、事前に日時を決め、２週間ごとというように**定期的に診察のため患家に行く**のが、在宅訪問診療ということになります。

なお、往診も在宅訪問診療も保険診療として行ける範囲は、原則、その医療機関からの直線距離が16kmの範囲内と決まっています。例外的に16kmを超える医療機関からの往診や在宅訪問診療が認められる場合がありますが、16km以内に患家の求める診療に専門的に対応できる保険医療機関が存在しない場合などのやむを得ない絶対的な理由がある場合に限られます。

## ５．在宅療養支援診療所

在宅療養支援診療所（以下、「在支診」という）について、「留意事項」には、次のように記載されています。

> **【留意事項】**
>
> 在宅療養支援診療所とは、地域における患者の在宅療養の提供に主たる責任を有するものであり、患者からの連絡を一元的に当該診療所で受けるとともに、患者の診療情報を集約する等の機能を果たす必要があること。このため、緊急時の連絡体制及び24時間往診できる体制等を確保しなければならない。

これではわかりにくいので、少々乱暴な言い方をしてしまえば、在支診とは、**在宅医療を行う診療所であるうえに、24時間往診できる**

**体制を取っている診療所（保険医療機関）**であり、在支診の病院版が、在宅療養支援病院（以下、「在支病」という）とご理解ください。なお、保険医療機関である病院、クリニックが在支病や在支診になるには、地方厚生局に施設基準を満たしている旨の届出を行い、受理される必要があります（38 頁参照）。

在支診のクリニックと在支診でないクリニックとでは、同じ診療行為をしても、診療報酬にかなりの差が出ます。その一例として、序説の経緯の緊急往診（令和元年５月 26 日）と看取り（令和２年 12 月 24 日）を比較してみます。令和元年５月 26 日の時は在支診ではありませんが、令和２年 12 月 24 日の時は在支診です。どちらも同じ往診料の深夜加算を算定しているにもかかわらず、令和元年５月 26 日の時は 1,300 点でしたが、在支診となった令和２年 12 月 24 日の時は 2,300 点と、1,000 点（＝ 10,000 円）の差が生じています。このような差は、往診料の加算だけではなく、在宅患者訪問診療料の加算や後述する在宅時医学総合管理料にも見られます。

## 6．在宅時医学総合管理料

在宅時医学総合管理料（以下、「在医総管」という）は、在宅訪問診療を行っている場合に算定できる診療報酬です。患者の状態が安定している時期に訪問診療を行うと、毎月の基本的な診療報酬は、在宅患者訪問診療料×訪問診療回数＋在医総管という算定になります。また、序説の最後に示した診療報酬「令和元年７月（在宅療養支援診療所としての在宅訪問診療の開始）の１カ月分の診療報酬」（17 頁）のところをご覧いただけるとわかるように、非常に高い点数の１つです。なお「留意事項」には次のように記載されています。

**【留意事項】**

(2)　在宅時医学総合管理料は、在宅での療養を行っている患者であって、通院困難な者に対して、個別の患者ごとに総合的な在宅療養計画を作成し、定期的に訪問して診療を行い、総合的な医学管理を行った場合の評価であることから、継続的な診療の必要のない者や通院が可能な者に対して安易に算定してはならない。例えば、少なくとも独歩で家族・介助者等の助けを借りずに通院ができる者などは、通院は容易であると考えられるため、在宅時医学総合管理料は算定できない。

これも一読しただけではわかりにくいと思いますが、ポイントは、「在宅で療養している患者」かつ「通院困難な患者」に対して、「総合的な在宅療養計画を作成」して、在宅訪問診療を行い、総合的な医学管理を行った場合に算定できる診療報酬ということであり、１カ月に１回算定できます。なお、在医総管を算定するには在支診と同様に、地方厚生局に施設基準を満たしている旨の届出を行い、受理される必要があります（47 頁参照）。

## 7．施設入居時等医学総合管理料

前述の通り、在医総管は「在宅で療養している患者」に対して在宅訪問診療を行った場合に算定しますが、「施設で療養している患者」に対して在宅訪問診療を行った場合には、施設入居時等医学総合管理料（以下、「施医総管」という）を算定します。「留意事項」を見ても、上記在医総管の冒頭部分「(2)　在宅時医学総合管理料は、在宅での療養を行っている患者であって」が、施医総管では「(3)　施設入居時等医学総合管理料は、施設において療養を行っている次に掲げる患者であって」となっているだけで、それ以降はまったく同じ内容

です。施設基準の届出様式も、在医総管と施医総管は一体となっています（47頁参照）。

## 8．24時間対応の問題

序説の経緯で次郎医師も、当初は24時間対応をしたくないということで、在医総管等や在支診の施設基準を届け出せず、診療報酬上は在宅患者訪問診療料のみの算定をして訪問診療を行っていました。このようなケースは、保険診療上でも24時間対応を行わないことに問題はありません。

また、在医総管等の届出は在支診ではなくてもできますので、在支診ではないクリニックが在医総管等のみ届出をして訪問診療を行い、在医総管等を算定した場合、保険診療上は24時間対応を行わなくても問題はありません。つまり、24時間対応に困難な事情等があるのであれば、在支診の施設基準の届出をしないで訪問診療を行うことも可能です。

平成26年の厚生労働省による医療施設調査によれば、訪問診療を行っているクリニックの約半数は在支診の届出をしておらず、また平成29年2月22日の中央社会保険医療協議会総会資料によれば、医師に現在実施している業務の中で負担の大きい項目を挙げてもらったところ、第1位は在宅患者への24時間対応であり、回答した医師の約半数が挙げていることがわかります。

一方、前述の通り、在支診は「在宅医療を行う診療所」＋「24時間往診できる体制を取っている診療所」ですので、**在支診が訪問診療を行う場合、基本的には24時間対応**を要するものとご理解ください。

1-1-3［診療所におけるかかりつけ医の業務に対する負担感］

## 診療所におけるかかりつけ医の業務に対する負担感

中医協　総－５
２９．２．２２

○ 実施している業務のうち負担の大きな項目として、「在宅患者に対する24時間対応」、「患者に処方されているすべての医薬品の管理」、「患者が受診しているすべての医療機関の把握」と回答した診療所が多かった。

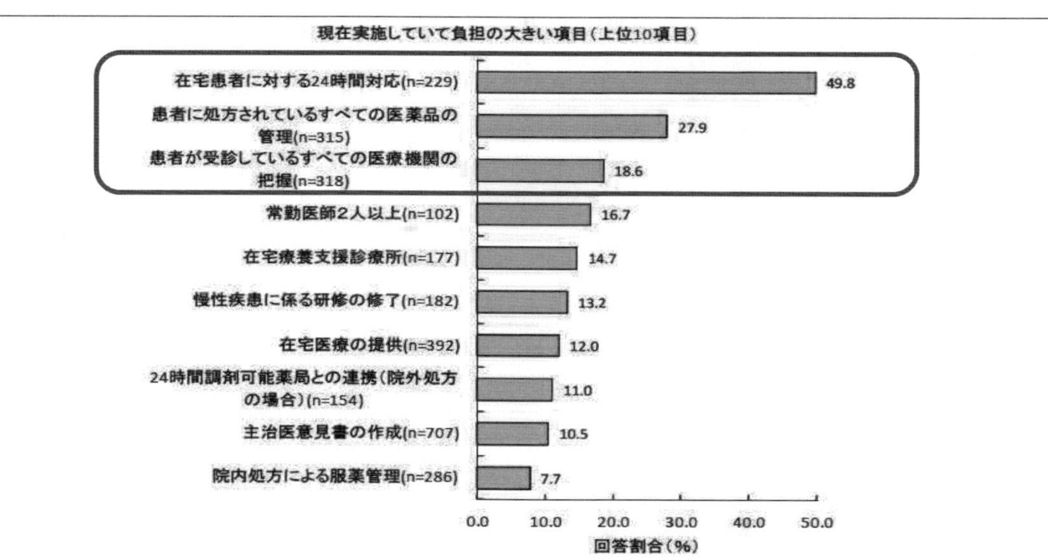


出典：日本医師会「かかりつけ医機能と在宅医療についての診療所調査」結果（概要版）（2017年2月15日）

出典：中央社会保険医療協議会総会 平成29年2月22日資料

## 9．在宅ターミナルケア､看取り､死亡診断

一般的にはどの言葉も同じような意味で理解されることもあるかと思いますが、診療報酬上は明確に区別されており、どれも加算として算定することになります。在宅ターミナルケア加算と看取り加算は在宅患者訪問診療料の加算として、死亡診断加算は往診料および在宅患者訪問診療料の加算として、算定されることになりますが、詳細は本章第６節の終末期の診療報酬で解説します。

## 10．介護保険の居宅療養管理指導

医療保険での保険診療を行うクリニックは、介護保険で算定すべき項目はないのが通常ですが、在宅訪問診療においては、居宅療養管理指導費という介護保険での報酬を算定することが多くなります。ケアマネージャーに情報提供したり、患者や家族に指導・助言をしたりした場合などに算定できるのですが、詳細は本章第８節の介護保険（居宅療養管理指導）との関係で解説します。

# 第２節　在宅療養支援診療所とは

前節で簡単に触れましたが、この節では、在宅療養支援診療所（以下、「在支診」という）について詳しく説明します。

## １．在支診の施設基準

前節で、在支診とは「在宅医療を行う診療所であるうえに、24時間往診できる体制を取っている診療所（保険医療機関）」のことと述べましたが、「特掲診療料の施設基準等及びその届出に関する手続きの取扱いについて（通知）（令和２年３月５日保医発0305第３号）」（以下、「通知」という）には、次のように記載されています。

**【通　知】**
第９　在宅療養支援診療所
１　在宅療養支援診療所の施設基準
　次の(1)から(3)までのいずれかに該当するものを在宅療養支援診療所という。
(1) 略
(2) 略
(3) 以下の要件のいずれにも該当し、緊急時の連絡体制及び24時間往診できる体制等を確保していること。
　ア　当該診療所において、24時間連絡を受ける保険医又は看護職員をあらかじめ指定するとともに、当該担当者及び当該担当者と直接連絡がとれる連絡先電話番号等、緊急時の注意事項等について、事前に患者又はその看護を行う家族に対して説明の上、文書により提供していること。なお、曜日、時間帯ごとに担当者が異なる場合には、それぞれ曜日、時間帯ごとの担当者及び当該担当者と直接連絡がとれる連絡先電話番号等を文書上に明示すること。

イ　当該診療所において、又は別の保険医療機関の保険医との連携により、患家の求めに応じて、24時間往診が可能な体制を確保し、往診担当医の氏名、担当日等を文書により患家に提供していること。

ウ　当該診療所において、又は別の保険医療機関若しくは訪問看護ステーションの看護師等との連携により、患家の求めに応じて、当該診療所の保険医の指示に基づき、24時間訪問看護の提供が可能な体制を確保し、訪問看護の担当者の氏名、担当日等を文書により患家に提供していること。

エ　当該診療所において、又は別の保険医療機関との連携により、緊急時に居宅において療養を行っている患者が入院できる病床を常に確保し、受入医療機関の名称等をあらかじめ地方厚生（支）局長に届け出ていること。

オ　他の保険医療機関又は訪問看護ステーションと連携する場合には、連携する保険医療機関又は訪問看護ステーションにおいて緊急時に円滑な対応ができるよう、あらかじめ患家の同意を得て、当該患者の病状、治療計画、直近の診療内容等緊急の対応に必要な診療情報を連携保険医療機関等に文書（電子媒体を含む。）により随時提供していること。

カ　患者に関する診療記録管理を行うにつき必要な体制が整備されていること。

キ　当該地域において、他の保健医療サービス及び福祉サービスとの連携調整を担当する者と連携していること。

ク　年に1回、在宅看取り数等を別添2の様式11の3を用いて、地方厚生（支）局長に報告していること。

ケ　直近１か月に初診、再診、往診又は訪問診療を実施した患者のうち、往診又は訪問診療を実施した患者の割合が９割５分以上の保険医療機関にあっては、上記アからクまでの基準に加え、(1)のシの(イ)から(ニ)までの要件のいずれも満たすこと。

なお、区分番号「Ｉ０１６」精神科在宅患者支援管理料の届出を行っている診療所であって、ＧＡＦ尺度による判定が40以下の統合失調症の患者を10人以上診療している保険医療機関にあっては、(1)のシの(イ)から(ニ)までの要件を満たしていなくても差し支えないものとする。

施設基準の「通知」を読んだだけではわかりにくいので、上記の施設基準に従って、序説の経緯で法令クリニックが作成・提出した様式11を例にとって説明します。

## 1-2-1 [在宅療養支援診療所の施設基準に係る届出書添付書類]

様式 11

在宅療養支援診療所の施設基準に係る届出書添付書類

1 在宅療養支援診療所の区分(次のいずれかに○をつけること。)

(1) 「第9」の1の(1)に規定する在宅療養支援診療所
(2) 「第9」の1の(2)に規定する在宅療養支援診療所
((3)) 「第9」の1の(3)に規定する在宅療養支援診療所

2 当該診療所の在宅医療を担当する医師

| 常勤の医師名 | ①法令 次郎 |
|---|---|
| | ② |
| | ③ |

3 当該在宅支援連携体制を構築する保険医療機関

| 名称 | 開設者 | 許可病床数 | 在宅医療を担当する常勤の医師名 |
|---|---|---|---|
| ① | | ( )床 | |
| ② | | ( )床 | |
| ③ | | ( )床 | |
| ④ | | ( )床 | |
| ⑤ | | ( )床 | |
| ⑥ | | ( )床 | |
| ⑦ | | ( )床 | |
| ⑧ | | ( )床 | |

4 当該診療所における 24 時間の直接連絡を受ける体制
(次のいずれかに○をつけ、医師名等を記入すること。)

((1)) 担当者が固定している場合
(2) 曜日、時間帯ごとに担当者が異なる場合(主な担当者を記載することで差しつかえない。)
・担当医師名:法令 次郎
・看護職員名:
・連絡先:090-××××-××××

5 24 時間往診が可能な体制
(次のいずれかに○をつけ、医師名等を記入すること。)

((1)) 当該診療所の担当医師名:法令 次郎
(2) 連携保険医療機関の名称及び担当医師名
・名称:
・担当医師名:

6 24 時間訪問看護が可能な体制
((2)、(3)がある場合には名称等を記入すること。)

(1) 当該診療所の担当看護職員名：法令　花子
(2) 連携保険医療機関の名称等
・名称：
・開設者：
・担当看護職員名：
・連絡先：
(3) 連携訪問看護ステーションの名称等
・名称：○○○○訪問看護ステーション（調剤薬局から紹介されたステーション）
・開設者：○○　○○
・担当看護職員名：○○　○○
・連絡先：03-××××-××××

7　緊急時に入院できる体制
（次のいずれかに○をつけ、(2)又は(3)の場合には名称等を記入すること。）

(1) 当該診療所のみで確保
(2) 当該診療所及び連携保険医療機関で確保
・名称：
・開設者：
〔○〕(3) 連携保険医療機関のみで確保
・名称：○○病院（院長が大学の先輩の病院）
・開設者：○○　○○

8　次の項目に対応可能である場合に○をつけること。

〔○〕(1) 「4」及び「5」、「6」に、連携保険医療機関又は連携訪問看護ステーションがある場合には、当該施設において緊急時に円滑な対応ができるよう、あらかじめ患家の同意を得て、患者の病状、治療計画、直近の診療内容等緊急の対応に必要な診療情報を当該施設に対して文書（電子媒体を含む。）により随時提出すること。
なお、在宅支援連携体制を構築する場合は、月1回以上のカンファレンスを実施していること。
〔○〕(2) 患者に関する診療記録管理を行うにつき必要な体制が整備されていること。
〔○〕(3) 当該地域において、他の保健医療サービス及び福祉サービスとの連携調整を担当する者と連携していること。

9　在宅緩和ケア充実診療所・病院加算、在宅療養実績加算に係る届出

（1） 届出の有無
① 在宅緩和ケア充実診療所・病院加算（有・〔無〕）
② 在宅療養実績加算1（有・〔無〕）
③ 在宅療養実績加算2（有・〔無〕）

（2） 緩和ケアに係る研修を受けた医師　　氏名（　　）

（3） 緩和ケア病棟又は在宅での1年間の看取り実績が 10 件以上の保険医療機関において、3か月以上の勤務歴がある医師
① 氏名（　　）
② 勤務を行った保険医療機関名（　　）
③ 勤務を行った期間（　年　月　日～　年　月　日）

（4） 過去に、患者が自ら注射によりオピオイド系鎮痛薬の注入を行う鎮痛療法を5件以

| | | |
|---|---|---|
| | 上実施した経験のある常勤の医師　氏名（　　　　　　　　　　　　　） | |
| | （5）直近1年間に、自ら注射によりオピオイド系鎮痛薬の注入を行う鎮痛療法を実施した患者数<br>（算出に係る期間:　年　月　日～　　年　月　日） | 名 |
| | （6）直近1年間にオピオイド系鎮痛薬を投与した患者数 | 名 |
| 10　直近1月間において往診又は訪問診療を実施した患者の割合<br>（算出に係る期間:R1 年 5 月 1 日～ R1 年 5 月 31 日） | | |
| | （1）初診、再診、往診又は訪問診療を実施した患者数 | 800 名 |
| | （2）往診又は訪問診療を実施した患者数 | 1 名 |
| | （3）往診又は訪問診療を実施した患者の割合（2）／（1） | 0.1% |

11　主として往診又は訪問診療を実施する診療所に係る状況

（1）直近1年間に、訪問診療を開始した患者の紹介（文書によるものに限る。）を受けた保険医療機関（算出に係る期間;　年　月　日～　　年　月　日）

| 保険医療機関の名称 | 患者の紹介を行った医師 | 患者の紹介を受けた日付 |
|---|---|---|
| ① | | |
| ② | | |
| ③ | | |
| ④ | | |
| ⑤ | | |

（2）直近1月間の診療実績（算出に係る期間;　年　月　日～　　年　月　日）

| | |
|---|---|
| ①　在宅時医学総合管理料を算定した患者数 | 名 |
| ②　施設入居時等医学総合管理料を算定した患者数 | 名 |
| ③　①及び②のうち、要介護3以上又は別表第八の二に規定する別に厚生労働大臣が定める状態に該当する患者数 | 名 |
| ④　施設入居時等医学総合管理料を算定した患者の割合<br>②／（①+②） | % |
| ⑤　要介護3又は別表第八の二に規定する別に厚生労働大臣が定める状態に該当する患者の割合<br>③／（①+②） | % |

［記載上の注意］

1 「3」は、「第9」の1の（2）に規定する在宅支援連携体制を構築する在宅療養支援診療所が記載すること。

2 「第9」の1の（2）に規定する在宅療養支援診療所は、当該在宅支援連携体制を構築する保険医療機関間で一元化した連絡先を、「4の連絡先」に記載すること。

3 24 時間の直接連絡を受ける体制、24 時間往診が可能な体制及び 24 時間訪問看護が可能な体制について、患家に対して交付する文書を添付すること。

4 当該届出を行う場合には、「在宅時医学総合管理料及び施設入居時等医学総合管理料（様式 19）」及び「在宅がん医療総合診療料（様式 20）」の届出が行われているかについて留意すること。

5 「9」については、届出に当たって必要な事項を記載すること。また、在宅療養実績加算に係る届出を行う場合については、「在宅療養実績加算に係る報告書」（様式 11 の5）を添付すること。

6 「9」の（2）に係る医師については、緩和ケアに係る研修を修了していることが確認できる文書を添付すること。

7 「10」の（3）に規定する往診又は訪問診療を実施した患者の割合が 95%以上の医療機関は、「11」を記入し、併せて「在宅療養支援診療所にかかる報告書（様式 11 の3）」を添付すること。

## ２．在支診の３つの類型

前述の通り「通知」の「１　在宅療養支援診療所の施設基準」には(1)(2)(3)と書かれていますが、これは**在支診が３つの類型に分かれる**ことを示しており、**(1)が単独型機能強化型在支診**、**(2)が連携型機能強化型在支診**、**(3)が機能強化型ではない在支診**と呼ばれる在支診です。様式11の最初には「１　在宅療養支援診療所の区分（次のいずれかに○をつけること。)」とあり、該当する類型にマルをつけます。なお、機能強化型については、**３**で説明します。

法令クリニックの場合、「(3)「第９」の１の(3)に規定する在宅療養支援診療所」の類型にマルがついていることから、機能強化型ではない在支診として施設基準を届け出ていることがわかります。ちなみに機能強化型在支診になるには、過去１年間の緊急往診が４件以上、看取り実績が２件以上という実績要件が課されており、法令クリニックのように在宅医療を開始してから日が浅いクリニックは機能強化型の施設基準を満たさないため、機能強化型ではない在支診でしか届出ができないことになります。機能強化型の要件を満たすためには、ある程度の人数の在宅訪問診療を行って、看取りを含む実績を積む必要があります。

## ３．機能強化型の在支診

これから在宅医療を始めようというクリニックや、法令クリニックのように在宅医療を始めてから日が浅いクリニックは、**２**で述べたように機能強化型の在支診になることはできません。しかし、後述するように、診療報酬に大きな差が出てきますので、同じ在宅医療をやるのならば、実績を積んで、将来的には機能強化型としての届出も検討の価値があります。ここでは機能強化型在支診について説明します。まず、診療報酬がどれほど違うのか、一例を見てみましょう。

序説の経緯の通り、法令クリニックは、令和元年7月以降、機能強化型ではない在支診の在医総管として、毎月3,700点を算定しています。仮にこれが機能強化型であった場合は4,100点（病床ありの場合は4,500点）となり、4,100 − 3,700 = 400点、1カ月当たりでは400点= 4,000円の収入差となります。なおここで、病床あり、病床なしといった気になる記載がありますが、この点は後で説明します。

では、機能強化型在支診とそうではない在支診との相違点ですが、前述の緊急往診や看取りの実績要件（過去1年間の緊急往診が4件以上、看取り実績が2件以上）に加え、常勤医の数があります。機能強化型では常勤医が3名以上必要となります。具体的には、単独型機能強化型在支診では1つのクリニックで（単独で）在宅医療を担当する常勤医が3名以上、連携型機能強化型在支診では連携する複数の在支診・在支病の全体で在宅医療を担当する常勤医が3名以上いることが施設基準として定められています。つまり、常勤医3名以上がチームとなって在宅医療に取り組めば、質が高く、手厚い在宅医療が提供可能となる点を評価し、診療報酬上も優遇されることになります。なお、在支病も同様に、単独型機能強化型在支病、連携型機能強化型在支病、機能強化型ではない在支病があります。

序説の法令クリニックのように、外来診療を行っているクリニック単独で在宅医療を担当する常勤医が3名以上いるというケースはあまり多くないと思われ、単独型機能強化型在支診は多くの場合、在宅医療に特化した、または相当の規模を持つクリニックが該当しますので、本書で詳細に触れることは避けることとします。

## 4. 機能強化型在支診の病床あり・なし

法令クリニックのような在支診が在宅医療での実績を積み、機能強化型になろうと思ったとき、現実的なのは、連携型機能強化型在支診です。序説の経緯では、例えば隣の市にある大学の先輩が院長を務める病院が在支病であってその病院と連携を組むことで施設基準を満たすのであれば、法令クリニックは連携型機能強化型在支診になることができます。

具体的には、常勤医の数と実績要件です。法令クリニックは、在宅医療を担当する常勤医は次郎医師１名ですので、在支病側に少なくとも在宅医療を担当する常勤医が２名以上いることが必要です。また、実績要件については前述の通り、過去１年間の緊急往診が４件以上、看取り実績が２件以上という実績が必要です。それに加えて、連携する在支診・在支病の全体としての実績要件も定められており、全体で過去１年間の緊急往診が10件以上、看取り実績が４件以上、必要となります。例えば、法令クリニックの実績が、緊急往診が４件、看取り実績が２件だった場合は、在支病側の実績として、緊急往診が６件以上、看取り実績が２件以上、必要となります。連携型機能強化型の場合、構成する各在支診や在支病単独の実績要件だけではなく、連携全体での実績要件も満たす必要があるという点に注意が必要です。

この法令クリニックという在支診と大学の先輩が院長の在支病が連携し、連携型機能強化型の在支診や在支病になった場合、在支病には当然ながら病床があり、その結果、連携体制全体として病床を有することになります。これが**3**の説明で触れた、病床あり、なしの話です。無床診である在支診でも、連携型機能強化型の連携を組む相手が、在支病、もしくは有床診である在支診であれば、その無床診の在支診を含めて連携型機能強化型の病床あり、という扱いになります。病床ありは、病床なしの場合より、診療報酬が高くなります。

なお、機能強化型在支診については、法令クリニックのようなクリニックにとってはまだ先の話でもあり、機能強化型在支診の届出や運営などについては本書では触れません。またこの後の診療報酬の説明も、法令クリニックのように機能強化型ではない在支診の点数を中心に行います。

## 5．在支診の施設基準を届ける際に必要なこと

序説の経緯の「8．在宅療養支援診療所等の手続き（令和元年6月)」で、コンサルタントのKが、24時間対応してくれる訪問看護ステーションや在宅患者をいざというときに受け入れてくれる病院が必要との話をしていました。これは届出用紙の様式11（38頁）を見ればわかるように、24時間対応の訪問看護ステーションや在宅患者を受け入れてくれる病院を、様式11に記入することが在支診としての出発点となることが大きな理由の1つです。

また、様式11の「6　24時間訪問看護が可能な体制」にあるように、自らのクリニック内で在宅医療を担当する看護職員を決める必要もあります。法令クリニックのように、これまで外来診療のみを行ってきたクリニックでは、在宅医療を担当する看護職員を決めるにあたり、指名した看護師から不満が出たり、場合によっては抵抗されることもあるかもしれません。そのような不満・抵抗を軽減・回避するために、訪問看護については、なるべく連携する訪問看護ステーションに担ってもらい、院内のスタッフにはできるだけ負担がかからないようにするなどといった説明・配慮を示す必要があります。

さらに、様式11の欄外にある「記載上の注意」の3に「24時間の直接連絡を受ける体制、24時間往診が可能な体制及び24時間訪問看護が可能な体制について、患家に対して交付する文書を添付すること。」とあります。法令クリニックでは、次頁のような文書を作成しました。

ここでも訪問看護ステーションが記載されています。実際の在宅医療における連携・協力とともに、訪問看護ステーションは届出や文書にも記載する必要があり、在宅医療に不可欠な存在です。

## 1-2-2［24 時間対応の説明文書の例］

在宅医療を受ける患者様およびそのご家族様へ

○○　○○　様

あなた様の主治医は、法令クリニック・法令 次郎（ﾎｳﾚｲ ｼﾞﾛｳ）です。病状に急変がありましたら、いつでも構いませんので、下記へお電話ください。

診療時間内（月、火、木、金：9:00－18:00、水、土：9:00－13:00）
03-××××-××××
上記診療時間外　090-××××-××××（法令 次郎携帯電話、24 時間対応です）

また、在宅医療に関するご質問、ご要望等についても、上記診療時間内に、法令 次郎まで、ご遠慮なくご相談ください。

さらに、当クリニックは、下記の訪問看護ステーションと連携しており、緊急時の訪問看護対応をいたします。また、時間外の訪問看護対応や訪問看護等についてのご相談などがありましたら、ご遠慮なくお話ください。

○○○○訪問看護ステーション　所長：○○　○○
電話：03-××××-××××

ご不明な点など何かございましたら、何なりとお申し出ください。

法令クリニック

院長　法令 次郎

# 6．在医総管等の届出

また、様式11の「記載上の注意」の4に、「当該届出を行う場合には、「在宅時医学総合管理料及び施設入居時等医学総合管理料（様式19）」及び「在宅がん医療総合診療料（様式20）」の届出が行われているかについて留意すること。」と書かれており、在支診と在医総管等はセットであることがわかります。法令クリニックでは、序説の経緯には特に書かれていませんが、在支診の届出である様式11を提出するときに、同時に、様式19の「在宅時医学総合管理料及び施設入居時等医学総合管理料」と様式20の「在宅がん医療総合診療料」の届出も行っています。法令クリニックの提出した様式19および様式20は、次の通りです。

## 1-2-3［在宅時医学総合管理料／施設入居時等医学総合管理料の施設基準に係る届出書添付書類］

様式 19

（在宅時医学総合管理料
施設入居時等医学総合管理料）の施設基準に係る届出書添付書類

| |
|---|
| １　次のいずれかに○をつけること。<br>（1）（○）診療所（在宅療養支援診療所）<br>(2) 診療所（在宅療養支援診療所以外の診療所）<br>(3) 医療法の許可病床数が200床未満の病院<br>(4) 在宅療養支援病院 |
| ２　「１」の(1)に○をつけた場合には、在宅療養支援診療所（様式１１）の届出状況を記載<br>（1）（○）今回届出<br>(2) 既届出（届出年月）：　　　　年　　　月 |
| ３　在宅医療を担当する常勤医師の氏名<br>法令　次郎 |
| ４　直近１か月間における往診又は訪問診療の状況について<br>①初診、再診、往診又は訪問診療を実施した患者数　（　800）名<br>②往診又は訪問診療を実施した患者数　（　1）名<br>③往診又は訪問診療を実施した患者の割合（②／①）　（　0.1）% |

［記載上の注意］

１「２」の(1)に○をつけた場合には、併せて様式 11 の提出が必要であること。
２　緊急時の連絡・対応方法についての患者等への説明文書の例を添付すること。
３　「４」については、診療所が記載すること。

## 1-2-4 [在宅がん医療総合診療料の施設基準に係る届出書添付書類]

様式 20

在宅がん医療総合診療料の施設基準に係る届出書添付書類

1　在宅療養支援診療所又は在宅療養支援病院の施設基準に係る届出状況
(1) 今回届出 (丸囲み)
(2) 既届出：　　年　　月　　日

2　担当者氏名（主として在宅がん医療総合診療を担当する者）
(1) 医　師　法令 次郎
(2) 看護師　法令 花子

3　当該保険医療機関における悪性腫瘍患者の診療状況（過去1か月間）
・　入院患者数（延べ患者数）　0名
・　外来患者数（延べ患者数）　5名
・　往診、訪問診療、訪問看護を行った患者の数（延べ患者数）　0名

[記載上の注意]

緊急時の連絡・対応方法についての患者等への説明文書の例を添付すること。

## ７．初診料の機能強化加算

法令クリニックのように在支診で在医総管等を算定しているクリニックは、施設基準を届け出ることで初診料の算定時に機能強化加算80点が算定できます。例えば、初診料を平均して１日に10回、１カ月で200回算定しているとすると、年間に2,400回です。初診料を算定する度に機能強化加算80点が算定できれば、80×2,400＝192,000点、即ち、約190万円／年の増収になるという計算です。外来診療は今まで通り行い、在支診と在医総管を届け出て在宅訪問診療を行うことで、外来診療のプラスアルファとして年間に200万円近い収入増になるのです。もちろん、訪問診療の診療報酬も得られるので、外来診療を行っているクリニックが、在支診・在医総管等を届け出て訪問診療を行うことの経営上の非常に大きなメリットの１つになるといえます。その機能強化加算の施設基準は次の通りです。

**【基本診療料の施設基準等及びその届出に関する手続きの取扱いについて】**

厚生労働省（令和２年３月５日保医発0305第２号）

(1)　診療所又は許可病床数が200床未満の病院であること。

(2)　次のいずれかに係る届出を行っていること。

ア　区分番号「Ａ００１」の注12に規定する地域包括診療加算

イ　区分番号「Ｂ００１－２－９」に掲げる地域包括診療料

ウ　区分番号「Ｂ００１－２－11」に掲げる小児かかりつけ診療料

エ　区分番号「Ｃ００２」に掲げる在宅時医学総合管理料（在宅療養支援診療所（区分番号「Ｂ００４」退院時共同指導料１に規定する在宅療養支援診療所をいう。以下同じ。）又は在宅療養支援病院（区分番号「Ｃ０００」往診料の注１に規定する在宅療養支援病院をいう。以下同じ。）に限る。）

オ　区分番号「Ｃ００２－２」に掲げる施設入居時等医学総合管理料（在宅療養支援診療所又は在宅療養支援病院に限る。）

(3)　地域におけるかかりつけ医機能として、健康診断の結果等の健康管理に係る相談、保健・福祉サービスに関する相談、夜間・休日の問い合わせへの対応及び必要に応じた専門医又は専門医療機関への紹介を行っている医療機関であることを、当該医療機関の見やすい場所に掲示していること。

また、医療機能情報提供制度を利用してかかりつけ医機能を有する医療機関等の地域の医療機関を検索できることを、当該医療機関の見やすい場所に掲示していること。

(4)　(3)に基づき掲示している内容を記載した文書を当該保険医療機関内の見やすい場所に置き、患者が持ち帰ることができるようにすること。また、患者の求めがあった場合には、当該文書を交付すること。

在支診であれば、(1)と(2)エ・オが該当することは明らかです。また(3)については、在支診の届出を行う多くのクリニックで、対応可能なことが多いものと考えられます。施設基準の届出用紙（＊）も次頁の通り非常に簡単なものになっており、外来診療を行っているクリニックが在支診の届出を行う際には、忘れずに初診料の機能強化加算の届出も提出し、機能強化加算を算定することをお勧めします。

＊：次頁に掲載したのは2020年4月の診療報酬改定後の届出用紙です。それ以前は様式１という添付書類（これも非常に簡単なものでしたが）が必要でしたが、現在、様式１は必要なく別添７の２の１枚だけの提出となっており、また押印欄は廃止されています。

## 1-2-5［基本診療料の施設基準等に係る届出書］

別添７の２

基本診療料の施設基準等に係る届出書

| 保険医療機関コード | ○○○○○○○ |
|---|---|

連絡先
担当者氏名：○○　○○
電 話 番 号：××－×××－××××

（届出事項）

☑　機能強化加算　（※機能強化第　　号）
□　救急医療管理加算　（※救急医療第　　号）
□　せん妄ハイリスク患者ケア加算　（※せん妄ケア第　　号）

☑　当該届出を行う前６月間において当該届出に係る事項に関し、不正又は不当な届出（法令の規定に基づくものに限る。）を行ったことがないこと。

☑　当該届出を行う前６月間において療担規則及び薬担規則並びに療担基準に基づき厚生労働大臣が定める掲示事項等第三に規定する基準に違反したことがなく、かつ現に違反していないこと。

☑　当該届出を行う前６月間において、健康保険法第78条第１項及び高齢者の医療の確保に関する法律第72条第１項の規定に基づく検査等の結果、診療内容又は診療報酬の請求に関し、不正又は不当な行為が認められたことがないこと。

☑　当該届出を行う時点において、厚生労働大臣の定める入院患者数の基準及び医師等の員数の基準並びに入院基本料の算定方法に規定する入院患者数の基準に該当する保険医療機関又は医師等の員数の基準に該当する保険医療機関でないこと。

標記について、上記のすべてに適合し、施設基準を満たしているので、届出します。

令和○年○月○○日

保険医療機関の所在地　　東京都千代田区○○町○－○－○
及び名称　　法令クリニック

開設者名　法令　次郎　　　印

関東信越厚生局長　殿

備考１　□には、適合する場合「レ」を記入すること。
　　２　※は記載する必要がないこと。
　　３　届出書は、１通提出のこと。

第3節

# 往診料と在宅患者訪問診療料

在宅訪問診療のメインになる診療報酬としては、往診料、在宅患者訪問診療料（以下、「訪問診療料」という）、在宅時医学総合管理料・施設入居時等医学総合管理料（以下、「在医総管等」という）ですが、この節では、往診料と訪問診療料について解説します。

## 1．往診料

往診とは、本章第1節（在宅医療とは）で説明したように、**患家から診察の依頼を受け、患家に診察に赴く**ことを指し、このときに算定できるのが往診料で、720点です。なお、往診料と初診料、往診料と再診料・外来管理加算は併せて算定できます。また、医学的に必要であれば、1日に何回往診を行っても、その都度往診料を算定できます。ただし、その場合はレセプトにその理由をコメントすることをお勧めします。

**【レセプトのコメント例】**

10日の朝、患家より電話があり、38℃台の発熱があるので診察をしてほしいとの依頼があったため、8:00に往診した。同日の夕方に再び患家より電話があり、体温は39℃を超し呼吸も苦しそうなので診察をしてほしいとの依頼があったため、19:00に再度往診を行った。

## (1)　夜間・休日加算と深夜加算

往診料にはいくつかの加算があります。代表的なものに、夜間・休日加算と深夜加算があります。法令クリニックのような機能強化型ではない在支診が算定できる診療報酬は、次の通りです。

| 夜間・休日加算：1,300点　／　深夜加算：2,300点 |
|---|

休日加算の休日とは何かといえば、日曜祝日のことで、年末年始（12月29～31日と１月２～３日、１月１日は元日であり、祝日に含まれています）も含みます。また、夜間加算の夜間とは、午後６時から翌日の午前８時までで深夜を除く時間、深夜加算の深夜は午後10時から翌日の午前６時までです。したがって、夜間加算の夜間は、午後６時から午後10時までと午前６時から午前８時までということになります。

## (2)　緊急往診加算

緊急往診加算は、標榜時間内（それも概ね午前８時から午後１時までの間）に、患家からの緊急の診察の依頼があり、急性心筋梗塞、脳血管障害、急性腹膜症もしくは終末期と考えられる患者に対して、診療を中断させて往診を行った場合に算定できます。法令クリニックのような機能強化型ではない在支診が算定できる診療報酬は、650点です。

この加算は、標榜時間内に外来診療を中断して往診をしなければならないこと、算定対象患者の病態が限定されていることもあり、実際に算定する機会は少ないようです。もちろん外来診療を行いながら訪問診療を行っていれば、外来診療中に訪問診療の患者が急変することもありますが、一方で、外来診療を中断して往診に行くのも難しいのが現実です。また急変の一報を受けたときに、患者の状態から急性心筋梗塞、脳血管障害、急性腹膜症などできる限り速やかに治療を開始することが重要となる疾患が疑われる場合は、時間をかけて往診に行くよりも、直ちに専門の医療機関への救急搬送の手配をするほうが現実的な対応です。また、救急搬送といった至急の対応を取るまでではないと判断した場合は、連携する訪問看護ステーションの看護師に急行してもらい、看護師より詳しく報告してもらったうえで、往診が必要と判断すれば、外来診療が終了次第往診に行くといった対応が現実的でしょう。なお、このような対応の場合は、当然ながら往診を行っても緊急往診加算の対象にはなりません。

### (3) その他の加算

その他の加算としては、患家診療時間加算と死亡診断加算があります。患家診療時間加算は、患家における診療時間が1時間を超えた場合、30分ごとに100点を加算するものです。この30分ごとにとは、30分に満たなくても、10分でも20分でも、30分として算定します。例えば、往診による診療時間が1時間20分だった場合、往診料は720点＋100点＝820点になります。

死亡診断加算については、本章第6節の終末期の診療報酬で説明します。

### (4) カルテ記載の注意点

患家から、**どういう理由で診察の依頼があり、何時に患家に赴いたか**を記載する必要があります。例えば、序説の経緯の「6．緊急往診（令和元年5月26日）」であれば、次のような記載が必要です。

**【カルテの記載例】**

令和元年５月26日

22:00過ぎに、同居する患者の息子より電話があり、39℃近い発熱があるため、診察をしてほしいとの依頼があったので、22:30に患家を訪問して診察を行った。

なお、患家診療時間加算を算定する往診だった場合は、診察終了時刻もしくは診察に要した時間の記載も必要です。

## (5)　レセプトに関するアドバイス

上記の加算を算定した場合、算定の根拠や理由をレセプトにコメントすることをお勧めします。例えば、深夜加算を算定したのであれば、なぜ深夜に往診に行くことになったかを書きます。序説の令和元年５月 26 日を例に取れば、次のような記載が一例です。

**【レセプトのコメント例】**

５月26日の22:00過ぎに、患家より電話があり、39℃近い発熱があるため診察してほしいとの依頼があった。そのため、22:30に患家を訪問して、診察を行ったため、往診料とその深夜加算を算定した。

またこの事例で、令和元年５月 26 日の夜に往診した後、患者の容態が心配になった次郎医師が、翌朝患家に様子を診に行ったとしても往診料は算定できません。患者のことが心配になり、厚意でわざわざ診に行ったということだとしても、患家からの依頼がなければ往診にはならないことに注意が必要です。

## 2．在宅患者訪問診療料

**在宅訪問診療は定期的ないし計画的に患家に赴いて診療を行う**ものであり、この在宅訪問診療を行う都度、算定できる診療報酬が訪問診療料です。在宅訪問診療を開始すると、算定の主体になるのがこの訪問診療料と後述する在医総管等ということになります。

この訪問診療料は、次の通りになっています。

[訪問診療料]

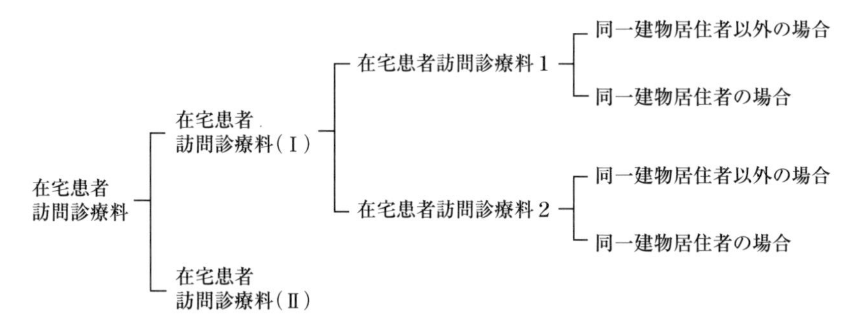


まず、在宅患者訪問診療料（Ⅰ）と在宅患者訪問診療料（Ⅱ）があります。次に、在宅患者訪問診療料（Ⅰ）には在宅患者訪問診療料１と２があり、さらに各々、同一建物居住者以外の場合と同一建物居住者の場合とがあります。序説の経緯の法令クリニックのように、多くの場合、クリニックは施設とは関係なく立地し（即ち、有料老人ホーム等に併設される保険医療機関ではなく）、主治医として、訪問診療を行います。その場合は、在宅患者訪問診療料（Ⅰ）の１を算定します。そして、Ａ子さんの訪問診療を行った場合のように、同一日に１つの建物内で１人に対して訪問診療を行えば、在宅患者訪問診療料（Ⅰ）の１の同一建物居住者以外の場合を算定することになり、個人宅の訪問診療の基本形となります。

往診料は１つで720点と非常にシンプルでしたが、この訪問診療料から一気に複雑になり、本章第５節（在宅時医学総合管理料と在宅療養指導管理料）で解説する在医総管等はもっと複雑です。在宅医療の診療報酬が複雑で、在宅医療への参入をためらうという話も実際にあります。ここでもなるべく理解しやすいように、法令クリニックのような外来診療を行いながら機能強化型ではない在支診として在宅訪問診療を行っているクリニックが、実際に算定する機会が相対的に多いと思われる診療報酬を中心に説明します。

## (1)　在宅患者訪問診療料の算定要件

まず、「診療報酬の算定方法の一部を改正する件（告示）（令和２年厚生労働省告示第57号）」（以下、「告示」という）を確認してみましょう。

**【告　示】**
在宅患者訪問診療料（Ⅰ）
注１　１については、在宅で療養を行っている患者であって通院が困難なものに対して、当該患者の同意を得て、計画的な医学管理の下に定期的に訪問して診療を行った場合に算定する。（下線は筆者）

次に、「留意事項」の記載も確認してみます。

**【留意事項】**
在宅患者訪問診療料（Ⅰ）は、在宅での療養を行っている患者であって、疾病、傷病のために通院による療養が困難な者に対して、患者の入居する有料老人ホーム等に併設される保険医療機関以外の保険医療機関が定期的に訪問して診療を行った場合の評価であり、継続的な診療の必要のない者や通院が可能な者に対して安易に算定してはならない。例えば、少なくとも独歩で家族・介助者等の助けを借りずに通院ができる者などは、通院は容易であると考えられるため、在宅患者訪問診療料（Ⅰ）は算定できない。

在宅患者訪問診療料（Ⅱ）は、在宅での療養を行っている患者であって、疾病、傷病のために通院による療養が困難な者に対して、患者の入居する有料老人ホーム等に併設される保険医療機関が定期的に訪問して診療を行った場合の評価であり、継続的な診療の必要のない者や通院が可能な者に対して安易に算定してはならない。例えば、少なくとも独歩で家族又は介助者等の助けを借りずに通院ができる者などは、通院は容易であると考えられるため、在宅患者訪問診療料（Ⅱ）は算定できない。（下線は筆者）

「告示」にも「留意事項」にも同じことが書かれているように、キーワードは、**「通院による療養が困難な者」**であり、これが訪問診療料の重要な算定要件の１つです。そして、その説明を「例えば、少なくとも独歩で……」と例示し、訪問診療料の算定において通院困難ということがいかに重要かを強調しています。

この記載は2014年の診療報酬改定で加わりましたが、その前年の秋に、朝日新聞で在宅医療の不正請求が取り上げられたことがきっかけとなり、当たり前のことである具体的な記載をあえて「留意事項」に加えたという経緯があります。

### (2) 「通院困難」とは何か

診療報酬上、在宅訪問診療を行う大前提は、**「在宅で療養を行っている通院困難な者」**に対して行うことであり、これは訪問診療料や在医総管等を算定する際の重要な要件です。しかし、その大前提・重要要件である「通院困難」についての明確な定義はなく、基本的には主治医の判断によるものとなっており、留意事項に当たり前の例示があるだけではまだまだ曖昧さが残ります。ただし、2018年の診療報酬改定である種の基準が示されたのではないかと考えています。

2018年の診療報酬改定で、訪問診療料と同様に「在宅で療養を行っている通院困難な者」が算定要件の１つとなっている在医総管等について、その加算の１つである包括的支援加算の算定要件として、次の項目が示されました。

・要介護２以上の状態またはこれに準ずる状態
・日常生活に支障を来すような症状・行動や意思疎通の困難さのために介護を必要とする認知症の症状（認知症高齢者の日常生活自立度Ⅱｂ以上）
（他の要件は略）

したがって、包括的支援加算を算定できる上記の状態の患者は、介護保険側から見ても「通院困難」の状態を指すものと考えられます。ただ、介護保険での要介護認定の要件はあくまで１つの目安であり、要介護１や要支援２の患者であっても歩行が不安定で、聴力や視力なども落ちていて、単独で外出するのは危険や困難さが伴うと主治医が判断すれば、通院困難な者として在宅訪問診療を行うことは可能と考えられます。ただし、その場合は「通院困難」と判断した理由を具体的にカルテへ記載しておくことをお勧めします。

### (3)　在宅患者訪問診療料（Ⅰ）と在宅患者訪問診療料（Ⅱ）の違い

前述の「留意事項」の通り、在宅患者訪問診療料（Ⅱ）は、患者の入居する有料老人ホーム等に併設される保険医療機関が在宅訪問診療を行った場合に、在宅患者訪問診療料（Ⅰ）は、患者の入居する有料老人ホーム等に併用される保険医療機関以外の医療機関が在宅訪問診療を行った場合に算定します。

2018年の診療報酬改定で新設された在宅患者訪問診療料(Ⅱ)は、有料老人ホームなどの施設と訪問診療を行う医療機関が、同一敷地内や隣接する敷地内にある場合に算定する訪問診療料です。例えば、1階がクリニックで2階から4階が有料老人ホームといったケースで、1階のクリニックから上階の入居者に訪問診療を行う場合が該当します。この点数が新設される前は、地方厚生局の窓口で、

・患者が、建物の2階や3階から1階のクリニックへ降りていけば、通院で受診ができる
・たとえ、移動に車いすを使っている人でも、エレベーターがあれば、容易にアクセスできる
・したがって、「通院困難」には該当しない可能性があり、在宅患者訪問診療料や在宅時医学総合管理料等を算定するのは疑義がある。

といった問題が発生していましたが、この在宅患者訪問診療料(Ⅱ)が新設されたことで、このようなケースであっても、点数は低く抑えられているとはいえ訪問診療料の算定が明確に可能になりました。

いずれにしても法令クリニックのようなクリニックは、多くの場合、患者の入居する有料老人ホーム等に併設される保険医療機関ではありませんので、在宅患者訪問診療料(Ⅰ)を算定することになります。

### (4) 在宅患者訪問診療料1、同2

在宅患者訪問診療料(Ⅰ)は、在宅患者訪問診療料1と在宅患者訪問診療料2の2つに分かれます。在宅患者訪問診療料1は、主治医として訪問診療を行った場合に算定する訪問診療料です。例えば、序説の法令クリニックの訪問診療の場合は、在宅患者訪問診療料1を算定します。一方、在宅患者訪問診療料2は、主治医から紹介されて訪問診療を行った場合に算定する訪問診療料です。例えば、内科医が主治医として訪問診療を行っているなかで患者に褥瘡ができてしまった場

合、主治医が皮膚科の医師に、褥瘡が改善するまで定期的に訪問して（即ち、訪問診療を行って）、褥瘡の診察や処置などをしてほしいと依頼した際に、皮膚科医が算定するのが在宅患者訪問診療料２ということになります。この在宅患者訪問診療料２も、2018年の診療報酬改定で新設されており、在宅医療における医療機関同士の連携を促進し、質の高い在宅医療の提供を目指して設定された診療報酬です。

### (5)　同一建物居住者以外の場合と同一建物居住者の場合の違い

この違いは、**同一日に同一建物内で訪問診療を行った患者数が１名なのか複数なのか**の違いです。**同一建物居住者以外の場合**とは、個人の家で１人の訪問診療を行う場合のように、**同一日に同一建物内で１人の患者の訪問診療を行う場合**です。一方、**同一建物居住者の場合**とは、有料老人ホームなどの施設で訪問診療を行う場合のように、**同一日に同一建物内で２名以上の患者に対して訪問診療を行う場合**です。したがって、有料老人ホームなど１つの建物内で療養する複数の患者に対して訪問診療を行う場合でも、別々の日に、１日１人にだけ訪問診療を行った場合は、訪問診療料は同一建物居住者以外として算定することになります。

序説の経緯では、次郎医師が佐藤さんの家を訪問しＡ子さんに対して行った訪問診療が、同一建物居住者以外の場合にあたります。この場合の診療報酬は、在宅患者訪問診療料（Ⅰ）の在宅患者訪問診療料１の同一建物居住者以外の場合に該当するため、888点を算定することになります。**主治医として、個人の家に１人の患者の訪問診療を行えば888点**と理解していただいて構いません。一方、次郎医師はＡ子さんを看取った後、施設への訪問診療を始めました。施設に赴き、同一日に同一建物内の複数の入居者に対して訪問診療を行った場合は、在宅患者訪問診療料（Ⅰ）の在宅患者訪問診療料１の同一建物居住者の場合に該当するため、213点を算定することになり、このように同一建物居住者の場合は、同一建物居住者以外の場合の４分の１以下の点数になります。

では、序説の経緯では、途中からＡ子さんの夫であるＢ男さんに対しても、訪問診療を行うようになりましたが、この場合はどうなるのでしょうか。先程の説明からすれば、同じ日にＡ子さんとＢ男さんの訪問診療を行えば同一建物居住者の場合に該当し、訪問診療料は低くなるはずです。しかし、このような同一建物内であっても同一世帯の複数の患者に対して同一日に訪問診療を行った場合は、１人目は訪問診療料の同一建物居住者以外の場合を算定し、２人目以降は再診料を（要件を満たせば同時に、外来管理加算も）算定することになっています。したがって、同じ日にＡ子さんとＢ男さんの訪問診療を行った場合、最初に診察したＡ子さんに対しては888点を、２人目のＢ男さんに対しては、再診料73点＋外来管理加算52点＝125点を算定します。一方、Ａ子さんとＢ男さんの訪問診療を別々の日に行えば、それぞれ888点を算定します。

### (6) 在宅患者訪問診療料の加算

往診料と同様に患家診療時間加算があり、算定の仕方も点数も往診料の場合と同じです（54頁参照）。また、在宅ターミナルケア加算、看取り加算といった点数の高い診療報酬や死亡診断加算といった加算もありますが、これらの加算は、本章第６節の終末期の診療報酬で説明します。

### (7) 同日の往診料と訪問診療料

往診料を算定する往診の日の翌日までに行った訪問診療の費用は算定できません。即ち、１人の患者に同じ日もしくは２日にわたり、往診→訪問診療の順に行った場合、診療報酬はどちらか一方しか算定できません。一方、訪問診療を行った後の同じ日に患者の状態が急変し、患家からの要請で往診を行った場合は、訪問診療料と往診料のどちらも算定できます。ただしこの場合、レセプトに往診した理由をコメントする必要があります。

**【レセプトのコメント例】**
５日の14:00に定期的な訪問診療を行った後、19:00に患家より電話があり、夕方より急に体温が上昇し、現在38℃台の後半になっているため診察をしてほしいとの依頼があり、19:30に往診を行った。

なお、在支診で24時間対応を行っている患者に対しては、往診料を算定する往診の日の翌日までに行った訪問診療についても訪問診療料（Ⅰ）１が算定できます。

## ⑻　在宅患者訪問診療料（Ⅰ）の算定要件

「告示」で在宅患者訪問診療料（Ⅰ）の１の算定要件を確認してみると、**「通院困難」以外にも、「患者の同意」、「計画的な医学管理」、「定期的に訪問」が必要**なことがわかります。

**【告　示】**
在宅で療養を行っている患者であって通院が困難なものに対して、当該患者の同意を得て、計画的な医学管理の下に定期的に訪問して診療を行った場合に算定する。

### ア．在宅訪問診療に対する同意書

さらに訪問診療料の「留意事項」には、次のように書かれています。

**【留意事項】**

訪問診療を実施する場合には、以下の要件を満たすこと。

① 当該患者又はその家族等の署名付の訪問診療に係る同意書を作成した上で診療録に添付すること。

したがって、**同意は口頭だけでは不可で、同意書という文書にする必要**があるということになります。同意書については、所定の様式があるわけではなく、様式は任意です。折角同意書を作成し、患者本人または家族からの書面による同意をもらうのであれば、訪問診療だけではなく、多職種連携などのことも踏まえ、患者の情報を関係する多職種とも共有することも含めて説明し、同意をもらうことをお勧めします。この同意については、同意書のサンプルを含めて、次節で解説します。

### イ．計画的な医学管理

「計画的な医学管理」とは、その日ごとに完結することなく、患者の病態や疾患に合わせて計画的に診療を行うことを指します。序説の経緯のＡ子さんを例に取れば、主病の高血圧・心不全や便通・褥瘡などの管理・コントロールを主眼に、診察時において、バイタルサイン、心音・呼吸音、排便の状況、皮膚の状態などを経時的に確認し、３カ月に１回の頻度で採血して検査を行う、といったことを計画して実行する等となります。

### ウ．定期的に訪問

「定期的に訪問」とは、訪問診療の日時をあらかじめ設定し、例えば第２・第４の水曜日の午後に訪問診療を行うといったようなことを指します。なお、「定期的」については、具体的に決めて患者にも事前にそれを知らせておく必要があります。

## ⑼　在宅患者訪問診療料（Ⅰ）の算定の際のカルテ記載

カルテには、次の記載や添付が必要です。

① 同意書の添付
② 訪問診療を行った日時と診療時間（開始時刻と終了時刻）
③ 訪問診療を行った場所
④ 訪問診療計画や診療内容の要点

なお、訪問診療料は「患者の同意」を得たうえで「計画的な医学管理」を行うことが前提となるため、必然的に初診時には算定できないこととなります。そのため、患家の求めに応じて訪問して初診を行った場合には、往診料と初診料を算定することになります。

第４節 訪問診療における診療契約

## 1．診療契約の内容と当事者

### (1) 診療契約の内容

往診、訪問診療等の在宅医療も医療である以上、一般的な外来通院診療、入院診療と同じく、個人立の診療所の場合は医師と患者との間で、医療法人立の診療所の場合には医療法人と患者との間で診療契約が締結されたうえで、診療がスタートします。

この診療契約は、疾病に関する診察、治療等を内容とする委任契約であり、厳密には委任者（患者）が受任者（医師）に対して委託する内容が法律行為ではなく診療という事務（事実行為）であるという点から準委任契約（民法656条、643条）であるといわれています。大阪地裁平成20年2月21日判決も、「診療契約とは、患者等が医師ら又は医療機関等に対し、医師らの有する専門知識と技術により、疾病の診断と適切な治療をなすように求め、これを医師らが承諾することによって成立する準委任契約である」と判示しています。

診療契約も、一般の契約と同様、患者から診療等の「申込」がなされ、医師または医療法人がこれに対して「承諾」することによって成立しますが、通常は、契約書等を取り交わすこともなく、口頭での合意、黙示の合意によって契約が成立（契約当事者間の意思の合致により成立）したものとして取り扱われ、特に法律上の定めがある場合でなければ、契約書等を作成する必要はありません。この点は、一般的な診療所での外来通院診療の場面を想定していただければわかりやすいでしょう。契約書等は原則として、契約成立に必須のものではなく、あくまで診療契約の存在、内容等を明確にし、後日紛争が生じた際に備えて物的証拠として残すためのものに過ぎません。

しかし、在宅医療を行う診療所では、現在の社会状況等も踏まえ、契約書までは取り交わさないものの、訪問診療等に関する説明書（「訪問診療に関する説明書」と題する書面等）を交付、説明し、これに関する同意書を取るという診療所が多くなってきています。本章第３節（往診料と在宅患者訪問診療料）に記載した通り診療報酬の観点から同意書（訪問診療同意書）が必要ということもありますが、患者が診療所を訪れ診療を受ける外来通院診療と異なり、患者の自宅等を訪問して診療を行う在宅医療は、患者に対して行うことができる診療、処置等が限定的である等、在宅医療について患者や家族が正しく理解している部分が相当少なく、必ずしもこれから受ける訪問での診療、処置等の内容、範囲等につき患者および家族と医師との間で認識が共有できていないことが多いからです。そのような場合、実際に訪問診療を開始してみると、患者等の一方的な意向（希望、期待ともいえます）から外れ、後々クレーム、トラブルとなることから、このような事態を回避するためにも、口頭での説明、同意を超えて、文書により説明し、同意を得る診療所が増えてきているのです（「訪問診療に関する説明書兼同意書」80 頁参照）。

なお、訪問診療は、緊急的な診療である往診とは異なり、患者の同意に基づく計画的かつ定期的な診療であるため、訪問診療に関する患者の同意の存在を示す同意書（「訪問診療に関する同意書」79 頁参照）その他の書面が必要です。

## (2) 診療契約の当事者

### ア．患者本人に十分な判断能力がある場合

前記(1)の通り、診療契約は、患者本人と医師または医療法人との間で成立します。

序説の事例においては、場面４（在宅訪問診療の開始（平成31年２月26日））の時点で、訪問診療の当事者となる患者Ａ子さんには診療契約の相手方当事者となり得る十分な判断能力があったようですので、法令クリニック（個人立）の院長（開設者）法令次郎との間で診療契約が締結され、訪問診療が開始されています。

### イ．患者本人に十分な判断能力がない場合

では、患者本人に十分な判断能力がない場合、訪問診療を行うために必要な診療契約の当事者は医師と誰になるのでしょうか。

法律上、他人との間で契約を締結するためには、当該当事者に一定の能力（意思能力、行為能力）が必要であるとされています。意思能力とは、自己の行為の結果を判断し得る能力であり、この意思能力を欠く当事者の意思表示（契約等）は無効とされています。また、行為能力は、単独で確定的に有効な法律行為をするための能力であり、この行為能力を制限された当事者の法律行為（契約等）は取り消すことができるとされています。

この意思能力、行為能力は法律上の概念ですので、ここでは理解しやすいように「判断能力」と纏めて表現しますが、この判断能力が加齢による衰え、認知症等により低減または喪失している者を相手方として有効な契約ができるのかという問題が、正に「患者本人に十分な判断能力がない場合に訪問診療を行うために必要な診療契約の当事者は医師と誰になるか」という問題です。在宅医療においては、診療所までの通院ができない等、日常生活に不自由を来している方々を患者

とすることがほとんどであり、多かれ少なかれこの判断能力が低減、場合によってはこれを喪失していることから、診療契約の相手方を誰にするのかは大きな問題となります。

仮に、序説の事例・場面４の時点で、患者Ａ子さんの判断能力が十分ではなかった場合、Ａ子さんを相手方当事者として訪問診療に関する診療契約を締結することはできませんが、すでにＡ子さんの長男Ｓ男さんがＡ子さんの成年後見人となっていた場合には、Ａ子さんの法定代理人であるＳ男さんを相手方当事者として診療契約を締結すれば足りるとされています。

しかし、成年後見制度が十分に活用されていない我が国では、訪問診療に入った時点ですでに患者に成年後見人が付いているような事例はほとんどなく、そのような場合には、患者と同居している親族等、患者の親族と医師との間で、患者本人に一定の診療を受けさせるという内容の契約（第三者のためにする契約・民法537条、または、その他の無名契約）を成立させることができると考えられます。

序説の事例においては、その相手方当事者となるべき患者の親族としては、Ａ子さんの夫Ｂ男さん、同居の長男Ｓ男さん、その妻Ｒ子さんが考えられますが、夫Ｂ男さんは年齢の割に元気ですが近頃は物忘れが酷くなってきているようですので、現時点での判断能力、そして、今後契約当事者としてＡ子さんの看取りまで協力関係を継続していけるかという点で疑問があります。Ｓ男さんの妻Ｒ子さんも、Ａ子さんと同居しているとはいうものの血縁関係があるわけではありませんので、これらを踏まえると、やはり同居の実子であるＳ男さんを契約の相手方当事者とするのが適切だと考えられます。その場合、本事例・場面４において、次郎医師は患者Ａ子さんと長男の妻Ｒ子さんに対して訪問診療に関する説明をしたのみで、契約当事者であるＳ男さんには説明をしていないことから、改めてＳ男さんに対して訪問診療に関する説明を行い、その同意を得、診療契約を締結するのが適切だと考えられます。

## 2．診療開始時に必要な文書

訪問診療を開始するにあたり、患者、その家族に対して提示し、これに署名・押印をしてもらうべき文書としては、最低限後記(1)の「訪問診療に関する同意書」および後記(3)の「個人情報取扱等に関する同意書」の２種となります。

訪問診療開始後、患者数が増加し、「在宅療養支援診療所」等の届出を行い、在宅で施行可能な診療、処置等も増えてきたことにより、患者、家族に対して予め説明すべき内容も増え、文書を用いて説明、交付することが適切となってきた時点では、後記(1)および(3)の内容も含めた形での後記(2)の「訪問診療に関する説明書兼同意書」１通のみを使うという形がよいでしょう。その意味で、この説明書兼同意書には多くの診療等に関する記載がありますが、これはあくまで「患者数が増加し、「在宅療養支援診療所」等の届出を行い、在宅で施行可能な診療、処置等も増えてきた」からであって、訪問診療を行うすべての診療所でこのような診療等を提供しているわけではありませんので、誤解なきようお願いします。

### (1)　訪問診療に関する同意書

本章第３節（往診料と在宅患者訪問診療料）に記載した通り、診療報酬の観点から、患者が訪問診療を受けることにつき同意した旨を示す文書が必要（63頁参照）ということもあり、また、患者または家族との間の診療契約の成立を示すための文書を残しておいたほうがよいということもあり、診療所側にて「訪問診療に関する同意書」を準備し、これに患者本人または患者の親族による署名・押印をしてもらいます。当然、その前提として、診療所が提供する訪問診療の内容等につき十分な説明を行うことが必要です。

記載内容は、訪問診療を受けることにつき同意する旨であり、患者本人、少なくとも患者の親族１名の署名・押印を求めますが、本書面中に、訪問診療に掛かった費用を負担し、確実に支払う旨の同意も含めることがほとんどです（「訪問診療に関する同意書」79 頁参照）。

また、患者の親族については、患者の連帯保証人として署名・押印するよう求め、より支払いの確実性を図る診療所もあります。令和２年４月から施行された改正民法においては、一定の範囲に属する不特定の債務を主たる債務とする保証契約であって、保証人が法人でない個人根保証契約においては、保証人が負担をする責任（金額）の上限（極度額）を書面（契約書等）にて明示することが必要となりましたが（民法 465 条の２）、「訪問診療において生じた診療費等の債務に関する保証契約」（一定の範囲に属する不特定の債務を主たる債務とする保証契約）につき「患者の親族」（法人でない個人）が保証人（連帯保証も含みます）となる場合はこれに該当することから、極度額を明示することが必要です。この極度額をいくらにすべきかは悩ましいところですが、あくまで私見として、連帯保証に関するスムーズな同意（署名・押印）、未払いとなった場合の回収可能性等を総合的に考慮した場合、平均的な月額の費用の３カ月から６カ月程度で、50 万円未満という金額が適当ではないかと考えています。

また、患者本人が自署・押印ができない場合には、親族による代署でも構わないですが、その際には代署したことを明示する意味で、「患者本人が自署できない」ことを記載し、代署者の記載欄（氏名、住所、患者との続柄等）を設けるべきでしょう（なお、後記の書式⑴および⑵は、家族代表者が患者の代署者となることを前提に代署者の住所および患者との続柄を記載する欄を設けていません）。

## ⑵　訪問診療に関する説明書兼同意書

前記１⑴の通り、一般的な外来通院診療と異なり、在宅医療においては、医師と患者、家族等の間で診療内容等につき行き違いが生じ、クレーム、トラブルとなることが少なくないため、このような事態を回避するためにも、口頭での説明、同意のみでなく、文書により説明し、同意を得る診療所が増えてきています（「訪問診療に関する説明書兼同意書」80頁参照）。

この説明書の記載内容、これに基づき説明した内容が、診療契約の内容、そして、訪問診療に関する同意の内容になりますので、必要十分な内容となるよう、しっかりと作成します。

主な記載内容は、訪問診療の概要、対象となり得る患者（状態）、行い得る診療・検査・処置等の内容、薬剤の処方、緊急時対応の内容、地域連携の内容、診療等に掛かる費用の内容等です。

なお、説明書と同意書が別々の書面となると管理が煩雑になりますので、説明書を作成、交付する場合には、これと同意書を一体とすることが便利です。なおこの「訪問診療に関する説明書兼同意書」は、訪問診療の内容、個人情報の利用目的等に関する説明書、そしてこれらに関する同意書としての性格を持たせ、３通必要なものを１通に纏めたものとなります。

### (3) 個人情報取扱等に関する同意書

訪問診療を行う際、行う中で得られる患者に関する情報（患者の病状、診療の内容等）は「要配慮個人情報」（個人情報保護法２条３号、同施行令２条）にあたるため、これを取得する際に患者本人の同意を得る必要があります（同法17条２項）。

また、個人情報を取り扱うためには、その利用目的をできる限り特定し（同法15条）、これを個人情報の取得前に予め公表するか、取得の際に利用目的を本人に通知または公表しなければならず（同法18条）、原則として、その利用目的の範囲内で取得した個人情報を取り扱わなければなりません（同法16条）。

通常の外来のみを行う診療所においては、個人情報保護法において求められている利用目的の通知、公表については、外来通院患者が目にし、確認することができる院内掲示等により行いますが（第２章第８節「診療情報の開示等」参照）、訪問診療を受ける患者は、これを確認することができないことから、本同意書に利用目的を明示し、これを確認、同意したうえで、診療所による患者個人情報の取得等に同意してもらうことが必要です（84頁参照）。または、前記の訪問診療に関する説明書（兼同意書）に利用目的を明示し、これに同意してもらう形でもよいです。

本同意書は、原則として個人情報の主体である患者自身による自署・押印がなされるべきものの、患者本人の病状等、客観的に確認できる事由により同人の自署・押印ができない場合には、やむを得ず親族による代署としますが、代署したことを明示する意味で、「患者本人が自署できない」ことを記載し、代署者の記載欄（氏名、住所、患者との続柄等）を設けるべきです。

なお現状に鑑みれば、患者の個人情報については、法令を遵守したうえで非常に丁寧な取扱いを行わなければ、１つ間違うと診療所の存続も揺るがしかねないような状況にもなり得ますので、以下のガイドラインを参考にしてください（詳細は、第２章第８節「診療情報の開示等」を参照してください）。

**【個人情報保護委員会】**

- 医療・介護関係事業者における個人情報の適切な取扱いのためのガイダンス（平成29年４月）
- 医療・介護関係事業者における個人情報の適切な取扱いのためのガイダンス（対照表）（平成29年４月）
- 医療・介護関係事業者における個人情報の適切な取扱いのためのガイダンスに関するＱ＆Ａ（事例集）（平成29年５月）

### ⑷　その他

上記の書類のほか、患者が要支援・要介護認定を受けており、同人に対して介護保険サービスである居宅療養管理指導を行う場合には、その内容等を記載した説明書（重要事項説明書）に基づく説明を行ったうえで、居宅療養管理指導に関する契約書を取り交わすこととなります。

また、様々な職種との連携を取るなかで必要となってくる書類としては、

- 居宅療養管理指導情報提供書
- 訪問看護指示書
- 訪問リハビリテーション指示書

等があります。

## 3．個々の診療行為に関する同意

### ⑴　一般的な診療等に関する同意

#### ア．患者本人に十分な判断能力がある場合

医師が患者に対して一定の治療、処置等を行う場合、患者に対して当該治療、処置等の具体的な内容等を説明し、それを踏まえて患者が同意することが必要であるといわれています。いわゆる「インフォームドコンセント（Informed Consent・ＩＣ）」、簡単には「説明と同意」といわれ、この点に異議を唱える医療従事者はいないでしょう。

自己の利益（法律的には「法益」という言い方もします）のうち、人間の根源に関わる「生命・身体（健康）」という重大な利益に直結

し、それを左右する可能性のある診療行為については、その内容等につき具体的な説明を受け、これを十分に理解、検討し、患者自ら判断したうえで、当該診療行為につき同意するからこそ、患者の身体への侵襲すら伴う診療行為が許されるのです。この一連の流れを患者の側からみれば、正に患者自身が自己決定権を行使し、自己の利益を取り扱っている（法律的には「処分」という言い方をします。一般の方は「捨てるの？」というニュアンスで誤解されることが多いのですが、自己にとって有利、不利を問わず「取り扱う」という意味で理解してください）と評価できます。

このＩＣ（説明と同意）を十分なものとするためには、医師においては、当該診療行為について必要十分な説明を行うこと、患者においては、十分に理解、判断し、同意することが必要です。患者が有効な同意をするためには、十分に理解し、判断できること、すなわち、医師の具体的な説明を十分に理解する能力、その理解した内容を踏まえて、自己の利害得失を判断する能力が必要です（なお、契約締結においても、契約の可否を判断する前提として、契約内容を理解する能力が必要ですが、契約締結に関する部分でお話した意思能力は、この理解能力と判断能力が含まれていると考えられます）。十分な理解、判断能力を有している成人においては、医師から必要十分な説明を受ければ、これを理解、判断し、同意することが可能ですので、患者がそのような場合には、当該診療行為に関する同意は、患者本人のみから得れば十分であり、患者の家族からも同意を得る必要はありません。手術等に関するＩＣにおいて、患者のみならず患者の家族等の同席を求め、同意書に同席した患者の家族の署名・押印を求めるのは、当該ＩＣに関する後日の紛争を予防する意味で行うに過ぎません。

序説の事例においては、場面４（平成31年２月26日）以降、患者Ａ子さんの判断能力が十分である場合には、医師次郎は、患者Ａ子さんに対して当該診療につき必要十分な説明を行い、患者Ａ子さんがこれに同意すれば、当該診療を行うことは可能となりますが、訪問診療について患者の親族の理解、協力を得るため、また認識の相違による後日のトラブルを予防するために、可能な限り、患者Ａ子さんの家族（夫Ｂ男さん、長男Ｓ男さん等）にも説明したり、Ａ子さんへの診療、説明の場に同席したりしてもらうことは重要です。

### イ．患者本人に十分な判断能力がない場合

では、序説の事例・場面４の時点で、患者Ａ子さんが十分な判断能力を有せず、有効な同意ができない場合、それ以降、医師次郎は、誰に対して診療等について説明し、誰から同意を得ればよいのでしょうか。

上記アの通り、ＩＣにおける患者の同意は、生命・身体（健康）という自分自身の利益（法益）は自己の判断のみで取り扱うことができる、自己決定権の行使の現れですので、たとえ患者の家族であっても、患者以外の第三者が当該患者の行うべき診療行為に関する同意を行うことはできません。本当に残念なことですが、患者に十分な判断能力がなくなった場合、一定の診療行為につき有効な同意を得て、法律的な観点からまったく問題なく当該診療行為を行うための制度が確立されていないというのが、すでに高齢化社会に突入してしまっている我が国の実情です。十分な法律上の手当がなされていないなかでも医療を提供していかなければならない医師らは、以下のような工夫をしています。

#### a）患者に成年後見人が付いている場合

患者に成年後見人が付いている場合、この成年後見人は患者が行うべきすべての行為につき代理することができ、この成年後見人から同意を得れば、それは患者自身から同意を得たのとまったく同じことだと誤解されている医療従事者は多いですが、それは誤りです。

法律上、成年後見人は、自己に付与された同意権、取消権、代理権を行使して、被後見人（本人）のためにその財産を適切に管理する者であり、本人の心身の状態および生活状況に配慮する義務（身上配慮義務、民法858条等）を負うものの、これは本人の生活状況等に鑑

みて、受けるべき医療・介護サービスを検討したり、そのための契約を締結したりするだけであって、個々の医療行為等に関するＩＣにおける同意をすることはできない、同意をする権利（一般的に「医療同意権」と呼ばれます）を有しないと考えられています。そのため、この成年後見人の役割を厳格に捉え、遵守すべきと考える士業の方が成年後見人となっている場合には、ＩＣにおける同意もしてもらえないのみならず、その前提となる説明も受けるべきではないとして、その説明を受けることすら拒否されることもあります。

しかし、医療側としては、患者にとっての利害得失を最も適切に判断し得る者としての成年後見人から当該診療行為に関する同意を得られないとしても、今後の無用なトラブルを回避するために、当該医療行為が必要かつ適切であり、医学的にも合理性・相当性があることを、患者の家族とともに成年後見人に対しても説明したという事実を残したいとして、成年後見人を説得し、同人および患者の家族に対して説明し、「事実上の」同意を得た（少なくとも異議は出なかった）という形を採ることが多くなりつつあります。

### b）患者に身寄りがある（家族がいる）場合

患者に成年後見人が付いていないものの、家族がいる場合には、患者に十分な判断能力がない以上、やむを得ず、次善の策として患者の家族に対して当該医療行為につき説明し、同意を得るということになります。

この場合、どの範囲（親等）の家族から同意を得たほうがよいのかについては様々な考えがありますが、可能な限り今後のトラブルを避けるという意味では、当該患者について法定相続権を有することとなる者（推定相続人）全員から同意を得るのが望ましいといえます。しかし、結婚して遠くに住んでいる長女、仕事で実家を離れている次男等、患者の推定相続人全員が揃って説明を聞き、同意するようなことは事実上不可能です。

それを踏まえて、近年は、以下のような試みがみられます。

１つは、患者に判断能力がある時点で、「自己に十分な判断能力がなくなった時点で自己に代わって自己に対する医療行為に関する説明を受け、同意することができる者」を書面により指定し、指定された者が書面により受諾するという形を採ります。説明、同意等の便宜上、患者と同居の親族（患者の配偶者や子）を選んでもらうことが多く、本事例でいえば、やはりＡ子さんと同居の長男であるＳ男さんを選んでもらうのがよいでしょう。

もう１つは、すでに患者に十分な判断能力がない場合には、少なくとも患者の推定相続人全員を含めた方々で話し合っていただき、患者に代わって家族全員を代表して同意を行う者（ここでは「代表者」といいます）を選び、書面にて申告してもらうという形を採ります。この書面には、原則として、患者の推定相続人全員が当該人物を代表者とすることにつき同意する旨を記載し、署名・押印します。

いずれも患者自身による同意と同等の効力を有するものではありませんが、後日における無用のトラブルを避けるためには一定の効果を有する方策です。

**c）患者に身寄りがない（家族がいない）場合**

この場合は、上記のような方策を採ることはできませんので、当該患者に関わる、医療者、介護者、福祉関係者等と連携しながら、いつも以上に医学的な合理性・相当性を吟味し、必要かつ適切な医療行為のみを行うように心掛け、その点に関するカルテ記載を欠かさないようにしていくしかありません。

## 4．終末期の診療等に関する同意

上記**3**は、一般的な診療等に関する同意に関するものですが、これと同様のことは患者の終末期において、より一層シビアな問題として立ち現れてきますので、終末期の項（第２章第７節「終末期における対応・問題」）において、改めて述べます。

## 1-4-1［訪問診療に関する同意書］

### 訪問診療に関する同意書

法令クリニック
　院長　法令　次郎　殿

　私たちは、貴診療所による在宅訪問診療の内容、費用等につき十分に説明を受け、これを理解、納得しましたので、同訪問診療を受けることに同意します。
　なお、同診療に掛かる診療費その他費用は、貴診療所の定めに従って支払います。

令和　　年　　月　　日

１　患　　者　　氏名＿＿＿＿＿＿＿＿＿＿印　年齢＿＿＿＿
　　　　　　　　生年月日＿＿＿年＿＿＿月＿＿＿日

　自宅住所＿＿＿＿＿＿＿＿＿＿　固定電話＿＿＿＿＿＿
　＿＿＿＿＿＿＿＿＿＿＿＿＿＿　携帯電話＿＿＿＿＿＿

　（署名代行者）　氏名＿＿＿＿＿＿＿＿＿＿印
　私は、以下の理由により上記患者の意思を確認したうえで上記署名を代行しました。

　代行理由　□患者書字不能なため　□その他＿＿＿＿＿＿＿＿

２　患者家族代表　氏名＿＿＿＿＿＿＿＿＿＿印　年齢＿＿＿＿
　　　　　　　　生年月日＿＿＿年＿＿＿月＿＿＿日　続柄＿＿＿＿

　自宅住所＿＿＿＿＿＿＿＿＿＿　固定電話＿＿＿＿＿＿
　＿＿＿＿＿＿＿＿＿＿＿＿＿＿　携帯電話＿＿＿＿＿＿

## 1-4-2［訪問診療に関する説明書兼同意書］

# 訪問診療に関する説明書

1　診療所概要

| | | |
|---|---|---|
| ① | 事業所名称 | 法令クリニック |
| ② | 代表者氏名 | 法令次郎 |
| ③ | 指定事業所番号 | １２３４５６ |
| ④ | 所在地 | 〒１０１－○○○○<br>東京都千代田区○○○○ |
| ⑤ | 電話 | ０３－○○○○－○○○○（代表） |
| ⑥ | 訪問診療提供地域 | 診療所より１６ｋｍ以内 |

2　診療所の体制等

| | | |
|---|---|---|
| ① | 管理者 | 法令次郎 |
| ② | 医師 | 常勤１名：法令次郎　　非常勤１名：日本三郎 |
| ③ | 看護師 | 常勤２名：日本一美、日本二子　　非常勤１名：日本三江 |
| ④ | 診療日 | 月・火・水・木・金・土 |
| ⑤ | 診療時間 | ９時～１２時、１３時～１８時 |
| ⑥ | 電話対応 | 事務ダイヤル：月～金（９時～１８時）<br>０３－○○○○－○○○○<br>医療ダイヤル：月～日（２４時間対応）<br>０７０－○○○○－○○○○<br>０７０－ＸＸＸＸ－ＸＸＸＸ |

当診療所は、２４時間・３６５日の緊急時電話対応をいたします。

3　診療の内容

内科全般、一般皮膚疾患の治療、胃瘻管理、褥瘡管理・治療
初期肺炎等の在宅での抗生剤点滴治療、認知症の各種内服薬による治療
インスリン注射管理、認知症によるせん妄等の治療、在宅酸素管理
膀胱瘻、尿道カテーテル交換、創傷処置
麻薬等による癌性疼痛への対応、ＰＣＡポンプの管理、トリガーポイントブロック

4　在宅療養支援診療所等

当診療所は、「在宅療養支援診療所」として届け出ています。
「在宅療養支援診療所」とは、２４時間連絡を受ける医師、または看護職員を配置し、患家の求めに応じて、２４時間往診が可能な体制を確保している診療所です。
また、当診療所は、複数の保険医療機関と連携し、患者様の容体急変時における緊急入院をサポートする体制を確保しています。

5　在宅緩和ケア充実診療所

当診療所は、「在宅緩和ケア充実診療所」として届け出ています。

「在宅緩和ケア充実診療所」とは、機能強化型の在宅療養支援診療所で、緩和ケアに対する十分な経験を有し、緊急往診・看取りの十分な実績を有する診療所です。
在宅にて最良なケアが提供できるよう、職員一同努めてまいります。
① 医師、看護師、事務等職員が連携して、２４時間・３６５日患者様、ご家族様のケアに努めます。
② ご自宅においても医療用麻薬等を使用し、患者様の疼痛緩和を図ります。
③ 医学的必要性に応じて、点滴、在宅酸素療法等も行います。
④ 緩和ケア病棟への入院を希望される場合には、同入院をサポートします。

6　居宅療養管理指導について
当診療所は、介護保険制度に基づく「居宅療養管理指導」につき届け出ています。
「居宅療養管理指導」とは、介護保険制度において「要支援」、「要介護」の認定を受けられた方に対し、医師等が自宅や施設を訪問して継続的な医学管理を行うもので、具体的には以下のようなことを行います。
① 介護保険の更新時に必要な「主治医意見書」を作成します。
② 在宅介護支援事業者（ケアマネジャー）等に対して、在宅サービス計画の作成等に必要な情報を提供します。
③ 患者様お一人お一人について、ご本人、ご家族様、介護職員、施設職員等に対して、在宅サービス利用上の留意点や、療養上の適切な指導、助言を行います。
④ その他療養上必要な事項についての相談、指導、助言を行います。

7　診療費の請求、支払方法等
① 診療費のご請求は、ご利用のあった月の合計金額を請求いたします。
② 請求書は、明細書を添えて利用月の翌月２０日前後に患者様宛てにお届けします。
明細書には、使用した薬剤や検査名が記載されております。
③ 診療費のお支払いは、請求月（利用月の翌月）の２７日（休日の場合は翌営業日）に、患者様の指定口座からの自動振替となります。
なお、口座振替の登録の都合上、口座振替までに１、２カ月ほどお時間をいただく場合がございますので、それまでは当診療所指定の口座へ振り込み、お支払いください。

8　診療情報（個人情報）等の保護
（１）個人情報保護方針（プライバシーポリシー）
当診療所は、信頼の医療・介護に向けて、患者様により良い医療・介護を受けていただけるよう日々努力を重ねております。患者様の個人情報につきましても、適切に保護、管理することが非常に重要であると考えており、当診療所では、「個人情報保護基本方針」を定め、これを履行しております。
（２）個人情報の利用目的
当診療所では、患者様の個人情報を以下の目的で利用させていただくため、所内掲示とともに、あらかじめ書面にて承諾をいただいております。これら以外の目的で利用する必要が生じた場合には、改めて患者様から同意をいただきます。

（3）当診療所での患者様の個人情報の利用目的

A　診療所内での利用

①　患者様に提供する医療・介護サービス　②　医療・介護保険事務

③　訪問、往診等に関する管理　④　会計・経理

⑤　医療・介護事故等の報告　⑥　医療・介護サービスの向上

⑦　医療・介護の質の向上を目的とした診療所内症例研究、勉強会・学会等での症例報告

⑧　その他患者様に係る管理運営業務

B　診療所外への情報提供としての利用

①　他の病院、診療所、助産院、薬局、訪問看護ステーション、介護サービス事業者等との連携

②　他の医療機関等からの照会への回答

③　患者様の診療・介護等のため外部の医師等の意見・助言を求める場合

④　検体検査業務等の業務委託　⑤　患者ご家族様等への病状説明

⑥　保険事務の委託　⑦　審査支払機関へのレセプトの提供

⑧　審査支払機関または保険者からの照会への回答

⑨　事業者等から委託を受けた健康診断に係る、事業者等へのその結果通知

⑩　医師賠償責任保険等に係る、医療に関する専門の団体、保険会社、弁護士等への相談または届出等

⑪　その他患者様への医療介護保険事務に関する利用

C　その他の利用

①　医療・介護サービスや業務の維持・改善のための基礎資料

②　外部監査機関への情報提供

③　その他当診療所における医療・介護サービス提供業務に関連する一切

（4）個人情報の開示・訂正・利用停止等

当診療所では、患者様の個人情報の開示・訂正・利用停止等につきましても、個人情報管理規程に沿って対応いたします。手続きの詳細等ご不明な点につきましては、当診療所までお気軽にお尋ねください。

なお、個人情報の開示については、当診療所の定める費用をお支払いいただきます。

①　上記のうち、他の医療機関等への情報提供について同意しがたい事項がある場合には、書面にてその旨をお申し出ください。

②　お申出がない事項については、同意していただけたものとして取り扱わせていただきます。

③　これらのお申出は、後から撤回、変更等することができますので、書面にてその旨をお申し出ください。

9　診療等に関するご相談、苦情等

当診療所における診療等、業務に関するご相談、ご質問、苦情については、以下までご連絡ください。

法令クリニック　０３－○○○○－○○○○（月～金、9時～１８時）

以上

＝＝＝＝＝＝＝＝＝＝＝＝＝＝＝＝＝＝＝＝＝＝＝＝＝＝＝＝＝＝＝＝＝＝＝＝＝＝＝

## 同意書

法令クリニック
　院長　法令　次郎　殿

　私たちは、上記「訪問診療に関する説明書」に基づき、貴診療所による在宅訪問診療の内容、費用等につき十分に説明を受け、これを理解、納得しましたので、同訪問診療を受けることに同意します。
　なお、同診療に掛かる診療費その他費用は、貴診療所の定めに従って支払います。

令和　　年　　月　　日

１　患　　者　　氏名＿＿＿＿＿＿＿＿＿＿＿＿＿＿＿印　年齢＿＿＿＿

生年月日＿＿＿＿年＿＿＿＿月＿＿＿＿日

自宅住所＿＿＿＿＿＿＿＿＿＿＿＿＿＿＿＿　固定電話＿＿＿＿＿＿＿＿

＿＿＿＿＿＿＿＿＿＿＿＿＿＿＿＿＿＿＿＿　携帯電話＿＿＿＿＿＿＿＿

（署名代行者）　氏名＿＿＿＿＿＿＿＿＿＿＿＿＿＿＿印
私は、以下の理由により上記患者の意思を確認したうえで上記署名を代行しました。

代行理由　□患者書字不能なため　□その他＿＿＿＿＿＿＿＿＿＿＿＿＿＿

２　患者家族代表　氏名＿＿＿＿＿＿＿＿＿＿＿＿＿＿＿印　年齢＿＿＿＿

生年月日＿＿＿＿年＿＿＿＿月＿＿＿＿日　続柄＿＿＿＿

自宅住所＿＿＿＿＿＿＿＿＿＿＿＿＿＿＿＿　固定電話＿＿＿＿＿＿＿＿

＿＿＿＿＿＿＿＿＿＿＿＿＿＿＿＿＿＿＿＿　携帯電話＿＿＿＿＿＿＿＿

## 1-4-3［個人情報取扱等に関する同意書］

# 個人情報の取扱等について

法令クリニック　院長　法令　次郎

＜個人情報保護方針（プライバシーポリシー）＞
当診療所は、信頼の医療・介護に向けて、患者様により良い医療・介護を受けていただけるよう日々努力を重ねております。患者様の個人情報につきましても、適切に保護、管理することが非常に重要であると考えており、当診療所では、「個人情報保護基本方針」を定め、これを履行しております。

＜個人情報の利用目的＞
当診療所では、患者様の個人情報を以下の目的で利用させていただくため、所内掲示とともに、あらかじめ書面にて承諾をいただいております。これら以外の目的で利用する必要が生じた場合には、改めて患者様から同意をいただきます。

＜当診療所での患者様の個人情報の利用目的＞
1　診療所内での利用
① 患者様に提供する医療・介護サービス　② 医療・介護保険事務
③ 訪問、往診等に関する管理　④ 会計・経理
⑤ 医療・介護事故等の報告　⑥ 医療・介護サービスの向上
⑦ 医療・介護の質の向上を目的とした診療所内症例研究、勉強会・学会等での症例報告
⑧ その他患者様に係る管理運営業務
2　診療所外への情報提供としての利用
① 他の病院、診療所、助産院、薬局、訪問看護ステーション、介護サービス事業者等との連携
② 他の医療機関等からの照会への回答
③ 患者様の診療・介護等のため外部の医師等の意見・助言を求める場合
④ 検体検査業務等の業務委託　⑤ 患者ご家族様等への病状説明
⑥ 保険事務の委託　⑦ 審査支払機関へのレセプトの提供
⑧ 審査支払機関または保険者からの照会への回答
⑨ 事業者等から委託を受けた健康診断に係る、事業者等へのその結果通知
⑩ 医師賠償責任保険等に係る、医療に関する専門の団体、保険会社、弁護士等への相談または届出等
⑪ その他患者様への医療介護保険事務に関する利用
3　その他の利用
① 医療・介護サービスや業務の維持・改善のための基礎資料
② 外部監査機関への情報提供
③ その他当診療所における医療・介護サービス提供業務に関連する一切

（裏面へ続く）

1

<個人情報の開示・訂正・利用停止等>

当診療所では、患者様の個人情報の開示・訂正・利用停止等につきましても、個人情報管理規程に沿って対応いたします。手続きの詳細等ご不明な点につきましては、当診療所までお気軽にお尋ねください。

なお、個人情報の開示については、当診療所の定める費用をお支払いいただきます。

Ⅰ．上記のうち、他の医療機関等への情報提供について同意しがたい事項がある場合には、書面にてその旨をお申し出ください。
Ⅱ．お申出がない事項については、同意していただけたものとして取り扱わせていただきます。
Ⅲ．これらのお申出は、後から撤回、変更等することができますので、書面にてその旨をお申し出ください。

＝＝＝＝＝＝＝＝＝＝＝＝＝＝＝＝＝＝＝＝＝＝＝＝＝＝＝＝＝＝＝＝＝＝＝＝＝＝＝＝

## 同　意　書

**法令クリニック　院長　法令　次郎　殿**

私は、貴診療所において医療・介護等を受けるにあたり、上記の利用目的等、個人情報の取扱いにつき説明を受け、理解し、これに同意いたします。

令和　　　年　　　月　　　日

患　者　氏　名＿＿＿＿＿＿＿＿＿＿＿＿＿＿＿＿＿＿＿＿印

住　所＿＿＿＿＿＿＿＿＿＿＿＿＿＿＿＿＿＿＿＿＿

電　話＿＿＿＿＿＿＿＿＿＿＿＿＿＿＿＿＿＿＿＿＿

私は、以下の理由により上記患者の意思を確認したうえで上記署名を代行しました。

代行理由　□患者書字不能なため　□その他

（署名代行者）氏　名＿＿＿＿＿＿＿＿＿＿＿＿＿＿＿＿＿＿＿＿印

住　所＿＿＿＿＿＿＿＿＿＿＿＿＿＿＿＿＿＿＿＿＿

電　話＿＿＿＿＿＿＿＿＿＿＿＿＿＿＿＿＿＿＿＿＿

2

第５節 # 在宅時医学総合管理料等と在宅療養指導管理料

## 1．在宅時医学総合管理料（在医総管）と施設入居時等医学総合管理料（施医総管）

### ⑴ 在医総管の変遷

在医総管の創設時は非常にシンプルな診療報酬で、個人の家であっても有料老人ホーム等であっても、また１つの建物内で何人に連続して訪問診療を行っても、在医総管は１つでした。

その後2008年以降、診療報酬改定がある度に在医総管に変更が加えられ、現在では非常に複雑でわかりにくい診療報酬になっています。

・2008年：在医総管から、施設への訪問診療を行う場合について、特定施設入居時等医学総合管理料（現在の施設入居時等医学総合管理料の前身）を分離。
・2012年：在支診の機能強化型創設に伴い、点数が細分化。
・2014年：同一建物居住者という概念を導入。同一建物で、同一日に複数の患者に訪問診療を行っている場合の点数を大幅に減額。
・2016年：在医総管に、同一建物居住者とは別の単一建物診療患者数という概念を導入。訪問診療の仕方によらず、１カ月に１つの建物で訪問診療を受けている患者の数によって点数を細分化。

1-5-1 ［在宅時医学総合管理料等の変遷］

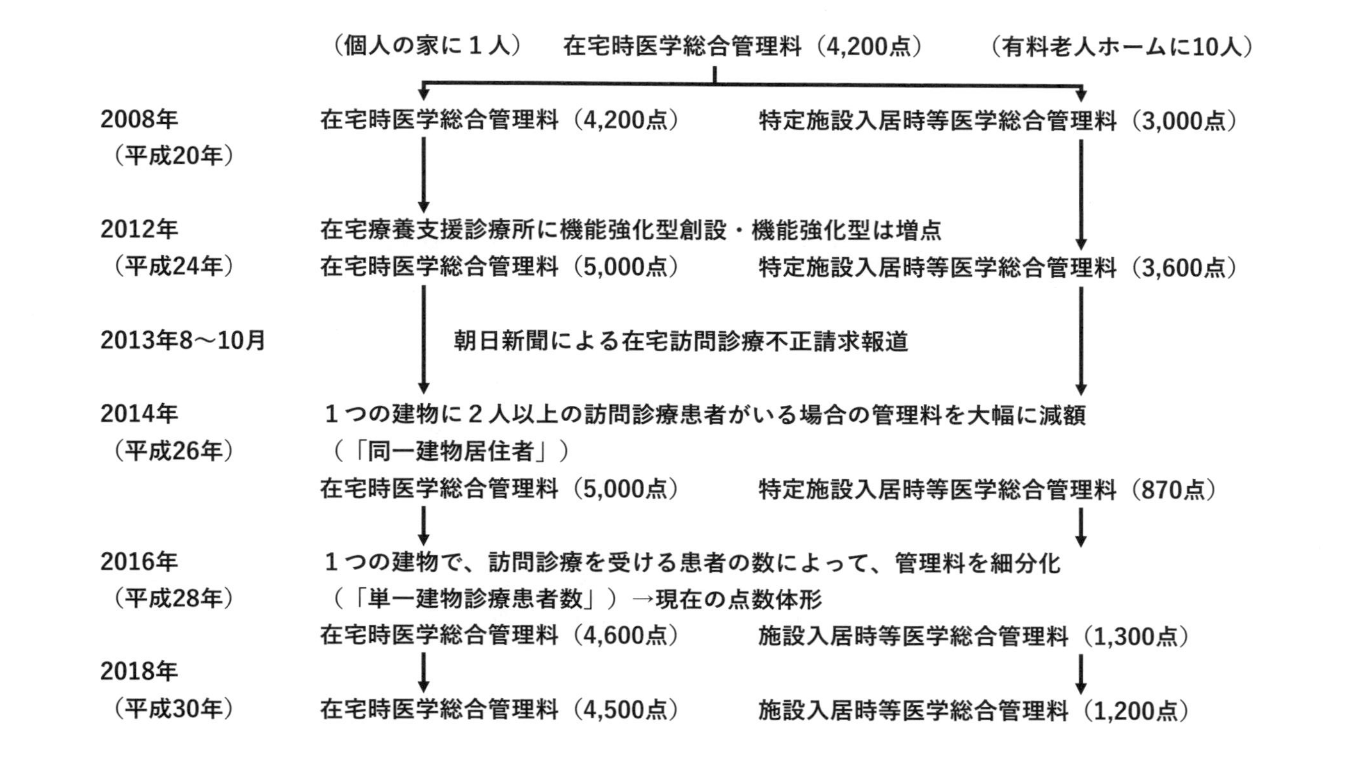

## ⑵ 在医総管と施医総管の違い

第１節（在宅医療とは）で述べた通り、在医総管は「在宅で療養している患者」、施医総管は「施設で療養している患者」に対して訪問診療を行うことで算定します。通常、在宅とは自宅を指し、一戸建ての住宅やマンション等の集合住宅が該当します。一方、施設というと色々な種類の施設がありますが、施医総管を算定できる主な施設は、有料老人ホーム、認知症対応型生活介護事業所（グループホーム）、サービス付き高齢者住宅（サ高住）などで、介護老人保健施設や特別養護老人ホームなどの入居者に対しては、訪問診療料や施医総管は算定できません。ここではこれ以上の詳しい説明はしませんが、基本的には、医師の配置義務のある施設へは原則不可と理解してください。

診療報酬は、施医総管のほうが低く設定されていますが、体系、加算、算定要件などはほぼ同じです。本章では在医総管と施医総管を合わせて在医総管等と呼ぶことにします。

## ⑶ 在医総管等の算定の仕方

### ア．訪問診療を受けている患者がどこに住んでいるか

前述の通り、訪問診療を受けている患者の居住場所が個人の家のように施設でない場合には在医総管を算定し、有料老人ホームなどの施設に入居している場合は施医総管を算定します。

### イ．訪問診療を行っている医療機関が在支診かどうか

訪問診療を行っているクリニックが在支診であるか、在支診の場合は機能強化型なのか、さらに機能強化型の場合は病床の有無により、算定する点数が変わってきます。

### ウ．訪問診療の回数

訪問診療の1カ月当たりの回数が1回なのか、または2回以上なのかにより、算定する点数が変わってきます。

### エ．訪問診療を受けている患者の疾病や病態はどうか

訪問診療を受けている患者が、末期の癌、重度の褥瘡、在宅酸素療法を行っている状態などの厚生労働大臣が定める状態（告示別表第8の2に定められている状態）の場合、高い診療報酬が設定されています。

### オ．単一建物診療患者数が何人か

単一建物診療患者数が1人なのか、2～9人なのか、10人以上なのかにより、算定する点数が1人＞2～9人>10人以上と変わってきます。

## (4)　単一建物診療患者数とは（同一建物居住者との違い）

「単一建物診療患者数」について、「留意事項」には、次のように書かれています。

**【留意事項】**

単一建物診療患者の人数とは、当該患者が居住する建築物に居住する者のうち、当該保険医療機関が在宅時医学総合管理料又は施設入居時等医学総合管理料を算定する者の人数をいう。

訪問診療料を1回でも算定した月は在医総管等を算定することになるので、在医総管等の算定人数はその月に訪問診療料を算定した人数と同じになることを踏まえると、**1つの建物内において訪問診療料を**

**算定する患者数を、「単一建物診療患者数」の場合は同一月で数えるのに対し、「同一建物居住者」の場合は同一日で数える**ということになります。本章第３節（往診料と在宅患者訪問診療料）で解説した通り、有料老人ホームなどの施設で療養する複数の患者に訪問診療を行う場合、全員別々の日に１日１人にだけ訪問診療を行えば、訪問診療料は「同一建物居住者以外」となりますが、この場合であっても、施医総管の「単一建物診療患者数」は１名とはなりません。例えば、12名に対して別々の日に１日１人の訪問診療を行っても、施医総管の「単一建物診療患者数」は12人となり、10人以上の場合の点数を算定することになります。

2014年の診療報酬改定で、「同一建物居住者」という概念が設定されましたが、これは訪問診療料だけではなく、在医総管等に対しても適用されました。したがって前述の例では、有料老人ホームの12名の入居者に対して、１日１人の訪問診療を行えば、訪問診療料も施医総管も「同一建物居住者以外」を算定でき、高い診療報酬を得ることが可能でした。これを問題視した厚生労働省が、2016年の診療報酬改定で、在医総管等については「単一建物診療患者数」という別の概念を導入し、このような算定を不可にしたというのが経緯です。

## ⑸　在医総管の単一建物診療患者数が２人以上の場合

本章第３節（往診料と在宅患者訪問診療料）で触れた序説の経緯のＡ子さんとその夫のＢ男さん両者への訪問診療の場合は、一見すると在医総管の単一建物診療患者数は２人となり、Ａ子さんだけの訪問診療のときより、診療報酬が低くなると考えるかもしれませんが、このような場合は訪問診療料と同様に例外扱いされており、それぞれについて、単一建物診療患者数が１人の場合の在医総管を算定できることになっています。

では、戸建てではなく、マンションやアパートの場合、例えばマンションの一棟内で、３名の訪問診療を行い、それぞれ在医総管を算定する場合ですが、在医総管の単一建物診療患者数は３人となり、２～９人の場合を算定することになります。ただし、これにも例外があり、次の場合は、単一建物診療患者数が１人の場合の在医総管を算定できることになっています。

- 在医総管を算定する患者数が当該建築物の戸数の10％以下の場合
- 戸数が20戸未満の建築物であって在医総管を算定する患者が２人以下の場合

前述のマンションの例では、そのマンション一棟の総戸数が30戸以上であれば、３人とも、単一建物診療患者数が１人の場合の在医総管を算定できるということになります。

このように、在医総管を算定するには、患者や訪問診療を行う医療機関の属性に応じて、どの点数が該当するかを見分けなければならないうえに例外がいくつもあり、注意が必要です。

## (6) 施医総管の認知症対応型生活介護事業所（グループホーム）における算定

グループホームは１ユニット＝最大９名となっているため、運営の効率化等から、既存住宅等を転用した場合を別にすると、通常は１ユニット９名という所がほとんどです。例えば、２ユニット＝18名の入居者のいるグループホームの全入居者に訪問診療を行う場合、施医総管の単一建物診療患者数は18名となり、単一建物診療患者が10人以上の場合の施医総管の診療報酬を算定するのではないかと考えられます。しかし、「留意事項」に、グループホームに関しては、１ユニットを施医総管の単一建物診療患者数とみなすと書かれています。

即ち、グループホームについては、1つの施設としては18名の入居者に訪問診療を行っているのですが、施医総管の算定に際しては、単一建物診療患者が2人から9人以下の場合を算定することになります。

### (7) 施医総管の矛盾

例えば、法令クリニックのような機能強化型ではない在支診が、有料老人ホームの入居者9名に対して、訪問診療を1カ月に2回の計画で行った場合、1人につき算定できる診療報酬は次の通りになります。

> 訪問診療料の「同一建物居住者の場合」：213点
> 施医総管の単一建物診療患者が2人から9人以下の場合：1,550点
> 213点×2回＋1,550点＝1,976点

したがって、その有料老人ホームに対する訪問診療で得られる診療報酬の総額は、1,976点×9人＝17,784点となります。では、同じように有料老人ホームの入居者10名に対して訪問診療を行った場合はどうでしょうか。

> 在宅患者訪問診療料の「同一建物居住者の場合」：213点
> 施医総管の単一建物診療患者が10人以上の場合：1,100点
> 213点×2回＋1,100点＝1,526点

診療報酬の総額は、1,526点×10人＝15,260点となり、9名の場合よりも少なくなります。11名に対して訪問診療を行っても、1,526点×11人＝16,786点で、まだ9名の場合を下回ります。12名に対して訪問診療を行って、1,526点×12人＝18,312点と、ようやく9

名の場合を上回ることになります。このように**訪問診療患者数は増えているのに、得られる診療報酬のトータルは逆に減ってしまう**という状況が発生してしまうのです。

序説の経緯で、Ｂ男さんが入居した有料老人ホームに、次郎医師が赴き、施設長と面談した場面で、施設長から、「２つの医療機関から訪問診療を受けているが、どちらの医療機関からも、９名までしか訪問診療を行わないと言われており」という話が出ています。これは、施設での訪問診療の現場で実際に起きている話ですが、９名までしか訪問診療を行わない最大の理由は、この診療報酬の矛盾によるものです。この矛盾は、大規模マンションなどで、一棟に訪問診療患者が９名いる場合と、10名以上いる場合の、在医総管の算定においても起こります。

## ⑻　在医総管の算定例

これまでの説明を基に、序説の経緯を例にして、実際に在医総管を算定してみます。令和元年７月の算定ですが、２週間に１回の頻度で訪問診療を行っていますので、この月の訪問診療回数は２回だったとします。「⑶**在医総管等の算定の仕方**」（88頁）に従うと、

①　佐藤Ａ子さんは個人の家（戸建て）に住んでいる
②　訪問診療を行っている法令クリニックは、機能強化型ではない在支診である
③　在宅訪問診療の回数は２回であった
④　厚生労働大臣が定める状態ではない
⑤　単一建物診療患者数は１人である

ということになりますので、

①から、施医総管ではなく、在医総管を算定

②から、「告示」のC002 在宅時医学総合管理料の「2 在宅療養支援診療所（1に規定するものを除く）の場合」を見る（下記図表1-5-2の囲み内参照）。

④なのでイではなく、また③なのでハでもないので、ロを見る。

⑤から（1）の単一建物診療患者が1人の場合に該当する、ということがわかります。したがって、3,700点が算定できます。

「告示」において、1が在支診で機能強化型、2が在支診で機能強化型ではないもの、3が在支診ではないものに該当します。例えば、機能強化型ではない在支診の診療報酬を知りたいのであれば、「告示」の2だけを見るようにすると、少しは見やすいかもしれません。

### 1-5-2［在宅時医学総合管理料（告示）］

**C002 在宅時医学総合管理料（月1回）**

**1 在宅療養支援診療所又は在宅療養支援病院であって別に厚生労働大臣が定めるものの場合**
**（機能強化型の在支診）**

イ 病床を有する場合

(1) 別に厚生労働大臣が定める状態の患者に対し、月2回以上訪問診療を行っている場合

① 単一建物診療患者が1人の場合 5,400点

② 単一建物診療患者が2人以上9人以下の場合 4,500点

③ ①及び②以外の場合 2,880点

(2) 月2回以上訪問診療を行っている場合（(1)の場合を除く。）

① 単一建物診療患者が1人の場合 4,500点

② 単一建物診療患者が2人以上9人以下の場合 2,400点

③ ①及び②以外の場合 1,200点

(3) 月1回訪問診療を行っている場合

① 単一建物診療患者が1人の場合 2,760点

② 単一建物診療患者が2人以上9人以下の場合 1,500点

③ ①及び②以外の場合 780点

ロ 病床を有しない場合

(1) 別に厚生労働大臣が定める状態の患者に対し、月2回以上訪問診療を行っている場合

① 単一建物診療患者が1人の場合 5,000点

② 単一建物診療患者が2人以上9人以下の場合 4,140点

③ ①及び②以外の場合 2,640点

(2) 月2回以上訪問診療を行っている場合（(1)の場合を除く。）

① 単一建物診療患者が1人の場合 4,100点

② 単一建物診療患者が2人以上9人以下の場合 2,200点

③ ①及び②以外の場合 1,100 点

(3) 月１回訪問診療を行っている場合

① 単一建物診療患者が１人の場合 2,520 点

② 単一建物診療患者が２人以上９人以下の場合 1,380 点

③ ①及び②以外の場合 720 点

**２ 在宅療養支援診療所又は在宅療養支援病院（１に規定するものを除く。）の場合**
**（機能強化型ではない在支診）**

イ 別に厚生労働大臣が定める状態の患者に対し、月２回以上訪問診療を行っている場合

(1) 単一建物診療患者が１人の場合 4,600 点

(2) 単一建物診療患者が２人以上９人以下の場合 3,780 点

(3) (1)及び(2)以外の場合 2,400 点

ロ 月２回以上訪問診療を行っている場合（イの場合を除く。）

(1) 単一建物診療患者が１人の場合 3,700 点

(2) 単一建物診療患者が２人以上９人以下の場合 2,000 点

(3) (1)及び(2)以外の場合 1,000 点

ハ 月１回訪問診療を行っている場合

(1) 単一建物診療患者が１人の場合 2,300 点

(2) 単一建物診療患者が２人以上９人以下の場合 1,280 点

(3) (1)及び(2)以外の場合 680 点

**３ １及び２に掲げるもの以外の場合（在支診ではないクリニック）**

イ 別に厚生労働大臣が定める状態の患者に対し、月に２回以上訪問診療を行っている場合

(1) 単一建物診療患者が１人の場合 3,450 点

(2) 単一建物診療患者が２人以上９人以下の場合 2,835 点

(3) (1)及び(2)以外の場合 1,800 点

ロ 月２回以上訪問診療を行っている場合（イの場合を除く。）

(1) 単一建物診療患者が１人の場合 2,750 点

(2) 単一建物診療患者が２人以上９人以下の場合 1,475 点

(3) (1)及び(2)以外の場合 750 点

ハ 月１回訪問診療を行っている場合

(1) 単一建物診療患者が１人の場合 1,760 点

(2) 単一建物診療患者が２人以上９人以下の場合 995 点

(3) (1)及び(2)以外の場合 560 点

## ⑼　在医総管等の加算

在医総管等にも、いくつか加算があります。まず、本章第３節（往診料と在宅患者訪問診療料）でも触れた包括的支援加算（本書59頁）で、診療報酬は150点です。主な算定要件は、要介護２以上、もしくは認知症高齢者の日常生活自立度Ⅱｂ以上です。したがって、訪問診療を行っているかなりの割合の患者に、この加算が算定できるはずです。ただし、厚生労働大臣が定める状態の患者には算定できません。

もう１つは、在宅移行早期加算です。病院から退院してきた患者に対して訪問診療を行い、在医総管を算定する場合、３カ月の間、各月100点を算定できる加算です。加算を３カ月間算定した後に、再び入退院した場合でも、新たに３カ月間算定できます。ただし、退院してから１年を経過した患者には算定できません。

また、最近は多くのクリニックで院外処方を行っており、算定の対象となるクリニックは少ないと思われますが、１カ月間の訪問診療および往診において薬が必要な場合、すべてにおいて院内処方で対応し処方箋を１回も交付しない場合は、処方箋無交付加算として300点の加算が算定できます。

そのほかに、頻回訪問加算や継続診療加算があります。頻回訪問加算は、癌末期の患者や高度な指導管理を行う必要のある患者に月４回以上の往診や訪問診療を行った場合に算定できます。また、継続診療加算は、在支診ではないクリニックが算定する加算ですので、法令クリニックのような在支診は算定できません。

## ⑽　在宅療養計画

在医総管等について、「告示」には「計画的な医学管理の下に定期的な訪問診療を行っている場合に算定できる」と書かれており、また

「留意事項」に次のような記載があります。

**【留意事項】**
個別の患者ごとに総合的な在宅療養計画を作成し、その内容を患者、家族及びその看護に当たる者等に対して説明し、在宅療養計画及び説明の要点等を診療録に記載すること。

地方厚生局による指導や監査において、在宅医療に関しての指摘事項で最も多いものの１つが、**在宅療養計画および説明の要点等の診療録への記載漏れ**です。訪問診療を開始するにあたって、在宅医療をどのように行っていくかの計画は、医師から患者や家族に話をしているはずですが、それをカルテに記載し忘れる、もしくは、つい面倒くさいとして省略してしまうといったことが起きている結果と考えられます。しかし、カルテ記載がないと、最悪の場合、不正請求とみなされ診療報酬の返還ということにもなりかねません。そこで、次のような方法をお勧めします。

① 次頁のような書式をWordで作成し、必要事項を記入することで、在宅療養計画を作成
② ①をプリントアウトして、患者やその家族に口頭で説明するとともに、交付
③ 紙カルテならばカルテに①を貼付し、電子カルテならば①をコピーしてカルテに貼り付ける

在宅療養計画の文書化は診療報酬上必須ではありませんが、同じ文書が患家とカルテにあれば、在宅療養計画を作成しその内容を患者や家族に説明したことがより明確になるため、文書化することをお勧めします。

なお、在宅療養計画は随時の見直しが必要であり、患者の状態等に

## 1-5-3［在宅療養計画・訪問診療計画 記載例］

在宅療養計画・訪問診療計画

これまでの経緯：10年程前から、高血圧症で通院している。内服薬の服用で、ある程度、血圧コントロールはできている。1年前の採血で、心不全マーカーが、それ以前よりも高くなっており、下肢に多少の浮腫みも見られたため、利尿剤を追加し、経過を見ている。

現在の状態と問題点： 昨年12月に、自宅玄関で転倒し、右大腿骨頸部骨折で入院。手術を行い、2月に退院して、自宅に戻った。ADLが大幅に低下。ほぼ寝たきり状態。要介護4。通院困難なため、訪問診療を行っている。

訪問診療計画：第1・第3火曜日の午後に、訪問診療を行う。

（診療・療養計画）
診察：高血圧・心不全、経口摂取や便通、褥瘡などの管理・コントロールを主眼に診察を行う。そのため、主に次のチェックを行う。
バイタルサイン、心音・呼吸音、経口摂取の状況、排便・排尿の状況、皮膚の状態

在宅療養指導管理：今のところはないが、心不全増悪の場合は、呼吸状態等を考慮し、在宅酸素療法を検討。

投薬：降圧剤、利尿剤を、引き続き、処方（具体的な薬剤名、用法、用量を記載）。バイタルサイン、臨床症状、採血結果などに応じて、適宜、変更していく。足に痛みのある場合は、鎮痛剤を、適宜、処方。便通コントロールのため、適宜、整腸剤や下剤を処方。

検査：2ヶ月に1回の頻度で、採血を行う。但し、状態等の変化があれば、適宜、採血を行う。

注射・点滴：今のところ、行う予定はない。

処置：今のところはない。但し、褥瘡が発生しそうな所があれば、適宜、皮膚保護テープを使用するなどの予防を行う。

他の医療・介護・福祉サービスとの連携：訪問看護ステーションやケアマネージャーなどの介護関連職種との協力・連携をはかりながら、介護サービスや療養生活上のアドバイスなども行い、自宅での療養生活が維持できるようにする。
訪問看護ステーション：通常の訪問看護に加え、関節可動域運動などを行い、拘縮を予防。
福祉用具：エアマットの手配。

緊急の場合：交付した24時間対応の説明文書を参照。急変時は、私の携帯電話へ連絡。

変化があった場合などは変更することになるので、変更した点をカルテに記載しておくことも必要です。できれば毎月見直しをして、患者の状態が安定していて特に計画に変更がない場合でも、「患者の状態は今のところ安定しているため、在宅療養計画も今のところ変更等はない」と一言カルテに記載しておくのがよいでしょう。

## ⑾　24時間対応の説明と文書の提供

「⑻**在医総管の算定例**」（93頁）で、法令クリニックが在医総管として3,700点を算定するためには、上記⑽とともに、24時間対応の説明を行い、その説明を記した文書を患者に提供する必要があります。この文書とは、本章第２節（在宅療養支援診療所とは）の在支診の届出の際に、様式11に添付した24時間対応の説明文書（45頁）のことです。「留意事項」には、次のような記載があります。

**【留意事項】**

「１」及び「２」については、在宅療養支援診療所又は在宅療養支援病院の保険医が、往診及び訪問看護により24時間対応できる体制を確保し、在宅療養支援診療所又は在宅療養支援病院の連絡担当者の氏名、連絡先電話番号等、担当日、緊急時の注意事項等並びに往診担当医及び訪問看護担当者の氏名等について、文書により提供している患者に限り、在宅療養支援診療所又は在宅療養支援病院において算定し、在宅療養支援診療所又は在宅療養支援病院の保険医が、当該患者以外の患者に対し、継続して訪問した場合には、「３」を算定する。

上記の「１」「２」「３」は、「⑻**在医総管の算定例**」の所で引用した「告示」の中に出てくる数字です（94頁）。法令クリニックを例に取れば、法令クリニックは「２」が算定できますので、「２」の在医総管を算定する場合は、24時間対応の説明を行い、説明内容を記した文書を患者に提供する必要があります。

## ⑿　24時間対応の問題（その2）

24時間対応の説明および文書の提供は、「留意事項」によれば在医総管の「1」および「2」を算定する場合と書かれており、在支診でも24時間対応の文書を患者に提供しない場合は在医総管の「3」を算定する、と書かれています。ちなみに「3」は、基本的には在支診ではないクリニックが算定する在医総管、即ち診療報酬上は、24時間対応の必要はないクリニックが算定する診療報酬であり、そのため、24時間対応の文書も患者に渡す必要はないということになります。同様に、在支診であっても、24時間対応の説明や文書の交付をせず、在医総管の「3」を算定すれば、「留意事項」を読む限りでは、必ずしも24時間対応をすることまでが診療報酬の算定要件ではない、という解釈が成り立ちます。

しかし、現実的にはどうなのでしょうか。在支診であれば、多くの訪問診療患者については24時間対応の文書を交付し、在医総管の「1」または「2」を算定して、24時間対応をしており、連携する多職種の間で、主治医の緊急連絡先が知られているはずです。仮に24時間対応の文書を交付せず、在医総管の「3」を算定している患者が1人だけいたとして、その患者が、夜間や休日に状態が急に悪くなれば、主治医に連絡がつく可能性は十分にあります。連絡があったときに、この患者は診療報酬上対応する必要はない、と突っぱねることは、あまり現実的とは考えられません。

以上のことから、**在支診であれば、訪問診療は基本的には24時間対応を行うことが前提**、と考えるべきでしょう。訪問診療開始前に24時間対応の必要性・重要性を説明して、それでも、患者側からはっきりと24時間対応の必要はないと断られた場合のみ、24時間対応の文書を交付せず、在医総管の「３」を算定すべき、と考えられます。

## ⒀　新型コロナウイルス感染症拡大における在医総管の特例

令和２年春に新型コロナウイルスの感染拡大により、在医総管の特例的な取扱いがありました。特例期間中の取扱いは次の通りです。

令和２年４月24日の中央社会保険医療協議会において、在宅医療の現場では、患者等から訪問を控えるよう要請される事案があるとの意見を踏まえ、在医総管等について、新型コロナウイルスの感染が拡大している間、次のような臨時的な取扱いとしてはどうかとの提案がありました。

その結果、令和２年４月24日事務連絡「新型コロナウイルス感染症に係る診療報酬上の臨時的な取扱いについて（その14）」の問４において、次のようなQ&Aが示されました。

問４　前月に「月２回以上訪問診療を行っている場合」の在宅時医学総合管理料又は施設入居時等医学総合管理料（以下「在医総管等」という。）を算定していた患者に対して、当月も診療計画に基づいた定期的な訪問診療を予定していたが、新型コロナウイルスへの感染を懸念した患者等からの要望等により、訪問診療を１回実施し、加えて電話等を用いた診療を実施した場合について、どのように考えればよいか。

（答）　当月に限り、患者等に十分に説明し同意を得た上で、診療計画に基づき「月２回以上訪問診療を行っている場合」の在医総管等を算定しても差し支えない。なお、次月以降、訪問診療を月１回実施し、加えて電話等を用いた診療を実施する場合については、診療計画を変更し、「月１回訪問診療を行っている場合」の在医総管等を算定すること。ただし、電話等のみの場合は算定できない。また、令和２年３月に「月１回訪問診療を

## 1-5-4［在宅医療における臨時的対応について（案）］

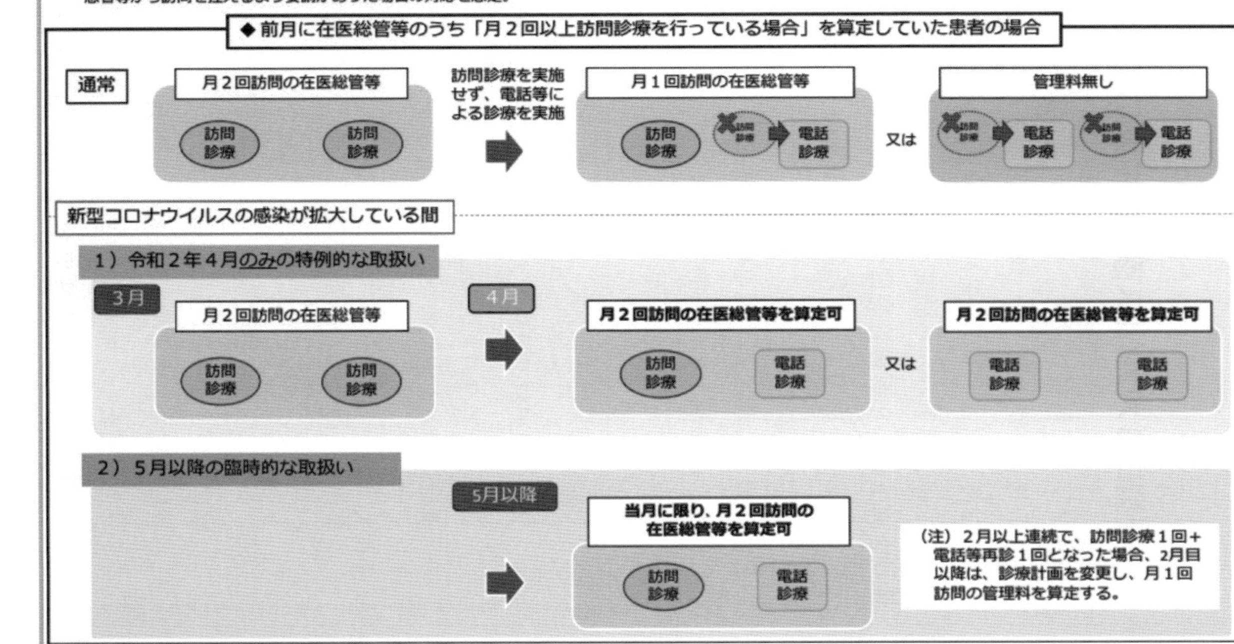

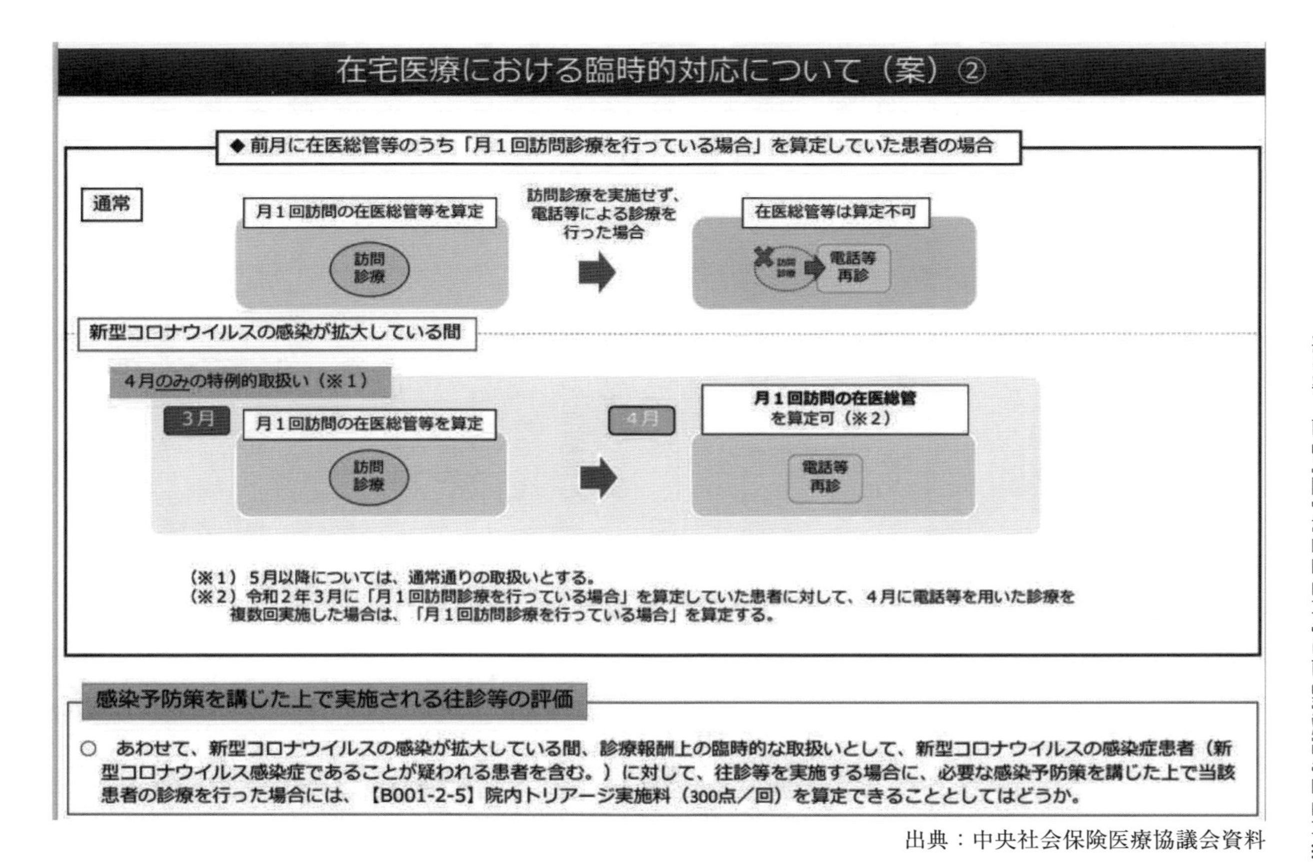


出典：中央社会保険医療協議会資料

行っている場合」を算定していた患者に対して、令和２年４月に電話等を用いた診療を複数回実施した場合は、「月１回訪問診療を行っている場合」を算定すること。なお、令和２年４月については、緊急事態宣言が発令された等の状況に鑑み、患者等に十分に説明し同意を得た上で、訪問診療を行えず、電話等による診療のみの場合であっても、在医総管等を算定して差し支えない。

上記の通り、中央社会保険医療協議会の資料（102頁）における「1）令和２年４月のみの特例的な取扱いとして「電話診療・電話診療：月２回訪問の在医総管等を算定可」」は認められませんでしたが、その他については、認められることになりました。

実際に、緊急事態宣言の前後から都市部を中心に、医師といえども、患家や施設への訪問を控えてほしいという要請があり、訪問診療を計画通りに行えなかった事例が発生しています。このような場合は、前述の事務連絡により診療報酬面での救済が可能になりました。ただし、どの場合も１カ月の臨時措置であり、２カ月目以降も当初の計画通りに訪問診療を行うことができなければ、診療報酬の大幅ダウンは免れないことになります。

一方で、地方などでは、訪問診療は通常通りに行えたという医療機関も多くあります。外来診療の患者数が減るなか、訪問診療を通常通りに行えれば、外来診療だけを行っている場合よりも、収入全体の減少が緩和されることになります。さらに、これまでは家族に連れられ通院していた高齢の患者が、家族が外出を控えたため通院困難となり、訪問診療を依頼されて訪問診療の患者数が増えたケースもありました。このように、訪問診療は、経営面で外来診療のリスクヘッジになる可能性が十分にあります。

## 2．在宅酸素療法指導管理料について（在宅療養指導管理料の例として）

### (1)　在宅療養指導管理料とは

「告示」の第２部在宅医療は、第１節 在宅患者診療・指導料と第２節 在宅療養指導管理料の２つの節で構成されています。これまで説明してきた往診料、訪問診療料、在医総管と本章第７節（訪問看護）で説明する訪問看護指示料は、すべて「告示」第１節に含まれます。

一方、序説の経緯で、令和２年８月からＡ子さんに対して在宅酸素療法を開始しています。この場合、在宅酸素療法に関しては、「告示」第２節の中にある在宅酸素療法指導管理料という診療報酬を算定することになります。第２節の中には、在宅酸素療法のほかに、CPAP（在宅持続陽圧呼吸療法）や中心静脈栄養法などを行ったり、人工呼吸器を使ったりした場合などの診療報酬が定められています。

### (2)　在宅酸素療法とは

在宅酸素療法は、Home Oxygen Therapy の頭文字をとって HOT と呼ばれることもありますが、慢性閉塞性肺疾患（COPD）や心不全などが悪化して、呼吸不全による低酸素血症になり、酸素吸入が必要となった場合に、酸素濃縮器を使って酸素吸入を行う医療です。通常、クリニックが業者より酸素濃縮器をレンタルして患者に提供し、そのレンタル料を在宅酸素療法指導管理料で賄う、という構図になります。具体的には、在宅酸素療法指導管理料 2,400 点とその加算である酸素濃縮装置加算 4,000 点を算定しますので、計 6,400 点＝ 64,000 円からレンタル料を支払い、残った分がクリニックの収入となります。したがって、レンタル料が安ければ、その分クリニックの収益が増すことになります。実際、レンタル料には上下があり、場合によっては２倍近い開きがあることもあるようです。

一般的な傾向としてレンタル料は、全国的な大手業者は相対的に高く、ローカルな業者は相対的に安いといったことがいわれています。しかし、ここはレンタル料だけで判断すればよいというものではなく、保守点検や緊急時の対応なども考慮する必要があります。酸素吸入が途切れれば、患者の命に関わることになりかねません。実際、東日本大震災時の対応などでは差が見られました。

「留意事項」によれば、在宅酸素療法指導管理料は、パルスオキシメーターを使ってSpO2を測定し、睡眠時または運動負荷時に、著しい低酸素血症を来す患者に対して、医師が、在宅酸素療法が必要であると認め、在宅で患者自らが酸素吸入を実施した場合に算定可能です。

また、在宅酸素療法を指示した医師は、在宅酸素療法のための酸素投与方法（使用機器、酸素流量、吸入時間等）、緊急時連絡方法等を装置に掲示すると同時に、夜間も含めた緊急時の対処法について患者に説明を行う必要もあります。このため、酸素濃縮装置のレンタル業者は、在宅酸素療法指示書という書式を備えていることが通常であり、酸素濃縮装置のレンタルを依頼すると、その指示書への記載を求めてきます。複数枚の複写式になっており患者控えもありますので、その患者控えをクリアファイルに入れるなどして酸素濃縮装置の脇に置いておくのがよいでしょう。また、通常は、在宅酸素療法開始時に、業者の担当者からも、装置の使い方や緊急時の対応・連絡先などについて説明があります。

### (3) 在宅酸素療法のカルテ記載

在宅酸素療法を含め在宅療養指導管理料を算定する場合、**当該在宅療養を指示した根拠、指示事項（方法、注意点、緊急時の措置を含む）、指導内容の要点をカルテに記載**する必要があります。この点は、地方厚生局の指導・監査でよくチェックされることの1つです。上記のような事項がカルテに記載されていない場合、診療報酬の自主返還ということになりかねません。

指示事項については、記載した業者の指示書や緊急時の対応説明などを基に記載します。また、指導内容の要点は、指示通りに酸素吸入を行っているか、また、指示した酸素吸入で低酸素血症を防げているかといったことなどを確認することが、管理・指導につながります。そのために、訪問看護の看護師や家族に協力してもらい、酸素吸入を外していないかどうかを毎日チェックしてもらう、パルスオキシメーターでSpO2を測定して記録してもらうといったようなことなども必要になります。また近年では、酸素濃縮装置に使用状況を遠隔でモニターする機能がついており、モニター結果を見ることで、指示通りに酸素吸入を行っているかどうかを確認できる便利な装置を持っている業者もあります。

上記を踏まえ、序説の経緯のA子さんについて、在宅酸素療法のカルテ記載としては次のような例が考えられます。

**【カルテの記載例】**

令和2年8月5日

訪問時、ベッドに横になっていたが、診察をするため、起床してもらい、座位になってもらったが、呼吸が非常に苦しそうであった。これまでの診察から心不全が悪化しているのは間違いない。パルスオキシメーターでSpO2を測定したところ、70％台前半で、在宅酸素療法が必要と判断し、X社に酸素濃縮装置の手配を依頼した。すぐに向かいますとのことで、患家で待ち、約30分後に、酸素濃縮装置を設置した。次の通りに指示をして、その指示内容をX社の指示書にも記載した。また、X社の担当者とともに、装置の使い方や緊急時連絡方法等を説明した。

酸素濃縮装置：酸素濃度90％の5L機

酸素吸入：就寝時含め、24時間吸入。流量は、安静時2.0 L/分、労作時・就寝時 2.5 L/分。
緊急時：X社の24時間対応コールセンター（電話番号：〇〇〇-〇〇〇〇-〇〇〇〇）と私の携帯番号
注意点：火気厳禁。
早速、酸素吸入を開始。しばらくして、再度、SpO2を測定したところ、80％台後半まで上がっており、呼吸苦も多少軽減されてきたようなので、上記の指示内容で在宅酸素療法を開始した。

令和２年８月19日
　在宅酸素療法を開始してから２週間が経過。本日のSpO2は94％。この２週間のSpO2も90％台前半から95％で推移している。モニターによる酸素吸入状況を見ても、また、家族の話を聞いても、指示通り酸素吸入を行っている。酸素吸入の指示内容は変更せず、在宅酸素療法はこのままで継続。再度、火気は絶対に近づけないように、念を押した。

## (4) レセプト上の注意点

　レセプトに、SpO2の測定結果の記載が必要です。在宅酸素療法を行っている以上、診察の都度パルスオキシメーターで酸素飽和度を測定しているはずですので、忘れずにSpO2の値を記載しましょう。
　なお、「留意事項」には、「在宅酸素療法導入時に動脈血酸素分圧55mmHg以下の者及び動脈血酸素分圧60mmHg以下で」とか、「在宅酸素療法指導管理料の算定に当たっては、動脈血酸素分圧の測定を月１回程度実施し」といった記載がまず出てきます。しかし、在宅医療の現場で、血液ガス分析装置を使って動脈血酸素分圧を測定することは、現実的に困難です。そのため、「留意事項」には、続いて、「適応患者の判定に経皮的動脈血酸素飽和度測定器による酸素飽和度を用いることができる」と書かれていますので、これまでの説明は、動脈血酸素分圧には触れず、パルスオキシメーターによる酸素飽和度（SpO2値）にしました。

# 第６節　終末期の診療報酬

本章第１節（在宅医療とは）で少し触れたように、診療報酬上、終末期に関する診療報酬としては、在宅ターミナルケア加算、看取り加算、死亡診断加算が設定されており、いずれも訪問診療料の加算です。ただし、死亡診断加算は、往診料の加算としても設定されています。看取り加算と死亡診断加算は、在支診かどうかに関係なく、看取り加算 3,000 点、死亡診断加算 200 点です。一方、在宅ターミナルケア加算は、在支診かどうか、また在支診の場合は機能強化型かどうかにより診療報酬が異なり、法令クリニックのような機能強化型ではない在支診の場合は 4,500 点になります。本節では、それぞれについて解説した後に、死亡時の同一建物居住者の場合の訪問診療料やがん末期の診療報酬についても説明します。

## 1．在宅ターミナルケア加算

「告示」には、次のように書かれています。

**【告示】**

在宅で死亡した患者に対してその死亡日及び死亡日前14日以内に、２回以上の往診又は訪問診療を実施した場合には、当該患者に係る区分等に従い、在宅ターミナルケア加算として、次に掲げる点数を、それぞれ所定点数に加算する。（筆者注：読みにくくなるので、括弧書きは省略し、後で説明）

さらに、「留意事項」には、次のように書かれています。

**【留意事項】**

ターミナルケアの実施については、厚生労働省「人生の最終段階における医療・ケアの決定プロセスに関するガイドライン」等の内容を踏まえ、患者本人及びその家族等と話し合いを行い、患者本人の意思決定を基本に、他の関係者との連携の上対応すること。

したがって、「留意事項」に書かれている対応を事前に取ったうえで、死亡した日に行った往診もしくは訪問診療以外に、死亡した前日から２週間以内に１回以上の往診もしくは訪問診療を行っていれば、算定できるということになります。序説の経緯のように、２週間に１回の頻度で訪問診療を行っていれば、死亡した前日から２週間以内に訪問診療を行っているはずです。また終末期になると、定期的な訪問診療以外に、往診の依頼を受けることも多くなります。そのため、往診や訪問診療の実施要件は、通常、満たしていることが多いはずです。

「留意事項」に書かれているもう１つの要件は、厚生労働省「人生の最終段階における医療・ケアの決定プロセスに関するガイドライン」等の内容を踏まえることです。ガイドラインでは、人生の最終段階における医療およびケアについては、主治医、看護師、ケアマネージャー、ソーシャルワーカーなどの多専門職種の医療従事者から構成される医療・ケアチームが、患者や家族と十分な話合いをしたうえで、方針を決定することを求めています。

・患者の意思が確認できる場合は、患者と十分に話し合ったうえで、患者が意思決定を行い、その合意内容を文書にまとめる。
・患者の意思が確認できない場合で、家族が患者の意思を推定できる場合には、その推定意思を尊重し、医療・ケアチームで患者にとって最善と思われる方針を決める。

・患者の意思が確認できないうえ、家族が患者の意思を推定できない場合や家族がいない場合には、医療・ケアチームで患者にとって最善と思われる方針を決める。

序説の経緯では、令和２年10月にＡ子さんの意思を確認するのは困難な状態と判断し、長男に法令クリニックに来てもらい、次郎医師や関係者も集まってサービス担当者会議を開き、Ａ子さんの終末期の対応方針などについて話合いの機会を持ち、その結果として自宅での看取りという方針となり、看取り同意書を作成しています。ガイドラインでは、患者の意思が確認できない場合の文書化には特に触れられていませんが、家族・医師・関係者で話し合った結果を文書化し、出席者にはその文書のコピーを渡し、クリニックではその文書をカルテに添付しておくことをお勧めします。この点については第２章第７節「終末期における対応・問題」で再度詳しく説明します。

なお前述の「告示」の括弧書きは省略しましたが、括弧書きには、「在宅で死亡した患者（往診又は訪問診療を行った後、24時間以内に在宅以外で死亡した患者を含む。）に対して…」と書いてあります。先程のＡ子さんの例は自宅での看取りでしたが、心肺機能低下時や急変時などに病院へ搬送して亡くなることもあります。その場合、病院へ搬送する前に往診または訪問診療を行っていれば、死亡場所が自宅（在宅）ではなく病院になっても往診または訪問診療を行った後の24時間以内であれば、在宅ターミナルケア加算の算定が可能となります（もちろん、算定には他の要件も満たしていることが必要です）。

## ２．看取り加算と死亡診断加算

「告示」によれば、この２つの加算は次の通りです。

**【告示】**

「往診又は訪問診療を行い、在宅で患者を看取った場合には、看取り加算として、3,000点を所定点数に加算する。」

「死亡診断を行った場合には、死亡診断加算として、200点を所定点数に加算する。」

この２つの違いについて、「留意事項」を見ると、次のように書かれています。

**【留意事項】**

「看取り加算は、事前に当該患者又はその家族等に対して、療養上の不安等を解消するために充分な説明と同意を行った上で、死亡日に往診又は訪問診療を行い、当該患者を患家で看取った場合に算定する。」

「死亡診断加算は、在宅での療養を行っている患者が在宅で死亡した場合であって、死亡日に往診又は訪問診療を行い、死亡診断を行った場合に算定する。」

「留意事項」を読む限り、事前に当該患者またはその家族等に対して療養上の不安等を解消するために充分な説明と同意を行っていれば看取り加算を算定でき、そうではない場合は、死亡診断加算を算定するというように解釈できます。ところが、平成30年７月30日付け厚生労働省事務連絡「疑義解釈資料の送付について（その７）」に次のようなQ&Aが掲載されました。

**【看取り加算】**

問２　在宅患者訪問診療料（Ⅰ）及び（Ⅱ）に係る看取り加算については、死亡日に往診又は訪問診療を行い、死亡のタイミングには立ち会わなかったが、死亡後に死亡診断を行った場合には算定できないという理解でよいか。

（答）　そのとおり。在宅患者訪問診療料（Ⅰ）及び（Ⅱ）においては、

①　在宅ターミナルケア加算（死亡日及び死亡日前14日以内に、２回以上の往診又は訪問診療を実施した場合を評価）

②　看取り加算（死亡日に往診又は訪問診療を行い、患者を患家で看取った場合を評価（死亡診断に係る評価も包む)。）

③　死亡診断加算（死亡日に往診又は訪問診療を行い、死亡診断を行った場合を評価。）

が設定されている。これらは、在宅医療におけるターミナルケアを評価したものであり、①は死亡前までに実施された診療、②は死亡のタイミングへの立ち合いを含めた死亡前後に実施された診療、③は死亡後の死亡診断をそれぞれ評価したものである。

　このため、例えば、

・死亡日に往診又は訪問診療を行い、かつ、死亡のタイミングに立ち会い、死亡後に死亡診断及び家族等へのケアを行った場合は、②（在宅ターミナルケア加算の要件を満たす場合は①と②の両方）を算定、

・死亡日に往診又は訪問診療を行い、死亡のタイミングには立ち会わなかったが、死亡後に死亡診断を行った場合は、③（在宅ターミナルケア加算の要件を満たす場合は①と③の両方）を算定することとなる。

上記の事務連絡によれば、看取り加算は死亡のタイミングに立ち会

い、死亡後に死亡診断および家族等へのケアを行った場合に算定するものだと書かれています。病院のようにバイタルサインを常時モニターして、至近距離に医師や看護師がいるのであれば可能かもしれませんが、在宅で療養している患者の死亡のタイミングに立ち会い、死亡の前後にわたって診療することなどほとんどの場合できるはずがなく、看取り加算の算定は余程の偶然でもない限り無理、ということになります。

これに対して、医学通信社の「在宅診療報酬 Q&A 2020-21 年版」60 頁の Q52 には、次のように書かれています。

### 1-6-1［在宅診療報酬 Q&A 2020-21 年版］

**Q52　在宅患者訪問診療料の看取り加算について**

①2018 年７月 30 日の事務連絡通知で、死後に往診して医師が死亡診断した際の C001「注７」看取り加算（3,000 点）は算定不可とされました。在宅療養支援診療所の当院では，これまで心肺停止後の死亡診断を看取りとみなし，看取り加算を算定してきましたが，今後は，「注８」死亡診断加算（200 点）で算定すべきでしょうか。

②また，在宅療養支援診療所の施設基準（『早見表』p.1216）に以下がありますが，看取り加算を算定していない患者は，ここにカウントできないのですか。

ヌ　定期的に，在宅看取り数等を地方厚生局等に報告していること。

ル　緊急の往診及び在宅における看取り等について相当の実績を有していること。

ヲ　（前略）②看取り等について，充分な実績を有していること。

**A**：①2018 年７月 30 日の事務連絡では，死亡のタイミングに立ち会わず，死亡後に死亡診断を行った場合は，C001「注８」死亡診断加算での算定となるとされました。ところが，厚労省に相当数のクレームや「死亡のタイミングに立ち会うとはどういうことか」という質問も届いたようです。

そこで地方厚生局に確認したところ，厚労省より，厚生局や支払基金など内部向けに以下の疑義解釈が示されたとのことです。その主旨（公開されていないため厚生局から聞き取った内容）は以下のとおりです。

（問） 2018年7月30日の疑義解釈（その7）の問2の回答の「死亡のタイミング」とはどういうことか。

（答） 事前に不安を解消するための説明と同意を家族や患者に行ったうえで，患者の死亡日に往診または訪問診療を行っていることであり，必ずしも患者の亡くなる瞬間に立ち会うことを意味しない。

したがって，事前に不安を解消するための説明と同意を家族や患者に行っている場合，死亡の前後にかかわらず，患者の死亡日に往診または訪問診療があれば看取り加算が算定できることになります。

②看取り加算を算定した患者を含め死亡前に訪問診療を行って管理していて看取った患者，他院に入院して7日以内に死亡した場合，看取り実績にカウントします。 〈オ〉

出典：『訪問診療・訪問看護のための在宅診療報酬 Q&A 2020-21年版』（監修 医社）永高会蒲田クリニック顧問 栗林令子、医学通信社、2020年）60頁

この記載はもっともであり、またそうであるならば厚生労働省内部の話だけではなくオープンな形で示してほしいものですが、その後、看取り加算は「留意事項」に記載されていることが満たされていれば、問題なく算定できているようです。なお、看取り加算は在宅ターミナルケア加算と異なり、病院に搬送され亡くなった場合は算定できません。

## 3．終末期の対応

以上のように終末期の対応については、事前に主治医が患者、家族、関係者とよく話をしたうえでチームとして方針を決め、その内容を文書化しておくことが非常に重要になります。そうしておくことで、在宅ターミナルケア加算や看取り加算を算定できる可能性があり、両加算を算定できた場合、法令クリニックのように機能強化型ではない在支診の場合で、在宅ターミナルケア加算4,500＋看取り加算3,000＝7,500点の診療報酬となります。このようなことをせずに単に死亡を診断しただけの場合は死亡診断加算200点となり、その差

は7,300点にもなります。

なお、在宅ターミナルケア加算と看取り加算はいずれも訪問診療料の加算ですが、算定にあたっては、死亡日に往診を行っている場合でもよいことになっています。もちろん定期的な訪問診療を行った際に看取りを行うというケースがないわけではありませんが、通常は患家から患者の様子がおかしいということで、診察に呼ばれて往診を行うことになるはずです。往診を行えば、死亡日に訪問診療を行っていなくても、訪問診療料の加算である在宅ターミナルケア加算と看取り加算の算定が可能です。

## ４．カルテ記載とレセプトについて

序説の経緯の令和２年12月24日のカルテの記載例は、次の通りです。

**【カルテ記載例】**

令和２年12月24日23時前に患者の息子より電話があり、呼吸が非常に弱く、呼びかけにも開眼しないので、診察に来てほしいとの依頼があり、往診した。23:10に患家に着いて診察を行ったが、ほとんど呼吸音や心音は聴取できず、10分後の23:20に心肺停止や対光反射の消失を確認し、死亡診断を行った。家族にお悔みを申し上げ、その場で死亡診断書を作成し、交付した。

上記の通り、カルテには、患家から診察の依頼を受けたこと（往診の要件）や往診した時間・死亡診断した時間の記載は必須です。また、高額な診療報酬を算定することになるので、次のようなコメントをレセプトに記入することをお勧めします。

【レセプト・コメント例】

令和２年12月24日23時前に患者の息子より電話があり、呼吸が非常に弱く、呼びかけにも開眼しないので、診察に来てほしいとの依頼があり、往診した。23:10に患家に着いて診察を行ったが、ほとんど呼吸音や心音は聴取できず、10分後の23:20に死亡診断を行った。そのため、往診料と再診料に加え、それぞれの深夜加算を算定した。さらに、事前に家族や関係者と終末期の対応について十分な話合いをしたうえで方針を決め、その内容を同意書にしていること、また○月○日に定期的な訪問診療を行っていることから、在宅ターミナルケア加算と看取り加算を算定した。（○月○日は、12月24日から２週間以内の月日）

## 5．死亡した同一建物居住者の訪問診療料

本章第３節（往診料と在宅患者訪問診療料）で説明したように、有料老人ホームなどで同一日に複数の患者に訪問診療を行った場合は、同一建物居住者の場合の訪問診療料（213点）を算定することになりますが、「留意事項」に「同一建物居住者とは、基本的には、建築基準法（昭和25年法律第201号）第２条第１号に掲げる建築物に居住する複数の者（往診を実施した患者、末期の悪性腫瘍と診断した後に訪問診療を行い始めた日から60日以内の患者、又は死亡日からさかのぼって30日以内の患者を除く。）のことをいう。」と書かれています。したがって、**死亡日からさかのぼって30日以内の訪問診療は、同一建物内で同一日に複数人の訪問診療を受けた時の１人であっても、同一建物居住者以外の場合の訪問診療料（888点）を算定できる**ということです。

例えば、有料老人ホームに入居しているＣ男さんが、他の入居者

10名と一緒に月２回訪問診療を受けていた次のような場合、５日と19日の訪問診療料は通常213点ですが、最終的には888点で請求できることになります。

> 8月　5日　訪問診療　在宅患者訪問診療料：213点→888点
> 8月19日　訪問診療　在宅患者訪問診療料：213点→888点
> 8月26日　看取り（死亡）

ただし、上記の場合、施医総管は単一建物診療患者10名以上の場合を算定することになります。レセプト上、死亡の転帰が入れば、訪問診療料と施医総管の間の矛盾はないのですが、念のため次のようなコメントを入れておくほうが無難です。

> **【レセプト・コメント例】**
> 8月26日に死亡したため、今月の5日と19日の訪問診療は死亡日からさかのぼって30日以内に該当し、在宅患者訪問診療料は同一建物居住者以外の場合を算定した。

## ６．がん末期の診療報酬

### (1)　がん末期の同一建物居住者の訪問診療料

**５**の「留意事項」に、「末期の悪性腫瘍と診断した後に訪問診療を行い始めた日から60日以内の患者は同一建物居住者から除く」と書かれています。有料老人ホームなどで同一日に複数の患者とともに訪問診療を受けている患者ががん末期と診断された場合、その診断後の訪問診療については、これまで通り**同一日に複数の患者とともに訪問診療を受けても、60日（２カ月）間は、同一建物居住者以外の場合**

**の訪問診療料（888点）を算定**できます。

### (2) がん末期の在医総管等の加算

**がん末期の患者に対して1月に4回以上の往診または訪問診療を行った場合**、在支診かどうかにかかわらず、**在医総管・施医総管の算定に際して頻回訪問加算600点を算定**できます。例えば、有料老人ホームに入居しているD子さんが、他の入居者10人とともに同一日に訪問診療を月2回受けていた場合、がん末期と診断された翌月に、訪問診療は従来通りに受けたうえで往診を2回受けたときは、次のような診療報酬の算定になります。

訪問診療料：888点×2回＝1,776点
往診料：720点×2回＝1,440点
往診時の再診料（外来管理加算を含む）：(73点＋52点) ×2回＝250点
施医総管（＊）：1,000点＋頻回訪問加算600点＝1,600点
計：5,066点
＊：機能強化型ではない在支診が訪問診療

## (3)　在宅がん医療総合診療料

在宅がん医療総合診療料は、在支診が在宅で療養している通院困難な末期の悪性腫瘍の患者に対して往診・訪問看護を24時間体制で行い、計画的な医学管理の下に総合的な医療を提供した場合に算定できる診療報酬で、次のことを満たす必要があります。

> １週間（日曜日から土曜日までの暦週をいう。）を単位として当該基準をすべて満たした日に算定する。
> ・当該患者に対し、訪問診療または訪問看護を行う日が合わせて週４日以上であること（同一日において訪問診療および訪問看護を行った場合であっても１日とする)。
> ・訪問診療の回数が週１回以上であること。
> ・訪問看護の回数が週１回以上であること。

序説の法令クリニックのように機能強化型ではない在支診で院外処方をしている場合の診療報酬は、以下の通りとなります。

> 例）５月10日（日）から16日（土）の１週間
> 　　13日（水）訪問診療
> 　　10日、12日、15日に訪問看護ステーションが訪問看護
>
> 在宅がん医療総合診療料として５月10日から16日までの７日間、１日当たり1,495点、１週間で1,495点×７日＝10,465点の算定となり、金額にすれば104,650円、４週（約１カ月）で40万円以上となる。

この場合、これまで説明したように訪問ごとに訪問診療料を算定し、月に１回在医総管を算定するという方法（積み上げでの算定）で

の算定ももちろん可能であり、在支診側で選択可能です。しかし先程の例のように、１週間の内で訪問診療１日、訪問看護３日のような場合では、在宅がん医療総合診療料を算定したほうが収益的には圧倒的に有利になります。がん末期の患者であっても疼痛もまだあまり強くなく、比較的安定している間はこのような頻度での訪問で対応可能な場合が少なくないため、在宅がん医療総合診療料の算定を開始してしまうことが多くなります。しかしこの在宅がん医療総合診療料は、1週間毎日訪問診療と訪問看護を行っても、１日に複数回の診察や訪問看護を行っても、１日当たり1,495点を算定することには変わりはありません。さらに、この1,495点には、訪問看護の報酬も含まれており、**在支診は受け取った診療報酬の中から、訪問看護ステーションに訪問看護の報酬を支払う必要**があります。患者の病態が末期に近づくにつれ、訪問看護も訪問診療・往診もほぼ毎日、日によっては同一日に複数回の訪問となってしまうような場合もあり、その場合は逆に、それぞれ積み上げで診療報酬を算定したほうが収益的には有利になる場合があります。

在宅がん医療総合診療料を算定する場合は、積み上げとの比較での有利・不利にかかわらず、受け取った診療報酬を、在支診と訪問看護ステーションとでどう分配するかにつき、事前に契約書等で明文化しておく必要があります。そのため、院長と訪問看護ステーションの所長との間で話合いを行い、合意・確認したことを書面にするといったプロセスが必要になります。

このように、がん末期の患者に対する訪問診療は、頻回の訪問や診療報酬の問題などから、外来診療を行いながら訪問診療を行う在支診にとっては負担が非常に大きく、引き受けるかどうかは慎重な判断が求められます。

なお、終末期に発生する諸問題については、第２章第７節（終末期における対応・問題）をあわせてご参照ください。

# 第７節　訪問看護

訪問看護とは、本章第１節（在宅医療とは）で述べた広義の在宅医療の中において、看護師が利用者の居宅を訪問し、看護サービスを提供することを指します。具体的には、公益財団法人日本訪問看護財団の「こんにちは訪問看護です（2020年７月１日増刷版）」によれば、

> ①健康状態の観察　②病状悪化の防止・回復　③療養生活の相談とアドバイス　④リハビリテーション　⑤点滴、注射などの医療処置　⑥痛みの軽減や服薬管理　⑦緊急時の対応　⑧主治医、ケアマネージャー、薬剤師、歯科医師との連携

といったことなどを行うと説明されています。

訪問看護は、クリニックの看護師、訪問看護ステーションの看護師のどちらが行っても問題はありません。ただし、外来診療を行いながら訪問診療も行うクリニックの場合、自分のクリニックの看護師に訪問看護を行ってもらう余力はないのが通常です。まして在支診になると訪問看護も24時間の提供を行う必要が生じますので、外来診療のクリニックに入職してきた看護師に、24時間対応の訪問看護を求めることは現実的ではありません。外来診療を行いながら在宅医療を行うのであれば、**24時間の訪問看護を行い、しっかりとした対応をしてくれる訪問看護ステーションとの連携・協力は不可欠**といえるでしょう。序説の経緯で、コンサルタントＫから法令クリニックが在支診の届出を行うにあたり、24時間対応してくれる訪問看護ステーションが必要であるとの話があったのはこのためです。

本節では、訪問診療を行うクリニックが訪問看護ステーションと連携・協力するにあたり、必要な手続きやそれに伴う診療報酬について訪問看護の指示と点滴の指示を例に取って解説します。

## 1．訪問看護指示

訪問看護ステーションに動いてもらうには、医師からの指示書が必要です。主治医が診療に基づき訪問看護の必要性を認め、患者の同意を得て所定の様式の訪問看護指示書に必要事項を記入して、発行・交付します。このようにして訪問看護指示書を発行すると、クリニックは訪問看護指示料300点を算定できます。訪問看護指示書の例は、次頁の通りです。

訪問看護指示書の指示期間は、最長6カ月です。ただし、患者の状態に変化があれば、指示内容にも変更が出てくる可能性があります。その場合は指示期間内であっても、新たに訪問看護指示書を作成・発行する必要があります。例えば点滴を指示したり特別訪問看護を指示したりする場合などですが、これらは後で説明します。

## 2．要介護者への訪問看護の報酬

介護保険で要介護認定を受けた要介護者への訪問看護は、介護保険サービスとして行い、介護保険請求を行うことが基本となりますが、例外的にクリニックの診療報酬と同じように、医療保険請求する場合があります。

週3日までの訪問看護を行う場合、訪問入浴サービスなどの他の介護保険サービスとともに、ケアマネージャーが作成する介護保険のサービス利用計画に組み込まれます。そのため、介護度に応じたサービス費支給限度基準額内で、他のサービスとのバランスも考えながら訪問看護を行うことになります。しかし、患者の状態の悪化などによ

## 1-7-1［訪問看護指示書の記載例］

訪問看護指示書

指示期間（令和元年7月17日～令和2年1月16日）

| 患者氏名 | 佐藤 A子 殿 | 生年月日 | 昭和9年1月20日 （85歳） |
|---|---|---|---|
| 患者住所 | 東京都千代田区○○町○―○―○ | | 電話：03-××××-×××× |
| 主たる傷病名 | 高血圧症、慢性心不全、右大腿骨頚部骨折後 | | |

| 現在の状況（該当項目に○等） | | | |
|---|---|---|---|
| 病状・治療状態 | 10年程前から、高血圧症等で通院していた患者。昨年12月に、自宅玄関で転倒し、右大腿骨頸部骨折で入院。手術を行い、2月に退院して、自宅に戻った。ADLが大幅に低下し、ほぼ寝たきり状態。そのため、本年2月末より訪問診療を行っている。本日（7月16日）、訪問診療を実施。その時の診察の概要は次の通り。体温：36.2℃。血圧：123/75mmHg。この2週間の家庭血圧は、120～130前半。血圧コントロールは良好。脈拍：70回/分。SpO2：96％。呼吸音は雑音なし。心音は僧帽弁付近に雑音を聴取する。右下肢にごく軽度の浮腫みあり。便通はほぼ毎日あり。褥瘡は見られないが、仙骨部に赤みがあり、予防的に保護テープを貼付した。 | | |
| 投薬中の薬剤の用量・用法 | 処方箋のコピーを添付するので、参照願いたい。 | | |
| 日常生活自立度 | 寝たきり度 | J1　J2　A1　A2　B1　B2　C1　C2 | |
| | 認知症の状況 | Ⅰ　Ⅱa　Ⅱb　Ⅲa　Ⅲb　Ⅳ　M | |
| 要介護認定の状況 | | 要支援　要介護（ 1　2　3　4　5 ） | |
| 褥瘡の深さ | | DESIGN分類：D3　D4　D5　NPUAP分類：Ⅲ度　Ⅳ度 | |
| 装着・使用医療機器類等 | 1. 自動腹膜灌流装置　2. 透析液補給装置　3. 酸素療法（　　L/min）<br>4. 吸引器　5. 中心静脈栄養　6. 輸液ポンプ<br>7. 経管栄養（経鼻・胃瘻：チューブサイズ　　、　　日に1回交換）<br>8. 留置カテーテル（サイズ 16Fr、 14日に1回交換）<br>9. 人工呼吸器（陽圧式・陰圧式：設定　　）<br>10. 気管カニューレ（サイズ　　）　11. ドレーン（部位：　　）<br>12. 人工肛門　13. 人工膀胱　14. その他（　　） | | |

留意事情及び指示事項

Ⅰ　療養生活指導上の留意事項
- バイタルのチェック、食事・水分の摂取量の確認、排便の確認、皮膚の状態観察。
- 時々、むせ込みがあるので、食事の際はギャッジアップし、誤嚥には十分注意する。
- 夏場は、適宜、エアコンを使用し、室内の温湿度の調整に注意。

Ⅱ　1. リハビリテーション

各関節に痛みを伴い、可動域制限がある所がある。痛みの程度や可動域制限を確認し、温めながらマッサージをするなどして、慎重に無理のない範囲で、関節を少しでも動かしやすい状態にする。

2. 褥瘡の処置等

今のところ褥瘡はないが、皮膚の剥離などの褥瘡の予兆と思われる状態が見られたときは、適宜、○○○○を貼るなどして、褥瘡が生じないように、十分注意する。

3. 装着・使用機器類等の操作援助・管理

4. その他

週2回の訪問看護を実施。

緊急時の連絡先　090-××××-××××（法令次郎 携帯電話）
不在時の対応

特記すべき留意事項（注：薬の相互作用・副作用について留意点、薬物アレルギーの既往症があれば記載して下さい）

特になし。

他の訪問看護ステーションへの指示
（無　有：指定訪問看護ステーション名　　）

たんの吸引等実施のための訪問介護事業所への指示
（無　有：訪問介護事業所名　　）

上記のとおり、指示いたします。

令和元年7月16日

医療機関名　法令クリニック
住　所　〒101-××××
東京都千代田区○○町○―○―○
電　話　03-××××-××××
（FAX）　03-××××-××××
医師氏名　法令 次郎　印

○○○○訪問看護ステーション 殿

り主治医が頻回（週４回以上）の訪問看護が必要と判断した場合は特別訪問看護指示書を作成・発行することで訪問看護ステーションに対して特別訪問看護を指示したときは、当該患者への訪問看護報酬は介護保険ではなく医療保険への請求となります。

ただ、この制度を利用して、ケアマネージャーもしくは訪問看護ステーションから、他の色々な介護サービスの利用ですでに介護保険のサービス費支給限度基準額上限一杯なので、訪問看護は医療保険で行いたく、そのため特別訪問看護指示を出してほしいという依頼が来ることがあります。しかし、特別訪問看護指示はあくまで患者の状態の悪化などで主治医が週４日以上の訪問看護が必要と判断した場合に出すものであり、頼まれたからといって安易に出すべきものでないことはいうまでもありません。医師の中には、訪問看護の介護保険と医療保険の使い分けを理解していないため、言われるがまま安易に、このような依頼を受けてしまうことがあるようですが、このような依頼による特別訪問看護指示は医療保険から見ると不正請求となる可能性があります。その場合は、特別訪問看護指示を出した主治医も不正請求に加担したと見られても仕方ありませんので、厳に注意が必要です。

また、介護保険法に基づく指定事業者となっている有料老人ホームやグループホームなどの入居者に対して、介護保険による訪問看護（具体的には週３日までの訪問看護）を行うことはできません。しかし、状態の悪化などにより主治医が週４日以上の訪問看護が必要と判断し、特別訪問看護指示を出した場合は訪問看護が医療保険での請求となるため、訪問看護ステーションが訪問看護を行うことが可能になります。

## ３．特別訪問看護指示

特別訪問看護指示について、「留意事項」には、次のように書かれています。

**【留意事項】**

特別訪問看護指示加算は、患者の主治医が、診療に基づき、急性増悪、終末期、退院直後等の事由により、週４回以上の頻回の指定訪問看護を一時的に当該患者に対して行う必要性を認めた場合であって、当該患者の同意を得て、別紙様式18を参考に作成した特別訪問看護指示書を、当該患者が選定する訪問看護ステーションに対して交付した場合に、１月に１回（別に厚生労働大臣が定める者については２回）を限度として算定する。ここでいう頻回の訪問看護を一時的に行う必要性とは、恒常的な頻回の訪問看護の必要性ではなく、状態の変化等で日常行っている訪問看護の回数では対応できない場合であること。また、その理由等については、特別訪問看護指示書に記載すること。なお、当該頻回の指定訪問看護は、当該特別の指示に係る診療の日から14日以内に限り実施するものであること。

上記を簡単にまとめると次のようになります。

- 特別訪問看護指示を出せるのは、急性増悪、終末期、退院直後などの場合で、週４回以上の頻回の訪問看護の必要性を認めた場合である。
- 特別訪問看護指示は１カ月当たり１回出せて、指示期間は最長で14日（＝２週間）である。

急性増悪、終末期、退院直後などの場合は、すでに発行した訪問看護指示書がある場合でもその指示内容に変更が生じることが多く、その際には指示期間内であっても新たな訪問看護指示書を作成・発行のうえ、特別訪問看護指示書も作成・発行し、診療報酬も、訪問看護指示料300点と特別訪問看護指示加算100点を合わせて算定します。このように診療報酬上も特別訪問看護指示は、**特別訪問看護指示加算という加算であり、加算のみを単独で算定することは基本的にはできない**ため、仮に特別訪問看護指示書だけを作成・発行したとしても診療報酬は算定できないということなります。

特別訪問看護指示の問題の1つは、指示回数が1カ月に1回で、指示期間が最大でも2週間という点です。例えば終末期で特別訪問看護指示を出した場合、いつ亡くなるかは医師でもわかりませんので、2週間を超えた場合どうするかという悩ましい問題に直面します。自宅で訪問診療を受けている場合は、月が替わるまで介護保険に切り替えて、訪問看護自体は継続することが可能です。しかし、介護保険での訪問看護が利用できない施設の入居者の場合は、月が替わるまで訪問看護を利用できないか、全額自費で訪問看護を利用するかのどちらかしかありません。ただし、特別訪問看護指示は、重度の褥瘡や気管カニューレを使用している場合（これが「留意事項」の「別に厚生労働大臣が定める者」）、例外的に、月に2回指示を出せるようになっています。終末期についても、同様の扱いとなることを期待したいところです。

## 4．点滴指示

看護師が点滴を含む静脈注射を行うことについて、平成14年9月30日付け厚生労働省医政局長通知「看護師等による静脈注射の実施について」において、医師の指示の下に看護師が行う静脈注射は診療の補助行為として取り扱うこととなり、法律上の問題はクリアになっており、主治医の指示があれば、看護師が在宅医療の患者に点滴を行

うことに法律上の問題はありません。例えば、週に１～２回、訪問看護ステーションに点滴を行ってもらいたいのであれば、訪問看護指示書に点滴の指示内容も記載して、指示書を発行・交付すればよいことになります。ただし、この場合、点滴の指示は、あくまで訪問看護指示の一部ということになり、点滴の指示をしたからといって、加算が取れて診療報酬がアップするということにはなりません。一方、点滴を指示することで、訪問看護指示料とは別の診療報酬を算定できる場合があります。

## ５．在宅患者訪問点滴注射管理指導料

訪問看護を受けている患者に、診察に基づき、週３回以上の点滴を行う必要を認めた場合、訪問看護ステーションに対して、在宅患者訪問点滴注射指示書（以下、「点滴指示書」という）を発行し、必要な管理指導を行えば、在宅患者訪問点滴注射管理指導料100点を算定できます。ただし、次の点に留意が必要です。

１つは、指示期間が最大７日だということです。７日間の点滴指示をした場合、８日目以降も訪問看護ステーションに対して「点滴指示書」による点滴を行ってもらう場合には、再度診察に基づき点滴指示書を発行する必要があります。頻回の点滴が必要な場合というのは、多くの場合同時に特別訪問看護指示も出ています。指示書も兼用でよいのですが、特別訪問看護の指示期間は最大２週間なので、兼用の指示書の場合、指示期間が異なることになり、指示期間が短い点滴指示書の抜け・忘れが出やすくなるので注意が必要です。

また、点滴指示書を発行しても、結果的に点滴を行った日が３日に満たなければ、在宅患者訪問点滴注射管理指導料は算定できません。逆に週３回の点滴指示書を発行した場合、実際に週３回の点滴を実施すればその点滴指示は完了となりますので、さらに点滴が必要な場合は、再度点滴指示書を発行する必要があります。

例えば、

| |
|---|
| 月曜：医師の診察、その後、火曜から木曜まで毎日３日間の点滴指示書 |
| 火曜から木曜：実際に毎日点滴実施、在宅患者訪問点滴注射管理指導料を算定 |
| 金曜：医師の診察、その後、土曜から月曜まで毎日３日間の点滴指示書 |
| 土曜から月曜：実際に毎日点滴実施、在宅患者訪問点滴注射管理指導料を算定 |

ということも可能であり、結果的に点滴が長引いてしまった場合、最短で４日に１回の頻度で在宅患者訪問点滴注射管理指導料を算定できることになります。

さらに、訪問看護ステーションの看護師ではなく自分のクリニックの看護師が点滴を行った場合でも、週３日以上の点滴指示を出し、実際に週３日以上点滴を行えば、在宅患者訪問点滴注射管理指導料は算定できます。また、クリニックの看護師と訪問看護ステーションを合わせて週３日以上点滴を行えば、在宅患者訪問点滴注射管理指導料は算定できます。

なおこの場合、薬剤料も保険請求は可能ですが、薬剤の請求はレセプト上、「在宅」ではなく「注射」欄で請求します。在宅患者訪問点滴注射管理指導料はもちろん、レセプト上「在宅」での請求となり、この点は在宅医療のレセプト請求で混乱しやすいことの１つです。また、週３日以上の点滴指示書を発行したが結果的に３日未満の点滴になった場合でも、薬剤料だけは請求できます。

このように、在宅患者訪問点滴注射管理指導料は、100点というさほど大きくない点数の割に複雑な診療報酬です。この診療報酬の算定要件の１つは、訪問看護を受けている患者ということです。2014年の診療報酬改定までは、この部分が医療保険での訪問看護を受けている患者、すなわち特別訪問看護を受けている患者に限定されていました。したがって、以前は、在宅患者訪問点滴注射管理指導料は、特別訪問看護指示が出た患者への点滴指示という理解でよかったのですが、2014 年の診療報酬改定で介護保険での訪問看護を受けている患者へも適用可能になり、余計にわかりにくくなった感があります。

## ６．点滴のまとめ

以上のように、外来診療を行いながら訪問診療を行っているクリニックが訪問診療を行っている患者に対して点滴を行う場合、在宅患者訪問点滴注射管理指導料は、決して使い勝手のよいものではないため、次のように使い分けるという手法もあります。

・電解質製剤のように在宅医療で使用が認められている薬剤の点滴をある程度の期間行うことが想定される場合は、点滴の指示を訪問看護指示書で行う。
・急性増悪時のように、期間限定で頻回の点滴を行うことが想定される場合は、特別訪問看護指示とセットで点滴指示を行う。

例えば、終末期に経口摂取が困難となって水分が十分に摂れなくなった場合、ある程度の期間補液の点滴を行うことがありますが、点滴指示書で行うと、頻回に診察のうえ指示書を作成・発行することになります。しかし、点滴指示書の発行のタイミングと診察のタイミングを合わせることや、忘れずに点滴指示書を発行する必要があることなどを考えると、外来診療を行いながらでは結構な負担です。

週に３回以上の点滴を行う必要を認めた場合に、必ず点滴指示書を発行し、在宅患者訪問点滴注射管理指導料を算定しなければならないということではありません。前述の例のように、ある程度の期間、補液の点滴が必要な場合は、訪問看護指示書で点滴の指示もして、点滴薬剤は患者宅に置いておき、訪問看護ステーションの看護師が訪問看護を行う際に点滴も行ってもらうといった方法もあります。例えば月末に訪問診療を行い、その診察結果を基に翌月1日から月末までの指示期間の訪問看護指示書を発行し、その中で「2日に1回の頻度で、○○（補液名）1袋500mlの点滴を実施」との指示を出します。そうしておけば、訪問診療・往診の診察結果や訪問看護報告などから、点滴の指示内容を変更する必要がないと判断できる状態が指示期間内中に継続すれば、月初に発行した訪問看護指示書だけで済む可能性があります。この場合点滴の薬剤料は、電解質製剤が在宅医療の薬剤料として保険請求が認められていますので、使用した日をレセプトに記載して、「在宅」の欄で保険請求することができます。

一方急性増悪の場合、例えば誤嚥性肺炎を起こして熱発や呼吸器症状などがある場合などは多くの場合、訪問看護ステーションに対して特別訪問看護指示を出し、頻回な訪問看護を行ってもらうことになります。抗菌薬や補液の点滴が必要であれば、兼用の指示書を使って同時に点滴指示も出せます。ただしこの場合、8日目以降も点滴が必要な場合は、点滴指示書だけ再度発行の必要があります。前述のように点滴指示は、特別訪問看護を受けている場合に限定されているわけではありませんが、特別訪問看護指示が最長で2週間と期間が短期間に限定されていることもあり、点滴指示書を使った点滴指示は、特別訪問看護指示とセットにしたほうがわかりやすく、実務上は使いやすいものと考えられます。

# 第８節　介護保険（居宅療養管理指導）との関係

　クリニックで外来診療のみを行っていると、介護保険を意識することはほとんどなく、通院している高齢の患者から要介護認定を申請するための主治医意見書を依頼されるとしても文書料を請求するのみで、介護保険の請求をすることはありません。

　しかし、訪問診療を行い、居宅療養管理指導費を算定することになれば、そこは介護保険での請求となります。そこで、本節では介護保険での居宅療養管理指導を中心に解説します。

## １．居宅療養管理指導とは

　介護保険法８条６項は、次のように定めています。

**【介護保険法８条６項】**

　居宅要介護者について、病院、診療所又は薬局の医師、歯科医師、薬剤師その他厚生労働省令で定める者により行われる療養上の管理及び指導であって、厚生労働省令で定めるもの。

　この条文を受けて、介護保険法施行規則９条の２は医師または歯科医師により行われるものとして、次のように定めています。

**【介護保険法施行規則９条の２】**

　居宅要介護者の居宅を訪問して行う計画的かつ継続的な医学的管理又は歯科医学的管理に基づいて実施される指定居宅介護支援事業

者その他の事業者に対する居宅サービス計画の策定等に必要な情報提供（当該居宅要介護者等の同意を得て行うものに限る。）並びに当該居宅要介護者等又はその家族等に対する居宅サービスを利用する上での留意点、介護方法等についての指導及び助言とする。

「居宅を訪問して行う計画的かつ継続的な医学的管理」とは、本章第３節（往診料と在宅患者訪問診療料）で解説した訪問診療を行っていることとほぼ同義です。また、「指定居宅介護支援事業者その他の事業者に対する居宅サービス計画の策定等」とは、ケアマネージャーが介護保険サービスの居宅サービス計画（ケアプラン）を作成することを述べています。したがって居宅療養管理指導とは、**訪問診療を受けている（訪問診療料を算定している）患者についてケアマネージャーがケアプランを作成するにあたり、情報提供を行うとともに、患者やその家族に居宅サービスを利用する際の注意点や介護の方法などを指導したり助言したりすること**、ということになります。

例えば、患者やその家族から訪問入浴サービスを受けたいとの希望がケアマネージャーにあった場合を考えてみます。訪問診療を行っている主治医が、ケアマネージャーや患者・その家族に対して、

- これまでの診察から、訪問入浴は今のところ行ってもよい。
- ただし、看護師がいるときに行い、入浴前に必ず看護師による状態のチェックを受ける。
- 特に血圧測定で血圧が〇〇以上あった場合は、その日の入浴は中止して保清は清拭に留める。

といったような助言を行うことが、居宅療養管理指導の例にあたります。

## ２．居宅療養管理指導費

居宅療養管理指導費は（Ⅰ）と（Ⅱ）に分かれており、さらに各々「単一建物居住者人数」によって点数が細分化されています。（Ⅰ）と（Ⅱ）の違いは、（Ⅰ）は在医総管・施医総管（在医総管等）を算定していない患者に対して算定する介護報酬、（Ⅱ）は在医総管等を算定している患者に対して算定する介護報酬です。また、「単一建物居住者人数」は、在医総管等の「単一建物診療患者数」と同義です。このことから明らかなように、介護保険の居宅療養管理指導費は、医療保険の診療報酬である在医総管等と密接に関連していることがわかります。

居宅療養管理指導費は１カ月に最大２回算定でき、次のような点数になっています。また、算定日は訪問診療または往診を行った日になります。

○居宅療養管理指導費（Ⅰ）（在医総管等×）
単一建物居住者人数…１人　509単位、２～９人　485単位、
10人以上　444単位
○居宅療養管理指導費（Ⅱ）（在医総管等○）
単一建物居住者人数…１人　295単位、２～９人　285単位、
10人以上　261単位

上記の通り居宅療養管理指導費（Ⅱ）は、（Ⅰ）の６割弱の点数に抑えられています。序説の経緯で、法令クリニックが在支診となりＡ子さんに在医総管の算定を開始した後に月２回の訪問診療を行った場合は、居宅療養管理指導費（Ⅱ）の単一建物居住者人数１人の場合の295単位を２回算定できますので、１カ月当たり295 × 2 = 590単位となります。介護保険の単位は、地域区分による加算がない地域であれば医療保険の点数と同様に１単位 = 10円であるため、590単位は5,900円となります。

### 1-8-1［1単位の単価（サービス別、地域別に設定）］

■1単位の単価（サービス別、地域別に設定）

| | | 1級地 | 2級地 | 3級地 | 4級地 | 5級地 | 6級地 | 7級地 | その他 |
|---|---|---|---|---|---|---|---|---|---|
| 上乗せ割合 | | 20% | 16% | 15% | 12% | 10% | 6% | 3% | 0% |
| 人件費割合 | ①70% | 11. 40円 | 11. 12円 | 11. 05円 | 10. 84円 | 10. 70円 | 10. 42円 | 10. 21円 | 10円 |
| | ②55% | 11. 10円 | 10. 88円 | 10. 83円 | 10. 66円 | 10. 55円 | 10. 33円 | 10. 17円 | 10円 |
| | ③45% | 10. 90円 | 10. 72円 | 10. 68円 | 10. 54円 | 10. 45円 | 10. 27円 | 10. 14円 | 10円 |

①訪問介護／訪問入浴介護／訪問看護／居宅介護支援／定期巡回・随時対応型訪問介護看護／夜間対応型訪問介護
②訪問リハビリテーション／通所リハビリテーション／認知症対応型通所介護／小規模多機能型居宅介護／看護小規模多機能型居宅介護／短期入所生活介護
③通所介護／短期入所療養介護／特定施設入居者生活介護／認知症対応型共同生活介護／介護老人福祉施設／介護老人保健施設／介護療養型医療施設
介護医療院／地域密着型特定施設入居者生活介護 ／地域密着型介護老人福祉施設入所者生活介護／地域密着型通所介護

出典：社会保障審議会介護給付費分科会 令和元年11月15日資料①

なお、医療保険の診療報酬点数が全国一律に1点＝10円であるのに対し、介護報酬には地域区分があり、1単位当たりに支払われる介護報酬は10.00円から11.40円の間で市町村単位で1級地～その他までの8段階、さらにその中で介護サービスの種別により各4段階に分かれています（平成30年～令和2年度。次頁参照）。

2016年診療報酬改定前は、訪問診療を1カ月に2回以上行うことが在医総管等の算定要件であったため、1カ月に1回の訪問診療を行う患者に対して居宅療養管理指導費を算定する場合は居宅療養管理指導費（Ⅰ）を算定していました。しかし、2016年の診療報酬改定で訪問診療1カ月1回の場合の在医総管等が設定されて以降、訪問診療を行っている患者に対して居宅療養管理指導費（Ⅰ）を算定するケースは非常に少なく、在支診であるクリニックが訪問診療を行う場合に算定する居宅療養管理指導費は基本的には（Ⅱ）になります。

なお、居宅療養管理指導費（Ⅰ）を算定する場合として考えられるのは、序説の経緯で法令クリニックが在支診・在医総管等の施設基準を届け出る前に訪問診療料だけを算定して訪問診療を行っていたようなケースです。

## 1-8-2［平成30年度から令和２年度までの間の地域区分の適用地域］

| | 1級地 | 2級地 | 3級地 | 4級地 | 5級地 |
|---|---|---|---|---|---|
| 上乗せ割合 | 20% | 16% | 15% | 12% | 10% |
| 地域 | 東京都<br>特別区 | 東京都<br>町田市<br>狛江市<br>多摩市<br>神奈川県<br>横浜市<br>川崎市<br>大阪府<br>大阪市 | 埼玉県<br>さいたま市<br>千葉県<br>千葉市<br>東京都<br>八王子市<br>武蔵野市<br>三鷹市<br>青梅市<br>府中市<br>調布市<br>小金井市<br>小平市<br>日野市<br>国分寺市<br>国立市<br>稲城市<br>西東京市<br>神奈川県<br>鎌倉市<br>愛知県<br>名古屋市<br>大阪府<br>守口市<br>大東市<br>門真市<br>四條畷市<br>兵庫県<br>西宮市<br>芦屋市<br>宝塚市 | 茨城県<br>牛久市<br>埼玉県<br>朝霞市<br>千葉県<br>船橋市<br>成田市<br>習志野市<br>浦安市<br>東京都<br>立川市<br>昭島市<br>東村山市<br>東大和市<br>清瀬市<br>神奈川県<br>相模原市<br>藤沢市<br>逗子市<br>厚木市<br>大阪府<br>豊中市<br>池田市<br>吹田市<br>高槻市<br>寝屋川市<br>箕面市<br>兵庫県<br>神戸市 | 茨城県<br>水戸市<br>日立市<br>龍ケ崎市<br>取手市<br>つくば市<br>守谷市<br>埼玉県<br>志木市<br>和光市<br>新座市<br>ふじみ野市<br>千葉県<br>市川市<br>松戸市<br>佐倉市<br>市原市<br>八千代市<br>四街道市<br>印西市<br>東京都<br>東久留米市<br>あきる野市<br>日の出町<br>神奈川県<br>横須賀市<br>平塚市<br>小田原市<br>茅ヶ崎市<br>大和市<br>伊勢原市<br>海老名市<br>座間市<br>綾瀬市<br>寒川町<br>愛川町<br>愛知県<br>刈谷市<br>豊田市<br>滋賀県<br>大津市<br>草津市<br>京都府<br>京都市<br>大阪府<br>堺市<br>枚方市<br>茨木市<br>八尾市<br>松原市<br>摂津市<br>高石市<br>東大阪市<br>交野市<br>兵庫県<br>尼崎市<br>伊丹市<br>川西市<br>三田市<br>広島県<br>広島市<br>府中町<br>福岡県<br>福岡市 |
| 地域数 | 23 | 6 | 24 | 22 | 52 |

| 6級地 | | | 7級地 | | | | その他 |
|---|---|---|---|---|---|---|---|
| 6% | | | 3% | | | | 0% |
| 宮城県 | 神奈川県 | 大阪府 | 北海道 | 富山県 | 愛知県 | 奈良県 | その他の地域 |
| 仙台市 | 三浦市 | 岸和田市 | 札幌市 | 富山市 | 豊橋市 | 天理市 | |
| 茨城県 | 秦野市 | 泉大津市 | 茨城県 | 石川県 | 一宮市 | 橿原市 | |
| 土浦市 | 葉山町 | 貝塚市 | 結城市 | 金沢市 | 瀬戸市 | 桜井市 | |
| 古河市 | 大磯町 | 泉佐野市 | 下妻市 | 内灘町 | 半田市 | 御所市 | |
| 利根町 | 二宮町 | 富田林市 | 常総市 | 福井県 | 豊川市 | 香芝市 | |
| 栃木県 | 清川村 | 河内長野市 | 笠間市 | 福井市 | 蒲郡市 | 葛城市 | |
| 宇都宮市 | 岐阜県 | 和泉市 | ひたちなか市 | 山梨県 | 犬山市 | 宇陀市 | |
| 下野市 | 岐阜市 | 柏原市 | 那珂市 | 甲府市 | 常滑市 | 山添村 | |
| 野木町 | 静岡県 | 羽曳野市 | 筑西市 | 長野県 | 江南市 | 平群町 | |
| 群馬県 | 静岡市 | 藤井寺市 | 坂東市 | 長野市 | 小牧市 | 三郷町 | |
| 高崎市 | 愛知県 | 泉南市 | 稲敷市 | 松本市 | 新城市 | 斑鳩町 | |
| 埼玉県 | 岡崎市 | 大阪狭山市 | つくばみらい市 | 塩尻市 | 東海市 | 安堵町 | |
| 川越市 | 春日井市 | 阪南市 | 大洗町 | 岐阜県 | 大府市 | 川西町 | |
| 川口市 | 津島市 | 島本町 | 阿見町 | 大垣市 | 知多市 | 三宅町 | |
| 行田市 | 碧南市 | 豊能町 | 河内町 | 多治見市 | 尾張旭市 | 田原本町 | |
| 所沢市 | 安城市 | 能勢町 | 八千代町 | 各務原市 | 高浜市 | 曽爾村 | |
| 加須市 | 西尾市 | 忠岡町 | 五霞町 | 可児市 | 岩倉市 | 明日香村 | |
| 東松山市 | 稲沢市 | 熊取町 | 境町 | 静岡県 | 田原市 | 上牧町 | |
| 春日部市 | 知立市 | 田尻町 | 栃木県 | 浜松市 | 清須市 | 王寺町 | |
| 狭山市 | 豊明市 | 岬町 | 栃木市 | 沼津市 | 豊山町 | 広陵町 | |
| 羽生市 | 日進市 | 太子町 | 鹿沼市 | 三島市 | 大口町 | 河合町 | |
| 鴻巣市 | 愛西市 | 河南町 | 日光市 | 富士宮市 | 扶桑町 | 岡山県 | |
| 上尾市 | 北名古屋市 | 千早赤阪村 | 小山市 | 島田市 | 飛島村 | 岡山市 | |
| 草加市 | 弥富市 | 兵庫県 | 真岡市 | 富士市 | 阿久比町 | 広島県 | |
| 越谷市 | みよし市 | 明石市 | 大田原市 | 磐田市 | 東浦町 | 東広島市 | |
| 蕨市 | あま市 | 猪名川町 | さくら市 | 焼津市 | 幸田町 | 廿日市市 | |
| 戸田市 | 長久手市 | 奈良県 | 壬生町 | 掛川市 | 設楽町 | 海田町 | |
| 入間市 | 東郷町 | 奈良市 | 群馬県 | 藤枝市 | 東栄町 | 坂町 | |
| 桶川市 | 大治町 | 大和高田市 | 前橋市 | 御殿場市 | 豊根村 | 山口県 | |
| 久喜市 | 蟹江町 | 大和郡山市 | 伊勢崎市 | 袋井市 | 三重県 | 周南市 | |
| 北本市 | 三重県 | 生駒市 | 太田市 | 裾野市 | 名張市 | 徳島県 | |
| 八潮市 | 津市 | 和歌山県 | 渋川市 | 函南町 | いなべ市 | 徳島市 | |
| 富士見市 | 四日市市 | 和歌山市 | 玉村町 | 清水町 | 伊賀市 | 香川県 | |
| 三郷市 | 桑名市 | 橋本市 | 埼玉県 | 長泉町 | 木曽岬町 | 高松市 | |
| 蓮田市 | 鈴鹿市 | 福岡県 | 熊谷市 | 小山町 | 東員町 | 福岡県 | |
| 坂戸市 | 亀山市 | 春日市 | 飯能市 | 川根本町 | 菰野町 | 北九州市 | |
| 幸手市 | 滋賀県 | 大野城市 | 深谷市 | 森町 | 朝日町 | 飯塚市 | |
| 鶴ヶ島市 | 彦根市 | 太宰府市 | 日高市 | | 川越町 | 筑紫野市 | |
| 吉川市 | 守山市 | 福津市 | 毛呂山町 | | 滋賀県 | 古賀市 | |
| 白岡市 | 栗東市 | 糸島市 | 越生町 | | 長浜市 | 長崎県 | |
| 伊奈町 | 甲賀市 | 那珂川町 | 滑川町 | | 野洲市 | 長崎市 | |
| 三芳町 | 京都府 | 粕屋町 | 川島町 | | 湖南市 | | |
| 宮代町 | 宇治市 | | 吉見町 | | 東近江市 | | |
| 杉戸町 | 亀岡市 | | 鳩山町 | | 京都府 | | |
| 松伏町 | 向日市 | | 寄居町 | | 城陽市 | | |
| 千葉県 | 長岡京市 | | 千葉県 | | 大山崎町 | | |
| 野田市 | 八幡市 | | 木更津市 | | 久御山町 | | |
| 茂原市 | 京田辺市 | | 東金市 | | 兵庫県 | | |
| 柏市 | 木津川市 | | 君津市 | | 姫路市 | | |
| 流山市 | 精華町 | | 富津市 | | 加古川市 | | |
| 我孫子市 | | | 八街市 | | 三木市 | | |
| 鎌ケ谷市 | | | 山武市 | | 高砂市 | | |
| 袖ケ浦市 | | | 大網白里市 | | 稲美町 | | |
| 白井市 | | | 長柄町 | | 播磨町 | | |
| 酒々井町 | | | 長南町 | | | | |
| 栄町 | | | 東京都 | | | | |
| 東京都 | | | 瑞穂町 | | | | |
| 福生市 | | | 檜原村 | | | | |
| 武蔵村山市 | | | 神奈川県 | | | | |
| 羽村市 | | | 箱根町 | | | | |
| 奥多摩町 | | | 新潟県 | | | | |
| | | | 新潟市 | | | | |
| 137 | | | 169 | | | | 1308 |

出典：社会保障審議会介護給付費分科会 令和元年 11 月 15 日資料①

## ３．居宅療養管理指導費の算定要件

「指定居宅サービスに要する費用の額の算定に関する基準の制定に伴う実施上の留意事項について」（平成12年３月６日老企第36号。以下、「実施上の留意事項」という）によれば、医師・歯科医師の居宅療養管理指導について「ケアプランの策定等に必要な情報提供は、サービス担当者会議への参加により行うことを基本とする（必ずしも文書等による必要はない）。」とされており、**医師のサービス担当者会議への参加が算定要件**であることがわかります。

サービス担当者会議とは、介護保険サービスを提供する関係者が集まりケアプランの内容を検討する会議を指し、通常、ケアマネージャーが開催を呼びかけます。そのサービス担当者会議に医師が参加して、前述の情報提供や指導・助言をした場合に算定できるということになります。また、「必ずしも文書等による必要はない」とも書かれていますので、口頭でもよいということになります。しかし、外来診療を行っている医師が毎回サービス担当者会議に出席するのはなかなか難しいのが現実でもあり、そのような場合について、「実施上の留意事項」にも次のような記述があります。

**【実施上の留意事項】**

当該会議への参加が困難な場合やサービス担当者会議が開催されない場合等においては、下記の「情報提供すべき事項」について、原則として、文書等（メール、FAX等でも可）により、ケアマネージャーに対して情報提供を行うことで足りるものとする。

サービス担当者会議に参加できない場合、情報提供や指導・助言は文書で行うことで居宅療養管理指導費の算定が可能です。なお、サービス担当者会議に参加した場合、情報提供や指導・助言を口頭で行っても、その要点をカルテに記載することを求められていますので、サービス担当者会議に参加する・しないにかかわらず、情報提供や指導・助言は文書で行うことをお勧めします。毎回文書で行うのは大変・面倒と感じるかもしれませんが、後で文書作成の仕方について紹介しますので、参考にしてください。

なお、介護保険サービスは、要介護度によって支給限度基準額が決まっており、支給限度基準額を超えてサービスを受ける場合は全額自己負担になります。しかし、この**居宅療養管理指導費は介護保険サービスの支給限度基準額外のサービス**とされ、仮にすでに支給限度基準額一杯でも、全額自己負担ではなく介護保険サービスとして利用できます（自己負担は１～３割）。

## ４．医療機関が介護保険の居宅療養管理指導費を請求するには

介護保険のサービスを提供して保険請求を行うには介護保険法に基づき都道府県知事から指定居宅介護事業者（以下、「介護事業者」という）の指定を受ける必要がありますが、**保険医療機関が行う居宅療養管理指導や訪問看護だけであれば、「みなし介護事業者」**として介護事業者としての指定を受ける手続きを経ることなく介護保険の保険請求ができます（第２章第３節（クリニックによる訪問看護の提供）参照）。各都道府県の国民健康保険団体連合会に介護保険の保険請求開始の手続きを取ることで、介護保険の請求が可能になります。

ただし「みなし介護事業者」といっても、介護事業者であることには変わりはありません。居宅療養管理指導費の算定開始に際し、居宅療養管理指導という介護保険サービスについて患者や家族に説明を行い、利用について同意を得ることが必要です。なお、その際の同意は、文書として明確に記録化するためにも、居宅療養管理指導の説明を兼ねた同意書を用意することをお勧めします。また、介護事業者としての運営規程を作成し、クリニック内に掲示しておく必要もありま

す。居宅療養管理指導の説明例文や運営規程例などは、例えば、東京都医師会が作成した居宅療養管理指導のパンフレット（下記サイト参照）などを参考にしながら作成するとよいでしょう。

※公益社団法人東京都医師会『かかりつけ医機能ハンドブック 2009』
https://www.tokyo.med.or.jp/docs/handbook/265-285.pdf

## ５．訪問診療における諸手続きとその手順

これまで説明してきた訪問診療における患者やその家族に対する主な手続きは、次の５つとなります。

⑴　在宅訪問診療開始時の同意書への署名（第３節）
⑵　介護保険の居宅療養管理指導開始時の説明と同意（本節）
⑶　在医総管算定開始時の在宅療養計画の説明（第５節）
⑷　在支診が在医総管の算定を開始する際の24時間対応の説明およびそのことを記した文書の交付（第２節）
⑸　終末期の対応について、患者や家族と十分に話し合い、その結果を文書化（第６節、第２章第７節）

序説の法令クリニックの経緯では、⑴を平成 31 年２月に、⑵、⑶、⑷を令和元年７月に、⑸を令和２年 10 月に行っています。ただし、場合によっては⑴～⑷を同じタイミングで行うことや、⑴と⑵を行い、その後に⑶と⑷を行うことも考えられます。なお、個々の手続きに関する詳細は、各節を参照してください。

## ６．在宅訪問診療の行い方

法令クリニックのように、外来診療に加え新たに訪問診療を行うようになった場合、医師（多くは院長）が１人で担えば、当然ながら医

師が疲労困憊してしまいますので、訪問診療の負担は可能な限りクリニックのスタッフにも担ってもらうことが重要になってきます。

以下では、居宅療養管理指導費を算定する際、医師がサービス担当者会議に参加する・しないにかかわらず、情報提供や指導・助言を文書化する場合を例に、その文書の作成をスタッフに担ってもらうための具体的なやり方を示します。

- 訪問診療や往診には、看護師と事務スタッフを同行させる。
- 訪問診療の現場では、看護師はバイタルサインを測定したり、診察の補助をしたりする。
- バイタルサインの測定結果や通常行う診察について、簡単にメモできる用紙を用意し、訪問診療の現場では、事務スタッフが、その用紙に測定したバイタルサインや医師の診察結果をメモする(次頁参照)。
- 前回処方した処方箋のコピーを訪問診療の現場に持っていき、診察の結果、医師が継続して処方が必要な薬には○を、処方を止める薬には×をつけ、新たに処方する薬を余白に書き加える。
- 診察料の自己負担金の徴収や領収書の交付など、訪問診療現場で必要な事務的なことは、事務スタッフが対応する。
- クリニックに戻ったら、事務スタッフは処方箋のコピーから薬の処方を入力し、医師の確認・チェック後に処方箋を発行する。
- 看護師もしくは事務スタッフが、メモから居宅療養管理指導用の情報提供書（エクセルもしくはWord）を作成する（144頁参照)。
- 作成した上記データを医師に渡し、医師は加除修正を行った後、修正後のデータを電子カルテにコピーして貼り付けカルテとして整え、さらに追加記載が必要なことがあれば入力する(145頁参照)。
- 加除修正したデータは事務スタッフに渡し、情報提供書を印刷して患者宅や訪問看護ステーション、ケアマネージャーなどの連携する関係者に送付する。

## 1-8-3［メモ記載例］

（法令クリニック・事務のＭさんが取ったメモ（青字））

名前：佐藤Ａ子

７月１６日　　14：00　～　14：15

体温　36.2 ℃、　血圧　　123／75　　、　脈拍　70　　　　　Sp02　96 ％

診察時の状態：(座位、(臥床)、(開眼)、閉眼)、(意識清明)、傾眠、昏睡)

呼びかけに：　(反応あり)、反応なし
特変なしとのこと

経口摂取：(可)、　困難、　していない　　嚥下：良好、　(むせ込む)
３食、時々残す、OK　　　　　　　　　　たまに　ギャッジアップ

呼吸雑音：　(なし)、　あり（喘鳴、　いびき音、　水泡音、　捻髪音）

心音：心雑音　　なし、　(あり)（Ｍ弁付近　　　　）

浮腫：　なし、　(あり)（(少)、　中、　多）（両下肢、　左下肢、　(右下肢)、　顔、　その他）

血圧コントロール：　(良好)、　不安定、　不良（経過観察、　処方変更）
120～130 前半

血糖コントロール：　良好、　不安定、　不良（経過観察、　処方変更）

便通：(毎日)、　　日おき　　便の状態：硬い、(普通、やわらかい)、下痢
ほぼ　　　　　　　　　　　　　　　　整腸　継続

褥瘡：(なし)、あり（　　　　　　）
仙骨、赤、保護、注意

右足　痛い　カロナール　トン　処方

気温↑　エアコン　　次　8/6、20

## 1-8-4［居宅療養管理指導用の情報提供書］

**佐藤　A子　様、○○○○訪問看護ステーション　殿、○○○○薬局　殿**
**○○○○介護事業所　○○　様(ケアマネージャー)**

診療情報提供書(居宅療養管理指導用)

| 患者氏名 | 佐藤　A子　殿 | | 生年月日 | 昭和9年1月20日　(85歳) |
|---|---|---|---|---|
| 患者住所 | 東京都千代田区○○町○−○−○　　電話：03-××××-×××× | | | |
| 主たる傷病名 | 高血圧症、慢性心不全、右大腿骨頚部骨折後 | | | |
| 訪問診療日：7月16日 | 病状・治療状態 | ベッドに横になったまま診察を受けた。開眼しており、意識清明。受け答えも問題なく、いかがですかとの呼びかけに、特に変わりはないとの答え。体温：36.2℃。血圧：123/75mmHg。この2週間の家庭血圧は、120〜130前半。血圧コントロールは良好。脈拍：70回/分。SpO2：96%。呼吸音は雑音なし。心音は僧帽弁付近に雑音を聴取する。右下肢に軽度の浮腫みあり。食事は3食食べているが、時々残すとのこと。たまにむせ込むことがある。便通はほぼ毎日あり、硬くもなく、下痢もしていない。褥瘡は見られないが、仙骨部に赤みがあり、予防的に保護テープを貼付。褥瘡にならないように注意。家族によれば、時々、右足が痛いと訴えることがあるとのこと。頓服でカロナールを処方。その他の内服薬は、今まで通りで継続。 | | |
| | 処方した薬 | 本日の処方箋のコピーを添付。参照願いたい。 | | |
| | 療養生活指導上の留意事項など | ・食事は無理に全部食べなくてもOK。食べれるだけでよい。<br>・食事時の誤嚥に注意。ベッドで摂る時は、ギャッジアップする。<br>・気温の高い日が多いので、適宜、エアコンを使い、室温や湿度を調整する。<br>・来月の訪問診療は、8/6と8/20の予定。 | | |

令和元年7月16日

医療機関名　法令クリニック
住所　〒101-××××
東京都千代田区○○町○−○−○
電話　03-××××-××××
(FAX)　03-××××-××××
医師氏名　法令　次郎　　　印

## 1-8-5［カルテ記載例］

（７月 16 日の佐藤Ａ子さんのカルテ記載）
※次郎医師が書き加えたのは網掛けの所のみで、その他は、診療情報提供書（居宅療養管理指導用）からコピー&貼り付けしています。

定期的な訪問診療　患家の患者の部屋で診察　14:00〜14:15

S: いかがですかとの呼びかけに、特に変わりはないとの答え。ただし、家族によれば、時々、右足が痛いと訴えることがあるとのこと。

O: ベッドに横になったまま診察を受けた。開眼しており、意識清明。受け答えも問題ない。体温：36.2℃。血圧：123/75mmHg。この２週間の家庭血圧は、120〜130 前半。脈拍：70 回/分。SpO2：96%。呼吸音は雑音なし。心音は僧帽弁付近に雑音を聴取する。右下肢に軽度の浮腫みあり。食事は３食食べているが、時々残すとのこと。たまにむせ込むことがある。便通はほぼ毎日あり、硬くもなく、下痢もしていない。褥瘡は見られないが、仙骨部に赤みがあり、予防的に保護テープを貼付。

A: 血圧コントロールは良好。浮腫みはあるが、右下肢に軽度であるため、心不全が特に悪化したわけではないと判断。仙骨部は、褥瘡にならないように、注意。便通コントロールも今のところ問題ない。右足の痛みには鎮痛剤が必要。

P：右足の痛みには、頓服でカロナールを処方。その他の内服薬は、今まで通りで継続。

<u>居宅療養管理指導：</u>
<u>・食事は無理に全部食べなくても OK。食べれるだけでよい。</u>
<u>・食事時の誤嚥に注意。ベッドで摂る時は、ギャッジアップする。</u>
<u>・気温の高い日が多いので、適宜、エアコンを使い、室温や湿度を調整する。</u>

（＊）個別指導における指摘事項：医療保険と介護保険の記載を１つの診療録に記載する場合は、介護保険に係る記載を下線または枠などで区別すること。

この手順では、居宅療養管理指導用の情報提供書をカルテ記載にも利用することで医師の負担軽減を図っています。訪問診療開始当初からは難しいかもしれませんが、看護師や事務スタッフの中から適任と思われる人を選び、教えていけば、数カ月後にはある程度こなせるようになる可能性は十分にあると思われます。もちろん、上記の手順の例は大変アナログ的なものであり、採用している電子カルテの機能等ITを活用して合理化する余地はまだまだ考えられます。ただし、これまで見てきた通り、保険診療の世界は今でも文書という「紙」が要求されることが多く、いかにITを活用しても、最終的には紙に印刷しなければならない場面が少なくないことには注意が必要です。

# 第９節　在宅医療で算定する診療報酬

在宅医療の診療報酬をまとめると、以下の通りになります（2021年１月現在）。

## 1-9-1［在宅点数のまとめ］

**訪問診療を月に１回行った場合：患者１人・１カ月当たりの在宅医療の診療報酬等**

| 参照No. | | | | 1 | 2 | 3 | 4 | 5 |
|---|---|---|---|---|---|---|---|---|
| 施設基準 | | 在医総管等 | | × | ○ | ○ | ○ | ○ |
| | | 在支診 | | × | × | ○ | ○ | ○ |
| | | 機能強化型 | 病床なし | × | × | × | ○ | × |
| | | | 病床あり | × | × | × | × | ○ |
| | | 初診料機能強化加算 | | × | × | ○ | ○ | ○ |
| 個人宅 | １人 | | 訪問診療料（点） | 888 | 888 | 888 | 888 | 888 |
| | | | 在医総管（点） | 0 | 1,760 | 2,300 | 2,520 | 2,760 |
| | | | 計（点） | 888 | 2,648 | 3,188 | 3,408 | 3,648 |
| | | | 居宅療養（円） | 5,090 | 2,950 | 2,950 | 2,950 | 2,950 |
| | | | 再計（円） | 13,970 | 29,430 | 34,830 | 37,030 | 39,430 |
| | 同一世帯<br>２人(＊1) | ２人目 | 再診料(＊2) | 125 | 125 | 125 | 125 | 125 |
| | | | 在医総管 | 0 | 1,760 | 2,300 | 2,520 | 2,760 |
| | | | 計（点） | 125 | 1,885 | 2,425 | 2,645 | 2,885 |
| | | | 居宅療養（円） | 5,090 | 2,950 | 2,950 | 2,950 | 2,950 |
| | | | 再計（円） | 6,340 | 21,800 | 27,200 | 29,400 | 31,800 |
| 施設(＊3) | 有料老人ホーム10人以上 | | 訪問診療料（点） | 213 | 213 | 213 | 213 | 213 |
| | | | 施医総管（点） | 0 | 560 | 680 | 720 | 780 |
| | | | 計（点） | 213 | 773 | 893 | 933 | 993 |
| | | | 居宅療養（円） | 4,440 | 2,610 | 2,610 | 2,610 | 2,610 |
| | | | 再計（円） | 6,570 | 10,340 | 11,540 | 11,940 | 12,540 |
| | グループホーム2人以上<br>（３ユニット以下） | | 訪問診療料（点） | 213 | 213 | 213 | 213 | 213 |
| | | | 施医総管（点） | 0 | 725 | 920 | 990 | 1,080 |
| | | | 計（点） | 213 | 938 | 1,133 | 1,203 | 1,293 |
| | | | 居宅療養（円） | 4,850 | 2,850 | 2,850 | 2,850 | 2,850 |
| | | | 再計（円） | 6,980 | 12,230 | 14,180 | 14,880 | 15,780 |

＊1：訪問診療を同一日に行った場合。1人目は１人の場合と同じ。
＊2：再診料には、外来管理加算を含む。
＊3：１日１人の訪問診療を行う場合を除く。

訪問診療を月に２回行った場合：患者１人・１カ月当たりの在宅医療の診療報酬等

| 参照No. | | | | 6 | 7 | 8 | 9 | 10 |
|---|---|---|---|---|---|---|---|---|
| 施設基準 | 在医総管等 | | | × | ○ | ○ | ○ | ○ |
| | 在支診 | | | × | × | ○ | ○ | ○ |
| | 機能強化型 | 病床なし | | × | × | × | ○ | × |
| | | 病床あり | | × | × | × | × | ○ |
| | 初診料機能強化加算 | | | × | × | ○ | ○ | ○ |
| 個人宅 | 1人 | | 訪問診療料（点） | 1,776 | 1,776 | 1,776 | 1,776 | 1,776 |
| | | | 在医総管（点） | 0 | 2,750 | 3,700 | 4,100 | 4,500 |
| | | | 計（点） | 1,776 | 4,526 | 5,476 | 5,876 | 6,276 |
| | | | 居宅療養（円） | 10,180 | 5,900 | 5,900 | 5,900 | 5,900 |
| | | | 再計（円） | 27,940 | 51,160 | 60,660 | 64,660 | 68,660 |
| | 同一世帯2人(＊1) | 2人目 | 再診料(＊2) | 250 | 250 | 250 | 250 | 250 |
| | | | 在医総管 | 0 | 2,750 | 3,700 | 4,100 | 4,500 |
| | | | 計（点） | 250 | 3,000 | 3,950 | 4,350 | 4,750 |
| | | | 居宅療養（円） | 10,180 | 5,900 | 5,900 | 5,900 | 5,900 |
| | | | 再計（円） | 12,680 | 35,900 | 45,400 | 49,400 | 53,400 |
| 施設(＊3) | 有料老人ホーム10人以上 | | 訪問診療料（点） | 426 | 426 | 426 | 426 | 426 |
| | | | 施医総管（点） | 0 | 750 | 1,000 | 1,100 | 1,200 |
| | | | 計（点） | 426 | 1,176 | 1,426 | 1,526 | 1,626 |
| | | | 居宅療養（円） | 8,880 | 5,220 | 5,220 | 5,220 | 5,220 |
| | | | 再計（円） | 13,140 | 16,980 | 19,480 | 20,480 | 21,480 |
| | グループホーム2人以上（3ユニット以下） | | 訪問診療料（点） | 426 | 426 | 426 | 426 | 426 |
| | | | 施医総管（点） | 0 | 1,025 | 1,400 | 1,550 | 1,700 |
| | | | 計（点） | 426 | 1,451 | 1,826 | 1,976 | 2,126 |
| | | | 居宅療養（円） | 9,700 | 5,700 | 5,700 | 5,700 | 5,700 |
| | | | 再計（円） | 13,960 | 20,210 | 23,960 | 25,460 | 26,960 |

＊1：訪問診療を同一日に行った場合。1人目は１人の場合と同じ。
＊2：再診料には、外来管理加算を含む。
＊3：１日１人の訪問診療を行う場合を除く。

**算定の基本は、訪問診療料×訪問回数＋在医総管**です。訪問診療の回数、届け出ている施設基準、訪問診療の対象者に応じた所を見ていただければ、患者１人・１カ月当たりの在宅医療の診療報酬がわかります。例えば、序説の経緯で、令和元年７月の診療報酬は参照No.8の個人宅・１人の場合に該当しますので、７月の在宅医療の診療報酬は5,476点ということがわかります。ただし、上記の表については、次の点に注意してください。

・参照No. １およびNo. ６の場合は、特定疾患療養管理料や処方箋料などの算定が可能。一方、在医総管を算定した場合（No. ２～No. ５、No. ７～No.10）、これらは算定できない。
・多くの患者で在医総管や施医総管の加算である包括的支援加算（150点）を算定できる可能性があるが、上記の表では加算は考慮されていない。
・有料老人ホームで２～９名の訪問診療を行う場合は、グループホーム２人以上の場合と同じ診療報酬となる。
・外来診療を行っている場合、施設基準の差による在宅医療の診療報酬の差だけではなく、初診料の機能強化加算の有無についても考慮すべきである。そのため、あえて施設基準の欄に外来診療の点数である初診料機能強化加算の行を設けている。

# [第2章]

# 在宅医療の実践

# 第１節　在宅医療開始前後の収支シミュレーション

## １．クリニックにおける在宅医療導入の必要性

高齢者の人口割合の増加やクリニック件数の増加により、今後は診療所医師１人の１日当たりの患者数は減少することが予想されます。そこで既存クリニックにおいても、外来のみではなく在宅医療による収入は新たな収益源の１つとも考えられます。

一方で在宅専門のクリニックが増えるなか、既存の外来中心のクリニックにおいて訪問診療を導入した場合、クリニックの経営にどのような影響を及ぼすのか、ここではシミュレーションを行っていきます。

## ２．従来の外来型クリニックと在宅療養支援診療所

内科診療所と在支診の１施設当たりの損益の比較を見てみます。ここでは、第22回医療経済実態調査（医療機関等調査）報告（中央社会保険医療協議会 令和元年11月）より数字を抜粋し、役員報酬の設定次第で利益が大きく変わってしまう医療法人ではなく、役員報酬が利益に影響しない個人診療所にて比較をしてみました。

前年度の医業収益は内科79,404千円に対し在支診89,439千円、医業・介護費用は内科53,581千円（67.4%）に対し在支診64,944千円（72.5%）となり、損益差額は内科25,858千円（32.6%）に対し在支診24,636千円（27.5%）となっています。内科に対し在支診は、経費の比率が5.1%高くなっています。

## 2-1-1 [内科診療所と在宅療養支援診療所の１施設当たりの損益]

（1施設当たり損益）

| | 入院診療収益なし | | | | | | | | | |
|---|---|---|---|---|---|---|---|---|---|---|
| | 内科（個人） | | | | | 在宅療養支援診療所（個人） | | | | |
| | 金　額 | | 構成比率 | | 金額の伸び率 | 金　額 | | 構成比率 | | 金額の伸び率 |
| | 前々年（度） | 前年（度） | 前々年（度） | 前年（度） | | 前々年（度） | 前年（度） | 前々年（度） | 前年（度） | |
| | 千円 | 千円 | % | % | % | 千円 | 千円 | % | % | % |
| Ⅰ 医業収益 | 78,631 | 79,404 | 100.0 | 100.0 | 1.0 | 86,421 | 89,439 | 99.9 | 99.8 | 3.5 |
| 1.入院診療収益 | 0 | 0 | 0.0 | 0.0 | − | 0 | 0 | 0.0 | 0.0 | − |
| 保険診療収益 | 0 | 0 | 0.0 | 0.0 | − | 0 | 0 | 0.0 | 0.0 | − |
| 公害等診療収益 | − | − | − | − | − | 0 | 0 | 0.0 | 0.0 | − |
| その他の診療収益 | − | − | − | − | − | 0 | 0 | 0.0 | 0.0 | − |
| 2.外来診療収益 | 75,852 | 76,638 | 96.4 | 96.5 | 1.3 | 82,514 | 85,676 | 95.4 | 95.6 | 3.8 |
| 保険診療収益 | 71,802 | 72,364 | 91.3 | 91.1 | 1.1 | 77,438 | 79,978 | 89.5 | 89.3 | 3.3 |
| 公害等診療収益 | − | − | − | − | −0.5 | 291 | 267 | 0.3 | 0.3 | −8.2 |
| その他の診療収益 | − | − | − | − | 3.4 | 4,785 | 5,432 | 5.5 | 6.1 | 13.5 |
| 3.その他の医業収益 | − | − | − | − | 1.3 | 3,907 | 3,763 | 4.5 | 4.2 | −3.7 |
| Ⅱ 介護収益 | 34 | 35 | 0.0 | 2.9 | −4.4 | 109 | 140 | 0.1 | 0.2 | 28.4 |
| 1.施設サービス収益 | − | − | − | − | | 0 | 0 | 0.0. | 0.0 | − |
| 2.居宅サービス収益 | − | − | − | − | −5.1 | 91 | 121 | 0.1 | 0.1 | 33.0 |
| （再掲）短期入所療養介護分 | − | − | − | − | | 0 | 0 | 0.0 | 0.0 | − |
| 3.その他の介護収益 | − | − | − | − | 20.0 | 18 | 19 | 0.0 | 0.0 | 5.6 |
| Ⅲ 医業・介護費用 | 52,403 | 53,581 | 67.9 | 67.4 | 0.2 | 64,578 | 64,944 | 74.6 | 72.5 | 0.6 |
| 1.給与費 | 19,424 | 19,951 | 24.7 | 25.1 | 1.6 | 25,893 | 26,598 | 29.9 | 29.7 | 2.7 |
| 2.医薬品費 | 14,293 | 13,625 | 18.2 | 17.2 | −3.4 | 15,383 | 15,481 | 17.8 | 17.3 | 0.6 |
| 3.材料費 | 1,864 | 1,886 | 2.4 | 2.4 | −0.9 | 1,986 | 2,166 | 2.3 | 2.4 | 9.1 |
| 4.給食用材料費 | 0 | 0 | 0.0 | 0.0 | | 0 | 0 | 0.0 | 0.0 | − |
| 5.委託費 | 2,534 | 2,638 | 3.2 | 3.3 | 0.4 | 3,042 | 2,680 | 3.5 | 3.3 | −11.9 |
| 6.減価償却費 | 3,500 | 3,448 | 4.4 | 4.3 | −4.6 | 3,401 | 3,192 | 3.9 | 3.6 | −6.1 |
| （再掲）建物減価償却費 | − | − | − | − | −0.5 | 801 | 817 | 0.9 | 0.9 | 2.0 |
| （再掲）医療機器減価償却費 | − | − | − | − | −12.5 | 1,312 | 1,025 | 1.5 | 1.1 | −21.9 |
| 7.その他の医業・介護費用 | 11,789 | 12,032 | 15.0 | 15.1 | 3.1 | 14,874 | 14,826 | 17.2 | 16.6 | −0.3 |
| （再掲）設備機器賃借料 | 1,197 | 1,236 | 1.5 | 1.6 | 5.6 | 1,790 | 1,613 | 2.1 | 1.8 | −9.9 |
| （再掲）医療機器賃借料 | 891 | 934 | 1.1 | 1.2 | 6.9 | 1,199 | 1,143 | 1.4 | 1.3 | −4.7 |
| Ⅳ　損益差額（I+E−E） | 25,262 | 25,858 | 32.1 | 32.6 | | 21,952 | 24,636 | 25.4 | 27.5 | |
| Ⅴ 税金 | − | − | − | - | | | - | | - | |
| Ⅵ 税引後の総損益差額（Ⅳ−Ⅴ） | − | − | − | - | | | - | | - | |
| 施設数 | 333 | | − | - | | 27 | | | - | |

出典：中央社会保険医療協議会 第22回医療経済実態調査報告より作成

医業･介護費用の中でもとくに、給与費が内科19,951千円（25.1%）に対して在支診26,598千円（29.7%）と4.6%高くなっていることがわかります。

この傾向は、医療法人においても内科（入院診療収益なし）の給与費77,933円（50.1%）に対し在支診（入院診療収益なし）90,116千円（53.0%）と2.9%高くなっており、同様の傾向となっています。

上記のことから、外来診療中心の一般内科に対し「労働集約型」の性格が強い在支診は人件費率が高くなる傾向にあり、労務管理が経営に及ぼす影響はより大きいものと推察されます。

## 3．訪問診療導入シミュレーションⅠ

訪問診療の点数は第1章第9節（在宅医療で算定する診療報酬）のまとめの通りですが、訪問診療の場合、患者単価が多くの要素により変動するため、ここでは実績値に基づき1件当たり60,000円として訪問診療導入シミュレーションを作成してみました。

図表2-1-2の①は、1日平均40名、診療単価5,000円の外来診療中心の無床クリニックの収支モデルです。

図表2-1-2の②においては、外来人数が20%減少した場合の収支を計算しています。少子高齢化の流れや、本稿執筆時の新型コロナウィルスの影響などで外来患者が急減少することが非常に高い確率で起こり得ることは経験済みです。

次に、減益したクリニックが訪問診療を導入した場合のシミュレーションが図表2-1-3（156頁）で、外来診療に訪問診療を併用して行った場合の収支モデルとなります。

1件当たりの平均単価は、在支診で機能強化型ではない場合、月2回居宅に訪問するケースで診料単価60,000円と仮定し、訪問用の車両リース代を月額50,000円と駐車場代等で月額20,000円を加え、人件費は総収入の15%、その他の経費は外来収入の30%と仮定してい

## 2-1-2［訪問診療導入シミュレーションⅠ］

**①外来診療のみ**

| | |
|---|---|
| **診療日数** | **20** |
| **外来単価** | **5,000** |
| **外来人数** | **40** |

| | 月間 | 年間 |
|---|---|---|
| 外来収入 | 4,000,000 | 48,000,000 |
| 薬品費等 | 200,000 | 2,400,000 |
| 差引利益 | 3,800,000 | 45,600,000 |
| 人件費 | 600,000 | 7,200,000 |
| 家賃 | 400,000 | 4,800,000 |
| その他経費 | 1,200,000 | 14,400,000 |
| 経費合計 | 2,200,000 | 26,400,000 |
| 営業利益 | 1,600,000 | 19,200,000 |

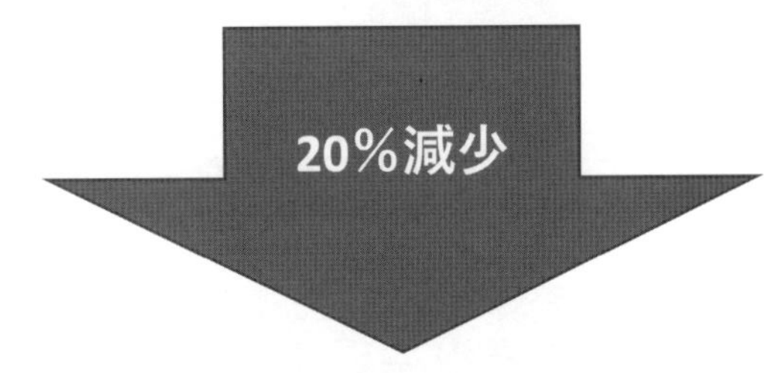


**②外来診療のみ（20%減少）**

| | |
|---|---|
| **診療日数** | **20** |
| **外来単価** | **5,000** |
| **外来人数** | **32** |

| | 月間 | 年間 |
|---|---|---|
| 外来収入 | 3,200,000 | 38,400,000 |
| 薬品費等 | 160,000 | 1,920,000 |
| 差引利益 | 3,040,000 | 36,480,000 |
| 人件費 | 480,000 | 5,760,000 |
| 家賃 | 400,000 | 4,800,000 |
| その他経費 | 960,000 | 11,520,000 |
| 経費合計 | 1,840,000 | 22,080,000 |
| 営業利益 | 1,200,000 | 14,400,000 |

ます。

訪問患者数10名で月当たりの延べ訪問回数を20回とすると、週２日で１日２名訪問する計算となり、①の差引利益160万円に対し③では161万円と概ね同じ利益が計上されています。

2-1-3

**③外来診療+訪問診療導入（居宅）**

| | |
|---|---|
| **診療日数** | **20** |
| **外来単価** | **5,000** |
| **外来人数** | **32** |
| **訪問患者数** | **10** |
| **訪問診療単価** | **60,000** |

| | 月間 | 年間 |
|---|---|---|
| 外来収入 | 3,200,000 | 38,400,000 |
| 訪問診療 | 600,000 | 7,200,000 |
| 収入合計 | 3,800,000 | 45,600,000 |
| 薬品費等 | 190,000 | 2,280,000 |
| 差引利益 | 3,610,000 | 43,320,000 |
| 人件費 | 570,000 | 6,840,000 |
| 家賃 | 400,000 | 4,800,000 |
| その他経費 | 960,000 | 11,520,000 |
| 車両リース | 50,000 | 600,000 |
| 駐車場代等 | 20,000 | 240,000 |
| 経費合計 | 2,000,000 | 24,000,000 |
| 営業利益 | 1,610,000 | 19,320,000 |

## 4．訪問診療導入シミュレーションⅡ・Ⅲ

訪問診療導入シミュレーションⅠでは、患者の居住場所を戸建て住宅やマンションなどの居宅として計算しました。在宅医療では、患者の居住場所によって、患者間で訪問するための移動の時間がかかる一般居宅は点数が高めに、移動時間の短い有料老人ホーム等同一建物では低めに、診療報酬が設定されています。

ここでは、患者がグループホームや有料老人ホームなどに居住している場合のシミュレーションを見てみます。

前述の通り、訪問するクリニックが在支診で機能強化型ではない場合、月２回の訪問診療を行えば、以下の収入となります。

【訪問診療料】

グループホーム（単一建物患者数２～９名）：1,826 点

有料老人ホーム（単一建物患者数 10 名以上）：1,426 点

## 2-1-4［訪問診療導入シミュレーションⅡ］

**④外来診療＋訪問診療導入（グループホーム）**

| | |
|---|---|
| **診療日数** | **20** |
| **外来単価** | **5,000** |
| **外来人数** | **32** |
| **訪問患者数** | **18** |
| **訪問診療単価** | **24,000** |

| | 月間 | 年間 |
|---|---|---|
| 外来収入 | 3,200,000 | 38,400,000 |
| 訪問診療 | 432,000 | 5,184,000 |
| 収入合計 | 3,632,000 | 43,584,000 |
| 薬品費等 | 181,600 | 2,179,200 |
| 差引利益 | 3,450,400 | 41,404,800 |
| 人件費 | 544,800 | 6,537,600 |
| 家賃 | 400,000 | 4,800,000 |
| その他経費 | 960,000 | 11,520,000 |
| 車両リース | 50,000 | 600,000 |
| 駐車場代等 | 20,000 | 240,000 |
| 経費合計 | 1,974,800 | 23,697,600 |
| 営業利益 | 1,475,600 | 17,707,200 |

【居宅療養管理指導費（介護保険）】
グループホーム（単一建物患者数２～９名）：285 × ２回＝ 570 単位
有料老人ホーム（単一建物患者数 10 名以上）：261 × ２回＝ 522 単位
【合計（介護報酬が「その他」地域の場合）】
グループホーム（単一建物患者数２～９名）：23,960 円
有料老人ホーム（単一建物患者数 10 名以上）：19,480 円

以上のことから、グループホームでは診療報酬の単価を 24,000 円、想定患者数 18 件、有料老人ホームでは診療報酬の単価 20,000 円、想定患者数 30 件と仮定し、その他の条件は訪問診療導入シミュレーションⅠと同じ条件で導入前後の収支シミュレーションを行っています（図表 2-1-4、図表 2-1-5）。なお、グループホームの１ユニット当たりの最大人数は９名で２ユニットとして試算しています。

結果として、グループホームでは月額営業利益約 148 万円、有料老人ホームでは月額営業利益約 161 万円となり、グループホームへの訪問では外来収入の減収をカバーするには若干及ばないものの、有

2-1-5

**⑤外来診療+訪問診療導入（老人ホーム）**

| | |
|---|---|
| 診療日数 | 20 |
| 外来単価 | 5,000 |
| 外来人数 | 32 |
| 訪問患者数 | 30 |
| 訪問診療単価 | 20,000 |

| | 月間 | 年間 |
|---|---|---|
| 外来収入 | 3,200,000 | 38,400,000 |
| 訪問診療 | 600,000 | 7,200,000 |
| 収入合計 | 3,800,000 | 45,600,000 |
| 薬品費等 | 190,000 | 2,280,000 |
| 差引利益 | 3,610,000 | 43,320,000 |
| 人件費 | 570,000 | 6,840,000 |
| 家賃 | 400,000 | 4,800,000 |
| その他経費 | 960,000 | 11,520,000 |
| 車両リース | 50,000 | 600,000 |
| 駐車場代等 | 20,000 | 240,000 |
| 経費合計 | 2,000,000 | 24,000,000 |
| 営業利益 | 1,610,000 | 19,320,000 |

料老人ホームは想定した患者数を確保できれば外来収入の減少分を充分カバーできる結果となっています。

次いで、外来中心に診療し在宅医療を導入しようと考えている場合、24時間の連絡・往診が可能な体制を確保せず、在支診の届出は行わず、無理のない範囲で往診や訪問診療を導入するケースもあります。

在支診の届出を行わなくても、在医総管・施設総管は届出を行うことで算定が可能となります。

1件当たりの平均単価は、在支診でなくても月2回居宅に訪問するケースで約50,000円となり、図表2-1-6のシミュレーション結果となります。訪問患者数12名で月当たり延べ24人の訪問で外来の減収分はカバーすることが可能となります。

なお、在支診の場合、第1章で触れたように初診料の機能強化加算の届出を行えば、初診料に80点（＝800円）の機能強化加算を算定できます。初診料の算定率が15%とすれば、32人×15%＝4.8人、すなわち、1日5人に初診料を算定しているとすると、機能強化加算

## 2-1-6［訪問診療導入シミュレーションⅢ］

**⑥外来診療+訪問診療導入（居宅）**

| | |
|---|---|
| **診療日数** | **20** |
| **外来単価** | **5,000** |
| **外来人数** | **32** |
| **訪問患者数** | **12** |
| **訪問診療単価** | **50,000** |

| | 月間 | 年間 |
|---|---|---|
| 外来収入 | 3,200,000 | 38,400,000 |
| 訪問診療 | 600,000 | 7,200,000 |
| 収入合計 | 3,800,000 | 45,600,000 |
| 薬品費等 | 190,000 | 2,280,000 |
| 差引利益 | 3,610,000 | 43,320,000 |
| 人件費 | 570,000 | 6,840,000 |
| 家賃 | 400,000 | 4,800,000 |
| その他経費 | 960,000 | 11,520,000 |
| 車両リース | 50,000 | 600,000 |
| 駐車場代等 | 20,000 | 240,000 |
| 経費合計 | 2,000,000 | 24,000,000 |
| 営業利益 | 1,610,000 | 19,320,000 |

としては１日当たり800円×５人＝4,000円、１月当たり4,000円×20日＝80,000円となります。これは、個人宅の訪問診療患者１名分以上に、グループホームの訪問診療患者３名分以上に、有料老人ホームの訪問診療患者４名分に相当します。年間でも80,000円×12月＝960,000円となり、100万円近い増収になります。一方、この増収分は在支診の届出をしないと得られませんし、在宅医療に特化し基本的に外来診療を行わない在支診であっても得られません。機能強化加算による増収は、**外来診療を行いながら在支診の届出をして在宅医療を行う在支診だけが得られる**ものであることに注目してください。

# 第２節　在宅医療に関連した人的問題

## １．医　　師

在支診の届出をして24時間対応を基本とする訪問診療を開始すると、いつ患者から電話があり往診しなければならなくなるかわからないので、学会や旅行に行けないどころか、家で飲酒もできない、などといった心配が生じます。機能強化型の在支診であれば、３名以上の医師で訪問診療に対応していますので、他の医師に往診対応を依頼することで、先程のような心配は基本的にはありません。問題は、序説の法令クリニックのように院長１人で訪問診療を行っている機能強化型ではない在支診です。

在支診として在医総管等を算定して訪問診療を行っている患者に、訪問診療を行っている主治医以外の医師が往診対応を行うことは、事前に患家に文書とともに周知してあれば、制度上の問題はありません。院長が24時間対応できない日に限り、その対応を他の医師に依頼することで、上記のような問題を解決することを考える必要があります。

まずは、近隣で１日や２日であれば24時間対応を依頼できる医師がいないかどうか考えてみましょう。特に、同じように機能強化型ではない在支診として訪問診療を行っている医師がいれば、ギブアンドテイクで、お互いに24時間対応を依頼し合うということが可能になるかもしれません。

また、24時間対応ができない日のみ非常勤医師を雇い、対応してもらうということも考えられます。近年では、医師専門の転職・アルバイトを扱うサイトにこのような需要に対する求職者の情報も掲載されています。また、出身医局の地元で開業したのであれば、医局から誰か派遣してもらえないかと相談することも検討してみてはどうでしょうか。なお、このように対応を代わってもらった医師に対する報酬は、基本的報酬＋往診対応報酬（往診１回当たりの金額に往診回数を乗ずる）とすることが考えられます。

さらに、院長１人で訪問診療を行っている機能強化型ではない在支診の場合は、24時間対応ができない日に限らず、例えば月２回週末だけというような形で定期的に対応を他の医師に代わってもらうといったことも考えないと、１人で365日対応することになり、心身共に負担が過大となり、疲労困憊してしまいます。

なお、まだ非常に限られた地域でしかありませんが、このような医師の負担を軽減し、在宅医療を無理なく推進すべく、自治体や地域医師会等で様々な取組みがなされている場合がありますので、地元の自治体や医師会の取組みもチェックしてみてください。この点については、第３章６節（現場の負担解消に向けた取組事例）で解説しています。

## ２．事務職員

在宅医療を本格的に行っている診療所で、いわば「陰の主役」となっているのが事務職員です。外部の諸機関から訪問診療の依頼を受け、また患者獲得に向けた広報活動等の対外的窓口、医師の訪問日程調整、看護師の勤務調整、オンコール当番の調整、外来診療よりも遥かに種類が増える書類の管理や許認可届出、介護保険を含む複雑な診療報酬体系、患者との契約管理等、効率的に訪問診療を行ううえで優秀な事務職員は欠かすことのできない存在です。

また、訪問診療時には事務職員が運転手を兼ねて同行し、患家が駐車禁止の場所であれば医師と看護師を降ろした後に車両を回送、駐車可能な場所であれば患家まで同行して医師の隣でリアルタイムの記録を取る等、訪問診療の現場では多くの事務職員が活躍しています。

ただし法令クリニックのように中心はあくまで外来診療であって、1日に訪問する患者は最大で1～2件ということであれば、多くの場合は医師が1人で回ることで足りるので、事務職員にここまで求める必要はないでしょう。

とはいえ、将来的に在宅診療の依頼が増えた（または増やす）場合に備え、本人の希望を聞きながら試験的に在宅医療を「体験」させてみることは有用な場合があります。なおその際は、勤務時間との兼合いを慎重に検討したうえで、本章第6節「移動手段」で後述する交通事故の危険には充分配慮したうえで行うことをお勧めします。

## 3. 看護師

在支診として24時間対応で訪問診療を行う場合、訪問看護も24時間対応が必要なため、自分のクリニックの看護師にもオンコール対応や夜間・休日の訪問看護を行ってもらわなければならないのではないかと考えるかもしれませんが、序説や第1章で述べたように、24時間対応のしっかりした訪問看護ステーションと協力・連携関係を構築できれば、クリニックの看護師に夜間・休日の対応をしてもらう必要はありません。

また、外来診療のみを前提にクリニックに入職してきた看護師に、ある日突然、オンコール対応や夜間・休日の訪問看護をしてほしいと言ったところで、拒絶されるか、最悪は退職するといったことになりかねず、そもそも、在宅医療や訪問看護の経験のない看護師に、いきなりオンコール対応や夜間・休日の訪問看護を求めても、対応できるはずもありません。

そう考えると、在宅医療・訪問看護の知識・経験が豊富な所長の下で運営されている訪問看護ステーションと協力・連携するほうが、現実的な対応といえるでしょう。少なくとも訪問診療を開始して日が浅い段階までは、訪問診療のため新たな看護師を雇用する等までは必要ないものと考えられます。

ただし、昼間に行う訪問診療にはクリニックの看護師を連れて行き、診察介助や採血などを行ってもらい、訪問診療の現場を体験させることは有効です。また、訪問看護ステーションに特別訪問看護指示を出した場合で訪問看護ステーションが対応できない部分が出てきたときには、クリニックの看護師に手伝ってもらうことも考えられます。この際クリニックは、医療保険での訪問看護は何らの手続きを必要とせずいつでも算定可能なので、要件を満たせば在宅患者訪問看護・指導料を算定します。

このようにクリニックとして訪問診療を行う以上、そこで働く看護師にも訪問診療を体験させることで、将来訪問診療の患者数が増え、介護保険での訪問看護を含めて、訪問看護もクリニックから提供したほうが経営的にも訪問診療としてもより良い状況になってきたという段階になってきたら、クリニックの看護師の活用や新たな看護師の雇用を含めて、次節のような検討をする必要が出てきます。

また、前項で述べた事務職員と同様に、外来診療を前提とした雇用契約となっている看護師を訪問看護にシフトする場合には、雇用条件が根底から変わってきますので、以下の点を中心にゼロベースで見直す必要があることにご注意ください。

・勤務時間、勤務地
・夜間対応の有無（残業／オンコール手当）
・通勤手段、移動手段（含保険）
・勤務シフトの決定方法

第3節

# クリニックによる訪問看護の提供

在宅医療が軌道に乗り、訪問診療に加えて訪問看護をクリニック側で提供する際には、介護保険法に基づく「みなし指定（介護保険法71条1項)」による訪問看護として行う方法と、医療法人の附帯事業としてクリニックとは別に訪問看護ステーションを併設する方法が考えられます。この2つの方法の差異は、以下の通りとなります。

## 1．収入面

同じサービスであっても、みなし指定による訪問看護より附帯事業所としての訪問看護ステーションのほうが、高い介護報酬が設定されています。

| 介護報酬　単位 | 訪問看護<br>（みなし指定） | 訪問看護ステーション<br>（附帯事業所） |
|---|---|---|
| 20分未満 | 262 | 310 |
| 30分未満 | 392 | 463 |
| 30分以上1時間未満 | 567 | 814 |
| 1時間以上1.5時間未満 | 835 | 1,117 |

## 2．人員配置基準

みなし指定による訪問看護での看護職員の配置は「適当数」であり、訪問看護計画書を作成することのできる正看護師が1名いれば、

外来診療補助の空き時間に行うことができる一方、訪問看護ステーションの場合は、常勤換算職員数で最低2.5人以上の保健師、正看護師または准看護師が必要となり、常勤看護職員はもちろんのこと、非常勤看護職員であっても、訪問看護ステーションに勤務している時間は、「別事業所」であるクリニックの外来診療補助に従事することはできなくなります。

## ３．開設主体および開設地

訪問看護ステーションとして介護保険法に基づく事業者指定を受ける際には、開設主体が法人であることが前提となります。そのため、法令クリニックのように個人開設の場合はそこを医療法人化し、法人設立時または設立後に都道府県知事から定款変更認可を受けることにより定款中に附帯事業として訪問看護ステーションを加えたうえで、クリニックとは別に専用の事務室、相談室を設けて介護事業者指定を受ける必要があります。

なお、みなし指定による訪問看護は、クリニックの業務の一環としての訪問看護であるため、院内の一角に必要な設備および備品を備えたうえで、外来業務の空き時間に行うことができることになります。

## ４．開始までの許認可、届出等

健康保険法に基づく保険医療機関の指定を受け、医療機関コードを持っているクリニックであれば、「別段の申出（介護保険法71条1項ただし書）」により辞退をしていない限り、みなし指定による訪問看護を提供するにあたっては、特段の届出を要しないのが原則です。ただし、実際の業務提供に際しては加算を算定することがあるため、その部分につき自治体が定める「介護給付費算定に係る体制等に関する届出書（東京都の場合）」等の様式で、別途の届出が必要となりま

## 2-3-1［介護給付費算定に係る体制等に関する届出書（東京都）］

（加算様式3-1）

### 介護給付費算定に係る体制等に関する届出書

××年　3月　12日

東京都知事　殿

法人所在地　東京都〇〇区〇〇〇-〇
申請者　法人名称　医療法人社団法令会
代表者職・氏名　理事長　法令次郎

このことについて、以下のとおり届け出ます。

1　事業所基本情報に関すること

| 介護保険事業者番号 | 1 | 3 | ＊ | ＊ | ＊ | ＊ | ＊ | ＊ | ＊ | ＊ | |
|---|---|---|---|---|---|---|---|---|---|---|---|
| 事業所名称 | （フリガナ）トウキョウホウモンカンゴステーション<br>東京訪問看護ステーション | | | | | | | | | | |
| 事業所所在地 | （郵便番号　163　－　＊＊＊＊　）<br>東京都新宿区〇〇町＊＊－＊＊ | | | | | | | | | | |
| サービス種類 | 訪問看護・介護予防訪問看護 | | | | | | | | | | |
| 担当者 | （職・氏名）管理者　新宿　一郎<br>連絡先ＴＥＬ　03-1234-5678　ＦＡＸ　03-1234-5679 | | | | | | | | | | |

2　異動情報に関すること

| 加算、体制名称等 | |
|---|---|
| （　変　更　前　） | （　変　更　後　） |
| 特別管理体制（なし） | 特別管理体制（あり） |
| 適用開始年月日 | ××　年　4　月　1　日 |

3　介護給付費算定に係る体制等状況一覧表に関すること

※『２　異動情報に関すること』に記載した異動のある加算等についてのみ、各欄の該当する番号に〇を付けてください。
（『２　異動情報に関すること』に記載していない加算等については、記載する必要はありません。）

介護給付費算定に係る体制等状況一覧表

| 提供サービス | 施設等の区分 | その他該当する体制等 | | | |
|---|---|---|---|---|---|
| 13 訪問看護 | 1. 訪問看護ステーション<br>2. 病院又は診療所<br>3. 定期巡回・随時対応型サービス連携 | 特別地域加算 | 1. なし | 2. あり | |
| | | 緊急時訪問看護加算 | 1. なし | 2. あり | |
| | | 特別管理体制 | 1. 対応不可 | 2. 対応可（〇） | |
| | | ターミナルケア体制 | 1. なし | 2. あり | |
| | | 看護体制強化加算 | 1. なし | 2. 加算Ⅰ | 3. 加算Ⅱ |
| | | サービス提供体制強化加算 | 1. なし | 2. イ及びロの場合 | 3. ハの場合 |
| 63 介護予防訪問看護 | 1. 訪問看護ステーション<br>2. 病院又は診療所 | 特別地域加算 | 1. なし | 2. あり | |
| | | 緊急時介護予防訪問看護加算 | 1. なし | 2. あり | |
| | | 特別管理体制 | 1. 対応不可 | 2. 対応可（〇） | |
| | | 看護体制強化加算 | 1. なし | 2. あり | |
| | | サービス提供体制強化加算 | 1. なし | 2. あり | |

す。

なお、医療法人の附帯事業所としての訪問看護ステーションについては、**3**の手順により介護事業者指定を受けたうえで、上記の加算に関する届出を行うことになります。

以上の制度面から、訪問看護をクリニック側から提供する際には、患者数が少ないうちは「みなし指定」で小さく開始し、患者数が増えて看護職員も訪問看護専従とすることができる体制になったところでクリニックから独立した訪問看護ステーションとすることを検討、という手順をお勧めします。ただし、訪問リハビリテーションを訪問看護事業の一部として行う場合は、みなし指定ではなく訪問看護ステーションであることが求められますので、ご注意ください。

# 第４節　在宅医療に対応した設備等

## １．診療所の構造

在宅医療を前提に考えると、診療所の構造も外来のみを想定した造りとは違った視点が要求されます。また、在宅医療に関する書籍にはそもそも外来診療機能を持たない（または重視しない）診療所を前提としている例が多く、本書の想定している「外来中心／在宅機能追加を検討中」といった診療所になじまないものがほとんどです。

本節では、序説の法令クリニックのように

> ⑴　外来診療機能が中心
> ⑵　外来と並行して在宅医療を始めたい
> ⑶　将来、在宅医療の機能を拡充し、また訪問看護、居宅支援等の附帯事業を追加する可能性がある

といった場合を想定し、もし診療所を新築（改築）するのであれば、その際にご注意いただきたい点につき解説します。

ポイントは以下の通りです。

### ⑴　患者エントランスと別に職員用玄関（裏口）を設ける

> ・裏口は、外来患者が間違えて入ってこないように、あえて「不愛想」な造りとする

・将来は附帯事業所の入口を兼ねることを想定して、裏口の存在自体はわかりやすい場所に配置し、またクリニックとは別に独立の看板設置場所をあらかじめ想定する

## (2) 裏口を入ってすぐのところに独立の小部屋（できれば複数）を設け、以下の用途とする

・職員専用のウラ導線からも直接入れる構造で感染症患者の専用診察スペース
・介護系の附帯事業所とする際には、介護事業者指定時の要件となる「相談室」
・応接室、会議室機能も兼用

## (3) 平面図上で「診療所」「附帯事業所」の区分けを意識して設計（ゾーニング）

・診療所と附帯事業所は、あくまで別施設であることに注意
・診療所は医療法人で、附帯事業所はメディカル・サービス法人で開設、等も想定しておく
(分けるとしたらココ、というラインをあらかじめ想定し、別々に賃貸等の選択肢を残す)

参考までに、以上を想定した平面図例をお示しします。

2-4-1［平面図例］

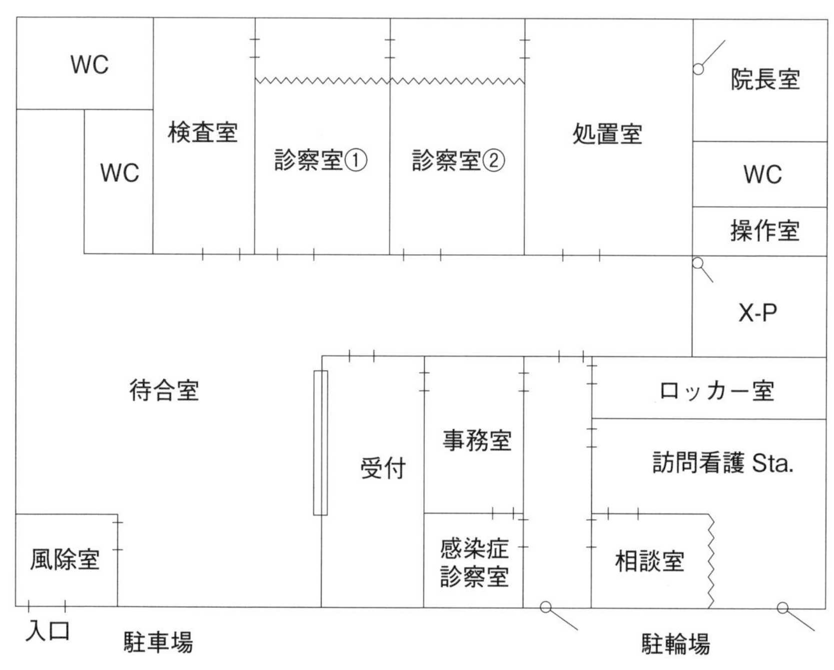


また仮に、将来において在宅中心の診療所を別途開設する場合には、以下の点にご注意ください。

## (4) 訪問診療割合が95%以上の「外来機能を持たない診療所」

院内に診察室等を設けず、ほぼ事務室のような形状で診療所とすることも制度上は否定されていませんが、診療報酬が極端に低いこともあり現状はほとんど使われていない制度です。実際には、外来機能を重視せずとも最低限の外来診療スペースを確保した通常の診療所の形態をとり、連携先事業所の職員等も含めて外来診療のレセプトを５％以上確保している例がほとんどと考えられます。また、保険請求を伴う外来診療に限らず、在宅患者の家族との相談等、プライバシーを確保した環境での医師との面談が必要となる場面は意外に多く、いずれにしても診察室等の設備はしっかり整備しておくことをお勧めします。

### ⑸　上記以外の在宅療養支援診療所

外来診療と訪問診療の割合はさておき、少なくとも制度上は外来診療を行う診療所です。そのため、外来患者が外部からアクセス可能であり（フリーアクセス原則）、通常の外来診療が可能な構造であることが当然に要求されます。

例えば、オートロックのあるマンション内等は患者のフリーアクセスが担保されていないために不適切であり、診療所内部にはたとえ小さくても受付、待合室、診察室（処置室兼用もOK／ただし、手洗い設備等は必須）の機能を持っていることが必須となります。

## ２．建物以外の設備投資

訪問診療への参入を検討する際、外来診療との大きな違いとして、医療機器等の設備投資が少なくて済むという特徴が挙げられます。

都心部のクリニックで診療圏の患家に徒歩で訪問するだけであれば、往診鞄と聴診器さえあれば、最低限の訪問診療を始めることも可能です。

経営的な観点から訪問診療をみると、「少額の投資で始められるビジネスモデル」であるともいえるでしょう。

また、訪問診療用に車両を購入することがありますが、新車購入時の車両の法定耐用年数は以下の通りです。法定耐用年数が短いほうが費用化を早期にすることが可能となり、税務上は有利となります。

新車購入時の法定耐用年数
普通自動車：６年
軽自動車：４年

また、中古で車両を購入するケースもあると思います。中古資産の法定耐用年数の簡便的な算定方法は以下の通りです。

> (1) 法定耐用年数の全部を経過した資産
> その法定耐用年数の20%に相当する年数
> (2) 法定耐用年数の一部を経過した資産
> その法定耐用年数から経過した年数を差し引いた年数に経過年数の20%に相当する数を加えた年数
> なお、これらの計算により算出した年数に1年未満の端数があるときは、その端数を切り捨て、その年数が2年に満たない場合には2年とします。
>
> (国税庁より)

例えば、新車登録から2年経過した軽自動車を購入して業務に使用した場合は

> 4年－2年＋2年×20%＝2.4年→法定耐用年数2年

となります。

2年落ち程度の軽自動車で程度のよいものがあれば、費用化も早期にできコストも抑えることが可能なため、投資効率はよいといえるでしょう。

また少し古いデータとなりますが、「在宅医療における医療機器等ニーズ調査報告書（厚生労働省2013年）」によりますと、医師が使用する医療機器の改良ニーズが最も高かったものは「診断用X線装置」の35.5%で、次いで「超音波画像診断装置」の22.3%となっています。

## 2-4-2［医療機器の改良ニーズ（医師）］

| 用　　途 | 件　数 | 割　合 |
|---|---|---|
| 診断用Ｘ線装置 | 43件 | 35.5% |
| 超音波画像診断装置 | 27件 | 22.3% |
| 生体現象監視用機器 | 14件 | 11.6% |
| チューブ及びカテーテル | 8件 | 6.6% |
| 血液検査機器 | 6件 | 5.0% |
| 医用内視鏡 | 5件 | 4.1% |
| 臨床化学検査機器 | 4件 | 3.3% |
| 生体物理現象検査用機器 | 3件 | 2.5% |
| 医療用吸引器 | 2件 | 1.7% |
| その他の処置用機器 | 1件 | 0.8% |
| 採血・輸血用、輸液用器具及び医薬品注入器 | 1件 | 0.8% |
| 歯科用Ｘ線装置 | 1件 | 0.8% |
| 生体検査用機器 | 1件 | 0.8% |
| 注射器具及び穿刺器具 | 1件 | 0.8% |
| 内臓機能検査用器具 | 1件 | 0.8% |
| 腹膜灌流用機器及び関連器具 | 1件 | 0.8% |
| その他 | 2件 | 1.7% |
| 合　　計 | 121件 | 100.0% |

出典：「在宅医療における医療機器等ニーズ調査報告書（厚生労働省2013年）」

上記報告から執筆日現在で７年が経過し、その間にポータブルエコーが改良され普及し、在宅診療でエコーを駆使するケースも増え、2020年診療報酬改定により、超音波検査を訪問診療時に行った場合400点（１月につき）が新設されました（次頁図表2-4-3参照）。なお、往診時の場合は「ロ　その他の場合（530点等）」で算定されます。

## 2-4-3 [訪問療養時の超音波検査の新設]

| 現　行 | 改定案 |
|---|---|
| 【超音波検査】 | 【超音波検査】 |
| 2　断層撮影法（心臓超音波検査を除く。） | 2　断層撮影法（心臓超音波検査を除く。） |
| （新設） | イ　訪問診療時に行った場合 400点 |
| （新設） | ロ　その他の場合 |
| イ　胸腹部　530点 | (1) 胸腹部　530点 |
| ロ　下肢血管　450点 | (2) 下肢血管　450点 |
| ハ　その他（頭頸部、四肢、体表、末梢血管等）　350点 | (3) その他（頭頸部、四肢、体表、末梢血管等）　350点 |
| [算定要件] | [算定要件] |
| （新設） | (17) 区分番号「Ｃ００１」在宅患者訪問診療料（Ｉ）又は区分番号「Ｃ００１－２」在宅患者訪問診療料（Ⅱ）を算定した日と同一日に、患家等で断層撮影法（心臓超音波検査を除く。）を行った場合は、部位にかかわらず、「２」の「イ」を、月１回に限り算定する。 |

出典：「個人改定項目について」（2020年1月24日、中央社会保険医療協議会）

## 2-4-4 [ポータブルエコー]

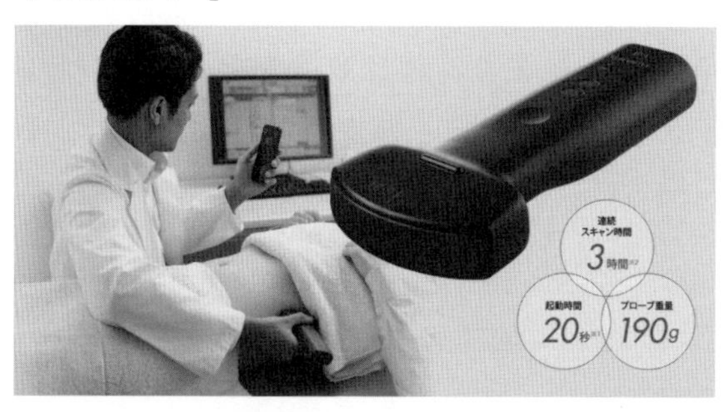


提供：富士フイルム株式会社　ワイヤレス超音波画像診断装置
iViz air コンベックス

また最近では、重量４kg 未満のポータブルレントゲンも発売され精度の高いレントゲン撮影も可能となりました。ポータブルタイプのＸ線装置（法定耐用年数：４年）は通常クリニック内で使用する据え置き型のＸ線装置（法定耐用年数：６年）よりも法定耐用年数が短く設定され費用化も早期にでき税制上も有利となっています。なお余談ですが、レントゲン車のレントゲンは車両と一体として法定耐用年数：５年で償却されます。

## 2-4-5［ポータブルレントゲン］

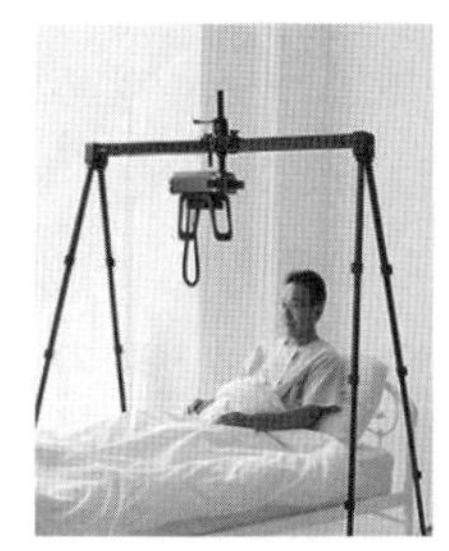

提供：富士フイルム株式会社　携帯型Ｘ線撮影装置　CALNEO Xair

なお価格面ですが、ポータブルエコーはクリニック内で使用する据え置き型エコーより安価です。一方、ポータブルレントゲンは現在のところクリニック内で使用する据え置き型の単純撮影装置より高価ではありますが、診察での必要性などを考慮して、導入を検討するのもよいでしょう。

電子カルテも、訪問診療に対応したモデルが普及してきました。特徴として、クラウド型電子カルテとなっており、インターネット環境さえあればどこでもデータを閲覧・入力することが可能です。端末もタブレットによる閲覧・入力も可能なモデルが多く、訪問診療導入を考えた場合は、外来診療時はデスクトップ PC によりキーボードで入力し、訪問診療時にはタブレットでカルテを閲覧できるものがよいでしょう。実務的に、訪問診療時にはメモ程度の入力で保険診療の要件を満たすカルテ記載をするのは難しく、運転手がいれば移動の時間やクリニックに戻ってから記載することになります。

本章第5節（多職種連携）でも後述していますが、外来診療のみのクリニックに比較して在宅医療は医療職や介護職など多くの職種が患者に関わることが多く、また情報もクリニック内で一元化されているわけではありません。

そのためドクターや看護・介護スタッフ間での情報の共有が重要になってきます。そのツールとして利用されているのがICT（Information and Communication Technology）ツールです。とくに医師など診察中に電話に出られないことが多く、情報を共有するためにはこうしたICTツールは必要になってきます。

また、最近は新型コロナウィルス下での在宅勤務も多くなってきており、自宅から直接患家に向かうケースなどもあり、クラウド上で状況が共有可能なICTツールの必要性はますます高まってきています。

様々な企業がサービスを提供しているので自院にあったサービスを選ぶとよいでしょう。

**2-4-6［医療介護連携SNS］**

提供：エンブレース株式会社　医療介護連携SNS「メディカルケアステーション（MCS）」

## ３．自治体等の支援の活用

訪問診療を実施する医療機関を増やすために、自治体等で支援を行っている場合があります。宮城県を例に取れば、県として在宅医療対応力向上研修、在宅医療従事医師育成事業、在宅医療推進設備整備事業などの在宅医療提供体制充実のための事業を行っています。

在宅医療推進設備整備事業は、訪問診療等を行う際に必要な血液検査装置、画像診断装置、輸液ポンプ・シリンジポンプ、その他の医療機器の整備のために補助金（補助率1/2、上限50万円まで）を出す制度です（令和２年12月現在）。また、宮城県病院協会では、在宅患者や介護施設入居者の急変時に速やかに対応できる体制を確保するため、病院の輪番による入院受入体制を構築し、在宅医療の推進・負担軽減を支援しています。東京都でも同様に、在宅医療参入促進セミナーなどの支援を行っています。これから訪問診療を行おうと検討する場合、一度は地元自治体等の行っている在宅医療への支援施策をチェックし、活用できるものがないか確認してみることをお勧めします。

## 第5節　多職種連携

多職種連携とは、読んで字のごとくで患者に関連する多くの職種の人たちと連携・協力することです。例えば、クリニックが訪問看護ステーションの看護師とだけ連携・協力した場合、他職種連携とはいえますが、多職種連携とはいえません。そこにケアマネージャー、訪問薬剤師、介護事業所、病院の地域医療連携室、訪問歯科医など、地域内で患者の自宅療養を支える関係する多くの職種の人たちが加わって、連携・協力するのが、多職種連携であり、序説の経緯の法令クリニックのように、外来診療を行いながら在宅医療を行う際には必須となります。

また多職種連携は個々の患者の在宅医療に限らず、住み慣れた地域で、自分らしい暮らしを人生の最期まで続けることができるよう、医療・介護・予防・住まい・生活支援が一体的に提供される地域包括ケアシステムの中でのカギとなります。そこでの連携の担い手は、医療、看護、介護、福祉などの専門職だけではなく、行政から市民まで幅広い職種が様々な場面で連携・協力して成り立つことになり、そこでの重要な要素が在宅医療です。当然ながら、患者の病状だけではなく生活や日々の療養を支える家族等も含めて、在宅患者の生活全般を多職種で連携・協力する支援が求められます。

# 1．多職種連携の問題点

## (1)　多職種連携における医師の問題

多職種連携を行ううえで、大きな問題の１つは医師です。少し古い調査ですが、「居宅介護支援事業所及び介護支援専門員業務の実態に関する調査報告書」（平成25年度厚生労働省老人保健事業推進費等補助金・平成26年３月 株式会社三菱総合研究所）によれば、ケアマネージャーにとって他機関との連携に関する悩みの一番は、主治医との連携がとりにくいことです。また、主治医との連携における課題としては、主治医と話し合う機会が少ない、主治医とコミュニケーションすることに苦手意識を感じる、主治医側から協力的な姿勢や対応が得にくいなど、障壁（上下関係）を感じる、といったことが挙がって

2-5-1［ケアマネージャー数；他機関との連携に関する悩み別（複数回答）【第２回～５回の調査結果】］

| | 全体 | サービス提供票を作成・送付する業務に手間がかかる | 提供事業者・担当者からの情報提供が少ない | 提供事業者・担当者に照会しても回答が得られない | 提供事業者・担当者と日程的に会議が開催できない | 主治医との連携がとりにくい | 地域包括支援センターとの連携がとりにくい | 地域のケアマネジャーとの連携が少ない | 市町村から要介護認定結果の通知がくるのが遅い | 市町村に困難ケース等を相談しても応じてくれない | 市町村から必要な情報をえられにくい | その他 | 無回答 |
|---|---|---|---|---|---|---|---|---|---|---|---|---|---|
| 第５回調査<br>（H21.11） | 2172<br>100.0 | 379<br>17.4 | 454<br>20.9 | 231<br>10.6 | 319<br>14.7 | 1130<br>52.0 | 106<br>4.9 | 251<br>11.6 | 733<br>33.7 | 293<br>13.5 | 141<br>6.5 | 35<br>1.6 | 274<br>12.6 |
| 第４回調査<br>（H19.11） | 2062<br>100.0 | 312<br>15.1 | 457<br>22.2 | 277<br>13.4 | 368<br>17.8 | 1180<br>57.2 | 104<br>5.0 | 230<br>11.2 | 608<br>29.5 | 279<br>13.5 | 158<br>7.7 | 74<br>3.6 | 204<br>9.9 |
| 第３回調査<br>（H17.11） | 2166<br>100.0 | 417<br>19.3 | 544<br>25.1 | 288<br>13.3 | 573<br>26.5 | 1148<br>53.0 | | 286<br>13.2 | 521<br>24.1 | 324<br>15.0 | 205<br>9.5 | 63<br>2.9 | 201<br>9.3 |
| 第２回調査<br>（H15.11） | 1927<br>100.0 | 466<br>24.2 | 490<br>25.4 | 217<br>11.3 | 609<br>31.6 | 967<br>50.2 | | | 497<br>25.8 | 261<br>13.5 | 190<br>9.9 | 68<br>3.5 | 228<br>11.8 |

上段：件数、下段：割合

出典：「居宅介護支援事業所及び介護支援専門員業務の実態に関する調査報告書」（平成25年度厚生労働省老人保健事業推進費等補助金・平成26年３月 株式会社三菱総合研究所）

**2-5-2［ケアマネージャー数；主治医との連携に関する悩み別（複数回答）］**

| | | 全体 | 連携のために必要となる時間や労力が大きい | 医療に関する表現や用語の難解な部分についてわかりやすい説明が得られない | 主治医とコミュニケーションすることに苦手意識を感じる | 主治医側から協力的な姿勢や対応が得にくいなど、障壁（上下関係）を感じる | 主治医に情報提供しても活用されない（活用されているか無回答である）ことが多い | 主治医と話し合う機会が少ない | 主治医に利用者の自宅での生活への理解や関心が不足しており、コミュニケーションが困難な場合がある | その他 | 特にない | 無回答 |
|---|---|---|---|---|---|---|---|---|---|---|---|---|
| 今回調査（H25.11） | 診療所 | 2132<br>100.0 | 624<br>29.3 | 238<br>11.2 | 821<br>38.5 | 654<br>30.7 | 375<br>17.6 | 848<br>39.8 | 495<br>23.2 | 24<br>1.1 | 85<br>4.0 | 614<br>28.8 |
| | 病院 | 2132<br>100.0 | 1163<br>54.5 | 496<br>23.3 | 1246<br>58.4 | 1148<br>53.8 | 703<br>33.0 | 1452<br>68.1 | 997<br>46.8 | 32<br>1.5 | 51<br>2.4 | 165<br>7.7 |
| 第6回調査（H23.11） | 診療所 | 1868<br>100.0 | 559<br>29.9 | 207<br>11.1 | 669<br>35.8 | 588<br>31.5 | 389<br>20.8 | 708<br>37.9 | 445<br>23.8 | 20<br>1.1 | 71<br>3.8 | 574<br>30.7 |
| | 病院 | 1868<br>100.0 | 1056<br>56.5 | 449<br>24.0 | 1053<br>56.4 | 1013<br>54.2 | 647<br>34.6 | 1285<br>68.8 | 908<br>48.6 | 35<br>1.9 | 50<br>2.7 | 151<br>8.1 |

上段：件数、下段：割合

出典：「居宅介護支援事業所及び介護支援専門員業務の実態に関する調査報告書」（平成25年度厚生労働省老人保健事業推進費等補助金・平成26年3月 株式会社三菱総合研究所）

います。

医師自身はそうは思っていなくても、やはり医師以外の職種からすると、医師は一段高い所の存在で気軽に話せる相手ではないと思われていることが多く、そのため、**医師側から積極的に他の多職種の人々と意思の疎通をはかることが必要**です。しかし、現実は上から目線での対応になっている場合もあり、上手く意思疎通がはかられていないことが多いようで、医師側には十分な注意や配慮が必要です。

## (2) ICTツールの利用

医師以外の職種の人が医師と連絡を取りにくいと感じるのは、一段高い所の存在と思っているからだけではありません。外来診療を行っている場合、日中の多くの時間帯は診察中で、昼休みに訪問診療や往診を行っている場合は、ほぼ1日中診察中ということになります。そのため、医師が診察をしていないときに電話で連絡を取ろうと思うと、いつ連絡したらよいのかと悩むことになり、医師とはコミュニケーションが取りづらいということになってしまいがちです。

そこで、最近、利用され始めているのが、非公開型のコミュニケーションツールです。セキュリティを確保したネットワークの中で、利用者を患者・家族や在宅医療関係者に限定して、チャットのような形でコミュニケーションをはかります。このようなツールを利用することで、緊急の用件以外であれば、時間帯を気にすることなく医師を含めた関係者と情報のやり取りができます。

日医総研ワーキングペーパー「ICTを利用した全国地域医療情報連携ネットワークの概況（2018年度版）」の「4．医療・介護等分野のICTを利用した多職種連携に関する調査の結果」を見ると、次のことがわかります。

・多職種連携システムの主な用途は、「主に在宅医療介護現場の連携ツールとして利用」が最も多い。
・多職種連携システムを利用している職種は、「医師」が最も多く、次いで「看護師」、「薬剤師」、「ケアマネージャー」である。
・多職種連携システムで利用している機能は、「コミュニケーションツール（SNS等）」が最も多い。
・多職種連携システムの利用は、同意を得た患者・利用者のみに限定されている場合が最も多い。
・多職種連携システムの効果は、「利用施設間の人的ネットワークが進んだ」が最も多く、次いで「関係者の協力体制が深まりストレスが減った」である。

また、多職種連携システムの効果の具体例として、次のようなことが挙げられています。

- 在宅ケアの訪問看護師とかかりつけ医・ケアマネージャー等との情報共有。
- 在宅医と訪問看護師、介護支援専門員の情報共有。
- 患者の気になる変化等を、主治医をはじめ関係者に伝えることで情報のタイムラグがなく共有。
- 医療、介護の関係者が同一タイムラインに参加することで、気軽にケアやリハビリなどのアドバイスができる。

このようなことからも、ICT ツールを利用することで、医師とその他の多職種とのコミュニケーションが、利用しない場合に比べて活発になることは間違いありません。当然のこととして、コミュニケーションを活発にするためには、関係者の積極的な利用が必要です。利用中の多職種連携システムの課題・問題点について、最も多かったのが、「関係職種の参加率が少ないためあまり活用できない」でした。有効なツールを導入しても、活用されなければ宝の持ち腐れになってしまいます。

### (3) 医療情報発信の問題

ICT ツールが発達し医師とのコミュニケーションが取れるようになっても、それが医師からの診療情報の発信には繋がっていないのが現状です。電子カルテに入力した情報の中で、多職種と共有したい部分だけを連携先から閲覧、利用できるようになっていないことが、情報共有が進まない大きな理由と考えられます。第１章で説明した居宅療養管理指導のための情報提供は文書で行う必要があることを考えても、現状では紙媒体による情報発信のほうが現実的かもしれません。

2018年の診療報酬改定で、在医総管の算定要件に、次の要件が追加されました。

> 悪性腫瘍と診断された患者については、医学的に末期であると判断した段階で、当該患者のケアマネジメントを担当する居宅介護支援専門員に対し、予後及び今後想定される病状の変化、病状の変化に合わせて必要となるサービス等について、適時情報提供すること。

同様の要件が、がん末期の患者に算定可能な在宅がん医療総合診療料にも追加されています。ケアマネージャーに対する病状についての情報提供をわざわざ算定要件にしたのは、実際にはあまり情報提供が行われていないことの裏返しとも考えられます。家族や訪問看護ステーションの看護師、ケアマネージャーなどは、患者の病状についての情報を必要としています。医師が、診察、検査結果などから、病状をどのように診断しているのかを知りたくても、医師からの情報発信がなければ知りようがありません。算定要件は、がん末期の患者についてとしていますが、これはがん末期の患者に限ったことではありません。患者の医療情報がブラックボックス化したのでは、多職種連携はスムーズに機能しないはずです。在宅医療を行う医師は、患者の医療情報を家族や関係する多職種に発信する必要があります。

## 2．サービス担当者会議

### (1) サービス担当者会議とは

在宅医療における多職種連携の１つの典型は、サービス担当者会議です。厚生労働省令で、ケアマネージャーが、主治医、訪問看護師、介護保険サービス提供者などを集めて、患者・家族とともに開催しなければならないと定めています。会議の主な目的は、ケアプランの作成や福祉用具の利用などです。開催のタイミングは、訪問診療開始時や患者の状態に変化があったときなどになります。したがって、会議における論点は、「利用者および家族のニーズの共有化・目標、プランの共有化・役割分担の明確化・緊急対応を含めたリスク管理」ということになります。

### (2) サービス担当者会議の進め方

サービス担当者会議において、主治医の役割は重要です。主治医は、患者の過去・現在の病状やこの先の病状の変化、処方している薬などについて説明し、ケアプランの作成や福祉用具の利用などを行ううえで必要な情報を提供します。その際に留意したいのは、参加者のすべてが医療関係者ではないということです。主治医にとって当たり前の医療用語も、医療関係者以外の人にとっては理解し難いこともよくあります。できるだけ平易でわかりやすい説明を心がける必要があります。

また、主治医以外の参加者が医師に対して敷居の高さを感じていることがあり、主治医と司会進行役のケアマネージャー以外の参加者はほとんど発言をしないということになりがちです。司会役がうまく会議をリードし、患者・家族の希望・要望を会議の中心に置くことが重要です。会議の冒頭で患者・家族から希望や要望を述べてもらい、それを踏まえて会議を進め、主治医からは単に病状や薬の話だけではなく、主治医の立場からその要望・希望に対して意見やアドバイスをしてもらう、という進行をお勧めします。

## (3)　サービス担当者会議での検討例

例えば、家族から、患者は寝たきり状態であるが、元々お風呂が好きだったので、今後も週に１回でも２回でもよいから入浴をさせてあげたいとの要望があったとします。それに対して、主治医は、週２回程度であれば入浴は可だが、入浴前にバイタルサインを測り、熱があったり、血圧が150を超えたりするときは入浴しないこと、また、看護師が立ち会うこと、といった意見を述べたとします。それを受けて、ケアマネージャーはケアプランに訪問入浴サービスを入れるということになります。

通常、会議が終わった後に、ケアマネージャーが会議記録を作成して、出席者や関係者にコピーを配付します。居宅療養管理指導費を算定する際は、その根拠になりますので必ず保管するようにしてください。会議記録の用紙は決まったものはなく任意の様式で構いませんが、例として、東京都のホームページに次頁の用紙が掲載されています。前述の例でいえば、次のような記載がされるはずです。

## (4)　医師のサービス担当者会議への参加問題

居宅療養管理指導費を算定している場合、主治医のサービス担当者会議への参加は必須となりますが、居宅療養管理指導費を算定していなくても、主治医である以上、患者が介護保険サービスを利用するにあたり、患者の病状についての情報発信や意見・アドバイスなどを行う必要があるはずです。しかし、残念ながら実態はそうはなっていません。ＮＴＴデータ経営研究所の「生活期リハビリテーションにおけ

## 2-5-3［サービス担当者会議の要点（東京都）］

E表（別紙）

### サービス担当者会議の要点

利用者名　〇〇　〇〇　様　　作成担当者　〇〇　〇〇　　作成年月日　令和〇年〇月〇〇日

開催日　令和〇年〇月〇〇日　　開催場所　利用者の自宅　　開催時間　〇〇：〇〇～〇〇：〇〇　　開催回数　〇回

| | 所属（職種） | 氏名 | 所属（職種） | 氏名 | 所属（職種） | 氏名 |
|---|---|---|---|---|---|---|
| 会議出席者 | （患者本人） | 〇〇　〇〇 | 〇〇居宅介護支援事業所<br>（ケアマネージャー） | 〇〇　〇〇 | 〇〇居宅介護支援事業所<br>（訪問入浴サービス責任者） | 〇〇　〇〇 |
| | （患者家族） | 〇〇　〇〇 | 〇〇訪問看護ステーション<br>（看護師） | 〇〇　〇〇 | | |
| | 〇〇クリニック<br>（医師） | 〇〇　〇〇 | 〇〇調剤薬局<br>（薬剤師） | 〇〇　〇〇 | | |
| 検討した項目 | 家族から、週に1回～2回の入浴希望があった。 | | | | | |
| 検討内容 | 主治医より、入浴前にバイタルサインを測り、熱がないこと、血圧が150未満であること、看護師が入浴に立ち会うことを条件に、入浴可との意見があった。 | | | | | |
| 結論 | ケアプランに、月・木の午後に、訪問入浴サービスを組み込む。 | | | | | |
| 残された課題<br>（次回の開催時期） | 令和〇年〇月〇〇日の予定 | | | | | |

る多職種協働・連携の実態に関する調査研究事業報告書」（平成 27 年３月）によれば、サービス担当者会議における主治医の参加率は 6.7％に留まっており、主治医以外の医療職（通常は看護師）の参加率が 3.9％なので、両方を合わせても 10.6％に過ぎません。サービス担当者会議の 10 回に１回しか、医療機関からの参加がないということであり、その場に参加はできないまでも、文書等での情報提供や意見・アドバイスを行っている場合もあるとはいえ、医療機関の参加率はいまだ低いと言わざるを得ません。

さらに、東京都武蔵野市の「ケアマネージャー・アンケート調査報告」（平成 29 年３月）には、次のようなデータが記載されています。

問 14：ケアプランを作成する際、次の医療関係者の中で相談できる相手はいますか。（複数回答）
回答：「訪問ステーションの看護師」の割合が最も高く、79.1％である。次いで、「医療ソーシャルワーカー」が 44.9％、「診療所の医師」が 43.6％となっている。

問 15：サービス担当者会議を開催する際、必要に応じてかかりつけ医に参加を要請していますか。（○は１つ）
回答：必要に応じてかかりつけ医に参加を「要請している」ケアマネージャーは 63.6％、「要請していない」ケアマネージャーは 35.6％である。

問 15-1：かかりつけ医に要請しない理由は何ですか。（複数回答）
回答：「時間調整が困難」が 77.5％、「敷居が高く感じられる」が 35.0％、「要請しても断られる」が 27.5％となっている。

問 19：医療と連携をする上で、どのような点が課題ですか。（あてはまるものすべてに○）
回答：「日程調整が困難である」が 47.1％、「医師側の介護に対する理解が少ない」が 40.9％である。

問14は、本来なら主治医であるはずです。また、問15によれば3分の1以上のケアマネージャーは最初から、主治医にサービス担当者会議への参加要請をしておらず、その理由は、「敷居が高く感じられる」、「要請しても断られる」といったネガティブな理由が大きいことがわかります。また、問19から4割程のケアマネージャーは医師の介護に対する理解が少ないと感じています。このような状況は武蔵野市に限った話ではなく、程度の差は多少あるとしても、全国的な傾向と考えられます。これらの点を主治医の側から積極的に改善し、ケアマネージャーの医師に対するネガティブな意識を変えて、信頼を得られるようにする必要があります。そうしないと、在宅医療、多職種連携、地域包括ケアシステム、いずれもうまく機能しないことは明らかですし、在宅患者も集まってきません。

## 3. 在宅患者の集患と多職種連携

ケアマネージャーの信頼を得ることは在宅患者の集患の点でも非常に重要な要素ですが、ケアマネージャー以外の多職種もそのほとんどすべてが在宅患者の紹介元となる可能性があり、在宅医療を積極的に進める段階になると、集患という点でも多職種連携は重要な経営的要素になります。地道に多職種連携をしっかり行っていればいつしか新規の在宅患者を依頼されることが多くなり、なかでも紹介元となる可能性が高いのは、ケアマネージャー、訪問看護ステーション、病院の地域医療連携室が考えられます。

病院の地域医療連携室では、入院患者の入退院時調整として退院後在宅医療に移行する場合、訪問診療を行う医療機関の手配を行うことになり、そのときに声をかけてもらえるようにしておくことは地域医療連携体制の中で積極的に自院の役割を果たすことにほかなりません。訪問診療を開始し、新規患者を受け入れる体制が整ったら、地元の病院の地域医療連携室に、もし可能であれば院長自ら挨拶に出向くことをお勧めします。もちろんクリニック内に在宅医療を行っていることを掲示したり、在宅医療のパンフレットを置いたり、ホームページ等にも記載したりして、周囲から認知されることも重要です。

# 第6節　移動手段

## 1．訪問先への移動中の事故 

在宅医療を行う医療機関で最も多く耳にするトラブルは、医療過誤でも患者トラブルでもなく、実は交通事故です。自動車、バイクを運転する場合には十分に注意をする方でも、都市部での在宅医療の場面では非常に便利な移動手段である自転者に乗る場合（これも立派な運転です）には、ついつい気を緩めてしまい、散漫な運転から事故に繋がることがあります。自転車による事故だからといって、必ずしも被害（相手方の負傷の程度等）が軽微に済むとは限らず、最近は自転車による重大な事故も増えてきています。診療所から近い患家への訪問は、ちょっと乗れて、停める場所にも融通が利く自転車が便利な場合も多く、十分なメリットを享受するためにも、そのリスクを回避する方策を採ることが必要です。

近時の大きな自転車事故として裁判になったものとしては、以下のようなものがあります。

ア　東京地方裁判所平成26年1月28日付判決

昼間、男性が運転する自転車が赤信号を無視して交差点を直進し、青信号で横断歩道を歩行中だった歩行者（75歳・女性）に衝突、転倒させ、脳挫傷等により5日後に死亡させた事故につき、約4,800万円の損害賠償が認められた。

イ　神戸地方裁判所平成25年7月4日付判決

夜間、歩車道の区別のない道路上で、男子児童（11歳）が運転する自転車が歩行者（62歳・女性）と衝突し、歩行者が重篤な後遺障害を負った事故につき、児童の母親に監督者責任、約9,500万円の損害賠償が認められた。

ウ　東京地方裁判所平成20年６月５日付判決

昼間、自転車で走行中の男子高校生が自転車横断帯のかなり手前の歩道から車道を斜めに横断していたところ、対向車線を自転車で直進していた会社員（24歳・男性）に衝突し、会社員に言語機能の喪失等重大な障害が残った事案につき、約9,300万円の損害賠償が認められた。

## ２．自転車事故の法的責任

### (1)　刑事上の責任

患家への訪問のために自転車で移動中、運転者の過失によって歩行者にぶつかり負傷させた場合、自転車の運転者は、刑法上の過失傷害罪（刑法209条）、業務上過失致傷罪（刑法211条）、死亡させた場合には、過失致死罪（刑法210条）、業務上過失致死罪（刑法211条）に問われる可能性があります。歩行者にぶつかる際の運転が道路交通法に違反するような態様であった場合は、同法の罪も成立し得ます。

罰金で済む場合もありますが、負傷の程度が大きい、または死亡に至った場合は、５年以下の懲役または禁固の可能性もありますので、十分に注意してください。

自転車の運転者が職員であった場合、職員自身は上記のような刑事上の責任（刑罰）を負う可能性がありますが、診療所が個人立の場合の院長、法人立の場合の理事長は刑事上の責任を負うことは原則としてありません。

なお、交通法令を遵守した自転車の乗り方は、小学校低学年に行われた交通教室以降確認したことがないという方がほとんどでしょうが、訪問診療を開始するにあたり、業務において使用することを念頭における、改めて確認してください。

**【自転車安全利用5則（平成19年警視庁作成）の概要】**

① 自転車は、車道が原則、歩道は例外

道路交通法上、自転車は軽車両と位置付けられており、歩道と車道の区別がある道路においては、車道通行が原則です。

違反した場合は、3カ月以下の懲役または5万円以下の罰金となります。

なお、普通自転車歩道通行可等の道路標識や道路標示により指定された場合、車道または交通の状況に照らして自転車の通行の安全を確保するため歩道を通行することがやむを得ないと認められる場合等は、例外的に歩道通行が可能です。

また、自転車道がある道路においては、道路工事等やむを得ない場合を除き、自転車道を通行しなければなりません。

② 車道は左側を通行

自転車は、道路の左側の端に寄って通行しなければなりません。

違反した場合は、3カ月以下の懲役または5万円以下の罰金となります。

③ 歩道は歩行者優先で、車道寄りを徐行

例外的に歩道を通行する場合には、歩道の中央から車道寄りの部分を徐行しなければなりません。また、歩行者の通行を妨げることになる場合は、一時停止をしなければなりません。

違反した場合は、2万円以下の罰金または科料となります。

④ 交通安全ルールを守る

・ 夜間はライトを点灯

夜間は前照灯および尾灯（または反射器材）をつけてください。

違反した場合は5万円以下の罰金となります。

・　信号遵守

信号は必ず守ってください。歩行者・自転車専用信号機がある場合は、その信号に従ってください。

違反した場合は、３カ月以下の懲役または５万円以下の罰金となります。

・　交差点での一時停止・安全確認

一時停止の標識は必ず守ってください。また、狭い道から広い道に出るときは、必ず徐行して安全確認をしてください。

違反した場合は、３カ月以下の懲役または５万円以下の罰金となります。

## ⑵　民事上の責任

患家への訪問のために自転車で移動中、運転者の故意・過失によって歩行者にぶつかり負傷させた場合、運転者は、歩行者の治療費、休業損害等、民事上の損害賠償責任を負うこととなります。

その金額は、数千円から、場合によっては数千万円となる場合もあり得ます。また、前記⑴に記載したような交通ルールを遵守せずに事故を起こした場合、通常の場合（交通ルールを遵守していたものの事故が起きた場合）よりも賠償額が高額となったり、被害者がより高額の賠償額を求めてきたため交渉が難航し、一向に解決に至らなかったりするような事態に陥ることは多々ありますので、十分注意してください。

これに備えて、後述の保険に加入することも重要です。

## 3．任意保険 

### (1) 自動車保険

患者宅（患家）への訪問に自動車を使っている場合、万一の事故に備えて任意の自動車保険へ加入することが重要です。強制保険としての自賠責保険はありますが、これのみでは賠償額が足りなくなる場合もあり得ますので、任意の保険にも加入することが有用です。

### (2) 自転車保険

最近の自転車事故の増加に伴い、購入時に自転車保険に加入する人も増えています。

自転車運転中に他人を負傷させた場合、この自転車保険を使えるのは当然ですが、契約内容によっては運転者が加入している傷害保険も使える場合がありますので、各保険の契約内容、保障内容をチェックしてみてください。

また、近年では、自治体の条例で自転車の運転者に保険加入を義務付ける自治体も増えていますが、自動車保険の特約で安価に対応できるもの等も増えてきたようです。ただし、運転者の範囲や業務で使用する場合が担保されるか否か等、保険商品により大きく異なりますので個別に検討が必要です。

### (3) 医師賠償責任保険

医師または医療法人が加入している医師賠償責任保険の内容、付けている特約（勤務者特約、施設賠償特約等）の内容によっては、訪問先へ向かう途中、訪問先から診療所へ帰る途中での事故についても、業務の一環として保障の対象となる場合があります。加入契約に携わる保険代理店から十分な説明を受けるだけではなく、契約約款についても確認してください。

## ４．移動に使用する車両

### (1)　移動コストの負担者

診療所から訪問先への移動コストについては、「診療報酬の算定方法の一部を改正する件（告示）」（令和２年厚生労働省告示第57号）に、往診および訪問診療の場合、「要した交通費は、患家の負担とする」と明記されていることから、診療所の車を利用した場合はガソリン代等の実費を患者に請求することが可能であり、また、タクシー等を利用した場合はその料金を患者に請求することが可能です。

法令クリニックの例では、法令次郎の個人開設ですので、個人で所有する車両を訪問診療に使用して、プライベートで使用した分と按分して個人事業の経費とすることができます。また仮に診療所の開設者が医療法人の場合は、法人で訪問診療専用車両を用意するか、医師個人所有の車両を訪問診療時のみ法人に賃貸し、法人で使用することになります。

なお余談ではありますが、訪問診療や患者送迎等、直接の診療業務以外（医師の通勤、医師会の会議出席等）にも使用することのある車両は、医療法人で所有することができません。同じ車両についてであっても、税法と医療法には違いが存在することには注意が必要です。

### (2)　駐車禁止除外車両

移動手段としては、都市部の看護師１名で訪問する訪問看護等であれば自転車等も可能ですが、複数名で資材やPC等を持って移動する訪問診療では、やはり車が中心となります。各家庭に駐車場がある地方では問題になることは少ないものの、都市部での最大の課題は駐車スペースの確保です。訪問先に駐車場がない場合は近隣のコインパーキング等を利用することになりますが、患者の急変で緊急往診を要請された場合等、医師が緊急に患者の診療を開始する必要がある場合に限っては、往診車両の駐車禁止除外指定を受けて、駐停車禁止区間を除く道路上に駐車することができます。この指定は、診療所所在地を所轄する警察署または警察本部の交通所管課に、車検証写しや緊急往診が必要となる可能性のある患者のリスト等を添付して申請する必要があり、認められた場合の有効期間は１年間となります。ただし、除外車両証票に記載されているように、これはあくまで「緊急往診の場合のみ」認められる例外であって、通常の訪問診療時に使用できるものではないことに注意が必要です。

## 2-6-1［駐車禁止除外車両指定申請書］

第1号様式の5（第1条の2、別表第3関係）

# 駐車禁止除外車両指定申請書

令和　　年　　月　　日

○○県 公 安 委 員 会　　殿

申請者　住　所　○○市○区○町○番地○
電　話　○○○-○○○-○○○○
氏（ふり）　名（がな）　法令 次郎

○○市○区○町○番地○　○ビル○階
行政書士法人 ○○○事務所
上記代理人　代表社員　○○ ○○　職印
（法人番号　○○○○号／○○県行政書士会所属）
電　話　○○○-○○○-○○○○

主たる　住　所　○○市○区○町○番地○
運転者　氏　名　法令 次郎

次のとおり駐車禁止除外指定車の指定を受けたいので申請します。

| 申請種別 | 新規（○印）　更新<br>再交付　記載事項変更 | | （旧標章番号<br>旧登録番号） | |
|---|---|---|---|---|
| 自動車の種類及び登録番号 | 種類 | 軽自動車 | 登録番号 | ○○　○○○<br>○　○○-○○ |
| 除外の指定を受けようとする期間 | 年　月　日から　年　月　日まで | | | |
| 除外の指定を受けようとする区域又は道路の区間 | ○○市○○区、○○区、○○区、○○区<br>○○市○○区、○○区内の全域 | | | |
| 除外の指定を受けようとする理由 | 在宅療養中のがん患者への麻薬投与を含む緊急往診又は緊急訪問看護のため | | | |
| 備考 | 在宅療養支援診療所の訪問診療専用車両 | | | |
| ※　確認者 | 年　月　日<br>警察署　階級<br>氏名　㊞ | | | |

※　受理番号

備考　1　申請車両が2台以上の場合は、別紙に記載してください。
2　※印の欄は、記入しないでください。
3　氏名を本人が自筆で記入したときは、押印を省略することができます。

2-6-2［駐車禁止除外車両標章］

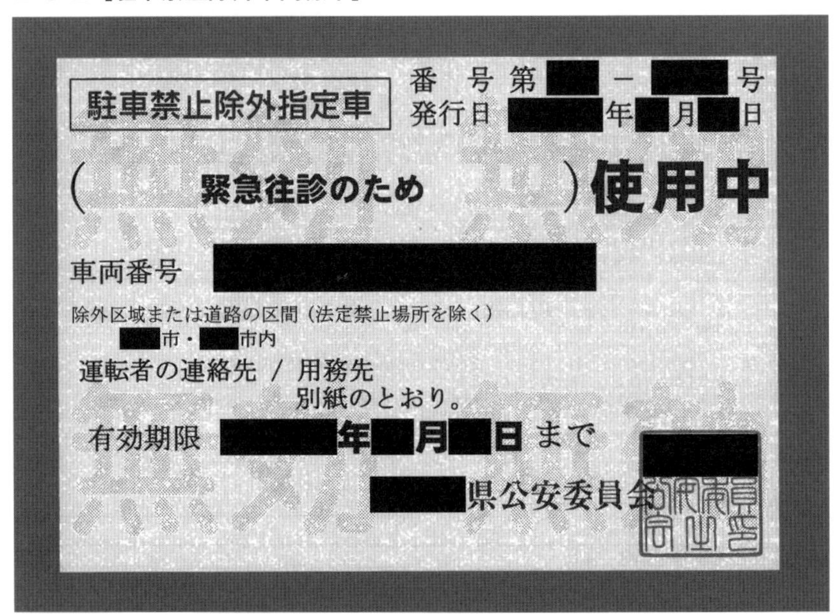

駐車禁止除外指定車

番　号 第　－　号
発行日　年　月　日

（緊急往診のため）使用中

車両番号

除外区域または道路の区間（法定禁止場所を除く）
市・市内

運転者の連絡先 / 用務先
別紙のとおり。

有効期限　年　月　日まで

県公安委員会

# 第７節　終末期における対応・問題

## 1．総　論

在宅医療においては、終末期を迎えた患者への対応を求められます。患者本人として自宅で人生の最期を迎えたいとの思いの方も多く、また患者家族としても自宅で最期を看取りたいとの思いの方もおり、患者を自宅で看取る方向にという社会の大きな流れがあるなかで在宅医療を行っていく以上、終末期を迎えた患者への対応は避けることができません。

第１章第４節（訪問診療における診療契約）でも述べましたが、患者は自己の利益（法益）のうち人間の根源に関わる生命・身体（健康）という重大な利益に直結し、それを左右する可能性のある診療行為については、その内容等につき具体的な説明を受け、これを十分に理解、検討し、患者自ら判断したうえで、当該診療行為につき同意するからこそ患者の身体への侵襲を伴う診療行為が許されるのであって、これこそが患者自身の自己決定権の行使にほかなりません。この自己決定権の行使として、良いことも悪いことも様々な出来事があった自分自身の人生において、その最期も、やはり自分自身で決めたいという思いを持つ患者は多いのですが、仮に、終末期に受ける診療等はこうしたい、最期はこうして欲しいという希望を持っていたとしても、いざその場面になったときに、その心身の状態によっては、そのような自分自身の意思を表明することすらできなくなっていることも多々あります。患者を見守る医療従事者、家族等患者に関与する者が、その患者の意思という主観的な事項を、医学的、法的な観点から客観的に適正妥当な診療行為を通していかに実現していくのかというのが、終末期対応について十分な法的整備が整っていない我が国において困難で、かつ根源的な問題だといえます。

そのようななかでこの終末期の患者への対応については、様々な機関から提示されているガイドライン等を踏まえて診療所としての対応指針を検討、決定し、それに沿って行っていくことが要求されます。

**【終末期医療に関するガイドライン等】**

① 厚生労働省
- 終末期医療の決定プロセスに関するガイドライン（平成19年）
- 人生の最終段階における医療の決定プロセスに関するガイドライン（平成27年）
- 人生の最終段階における医療・ケアの決定プロセスに関するガイドライン（平成30年）
- 同ガイドライン・解説編（平成30年）

② 日本医師会
- 終末期医療に関するガイドライン（平成19年）
- 終末期医療に関するガイドライン（改訂案）（令和元年）

③ 日本救急医学会
- 救急医療における終末期の医療のあり方に関するガイドライン（平成19年）
- 日本救急医学会・日本集中医療医学会・日本循環器医学会による共同提言（平成26年）

## ２．終末期における診療等

終末期の患者に対する対応は、２つの観点から考えていきます。

１つは客観的な観点、すなわち当該診療が医学的な合理性、妥当性を有しているか、もう１つは主観的な観点、すなわち当該診療が患者の同意に基づくものであるか、その意思に合致するものであるか、という点です。

終末期における診療も、その他の場面での診療と同じく、当該診療が医学的に適切で妥当なものでなければならないことは当然です。また、当該患者にとって、医学的に適切で妥当な診療方針が複数ある場合には、患者に対して十分な説明を行い、患者の意思（同意）に基づき、その中の１つが選択されます。

上記**1**に挙げた「人生の最終段階における医療・ケアの決定プロセスに関するガイドライン（平成30年）」においても言及されていますが、「人生の最終段階における医療・ケアについて、医療・ケア行為の開始・不開始、医療・ケア内容の変更、医療・ケア行為の中止等は、医療・ケアチームによって、医学的妥当性と適切性を基に慎重に判断すべき」であること、「医療・ケアチームにより、可能な限り疼痛やその他の不快な症状を十分に緩和し、本人・家族等の精神的・社会的な援助も含めた総合的な医療・ケアを行うことが必要」です。

なお、生命を短縮させる意図をもつ積極的安楽死は、極めて限定的な場合でない限り、医学的に適切で妥当な診療方針としては挙がってこないはずですが、極めて稀であるものの、患者家族から積極的安楽死につき言及されるだけではなく、これが可能かと問われることもありますので、医師としての意識をしっかりと持ち、冷静に対応するようにしてください。

## 3．終末期における診療等に関する同意

### (1) 患者本人に十分な判断能力がある場合

第１章第４節（訪問診療における診療契約）でも述べた通り、基本的には終末期以外の場面と同様です。

すなわち、医師等の医療従事者は、患者に対して適切な情報の提供と説明を行い、患者は、多専門職種の医療・介護従事者から構成される医療・ケアチームと十分な話合いを行い、本人による意思決定を行うということです。

また、患者本人の意思は変化し得るものであることを前提とし、患者本人が自らの意思をその都度示し、伝えられるような支援、患者本人との話合いが繰り返し行われることが重要です。これらの話合いについては、証拠として残しておくために、その都度、記録に残しておくことが必要です。前記**1**において挙げた「人生の最終段階における医療・ケアの決定プロセスに関するガイドライン（平成30年）」においては、「文書にまとめておく」との記載がありますので、少なくとも患者本人、家族、ケアチームとのやり取りをカルテ等の診療記録に記載しておくこと、余裕があれば、終末期診療に関する同意につきまとめた文書を作成しておくことです。これらにおいては、終末期診療に関する説明文書や同意書（「終末期医療に関する同意書」等）が役に立つこともあり、これらを作成し、積極的に使用している施設も多くなってきました。

ここでは、「終末期医療に関する同意書１」および「終末期医療に関する同意書２」として２種類の同意書を挙げました。これまでは「看取り同意書」という題名で使われてきたものですが、実際に現場で使うにあたり、患者本人、家族が「看取り」との文言に拒否感等を示されることがあったことから、「終末期医療に関する同意書」として、看取りも含めたより広い範囲での診療に関する同意のための文書

## 2-7-1［終末期医療に関する同意書１］

# 終末期医療に関する同意書

法令クリニック
　院長　法令　次郎　殿

　私＿＿＿＿＿＿＿＿＿＿（患者）、もしくは、その家族＿＿＿＿＿＿＿＿＿＿は、貴院主治医から、診療に基づく患者の現在の状態、今後予想される状態、それらにつき採り得る対応（治療、処置等）について具体的に説明を受け、それに基づき、主治医その他の医療・介護関係者、患者本人、その家族らと十分に話し合った結果、終末期を迎えた患者への対応（看取り対応）につき下記内容を確認し、これに同意いたします。
　なお、下記内容に変更が生じた場合、それ以外の事項に関する希望については、適宜申し出ることとします。

記

1　終末期を迎える場所はどこを希望しますか。
　□自宅　□病院・診療所等　□介護施設等　□その他＿＿＿＿＿＿＿＿＿＿
2　口から食事を食べたり、食事を飲み込むことができなくなったりした場合、チューブ等による流動食の栄養補給を受けますか。
（1）「胃ろう」（腹部から胃に直接チューブを通し、流動食を送り込むこと）について
　□希望する　□希望しない　□どちらともいえない
（2）「経鼻栄養」（鼻から胃にチューブを通し、流動食を送り込むこと）について
　□希望する　□希望しない　□どちらともいえない
3　心肺機能が低下した場合、心臓マッサージ等の心肺蘇生を受けますか。
　□希望する　□希望しない　□どちらともいえない
4　自分で呼吸ができなくなった場合、延命のための人工呼吸器を装着しますか。
　□希望する　□希望しない　□どちらともいえない
5　上記以外に何らかのご希望はありますか。
　＿＿＿＿＿＿＿＿＿＿＿＿＿＿＿＿＿＿＿＿＿＿＿＿＿＿＿＿＿＿
　＿＿＿＿＿＿＿＿＿＿＿＿＿＿＿＿＿＿＿＿＿＿＿＿＿＿＿＿＿＿

令和　　年　　月　　日

1　患　　　者　　氏名＿＿＿＿＿＿＿＿＿＿＿＿＿＿＿＿印

　（署名代行者）　氏名＿＿＿＿＿＿＿＿＿＿＿＿＿＿＿＿印
　私は、以下の理由により上記患者の意思を確認したうえで上記署名を代行しました。
　代行理由　□患者書字不能なため　□その他＿＿＿＿＿＿＿＿＿＿

2　患者家族代表　氏名＿＿＿＿＿＿＿＿＿＿＿＿＿＿＿＿印　続柄＿＿＿＿＿

3　主　治　医　　氏名＿＿＿＿＿＿＿＿＿＿＿＿＿＿＿＿印

4　そ　の　他　　氏名＿＿＿＿＿＿＿＿＿＿＿＿＿＿＿＿印（役職＿＿＿＿＿）

　　　　　　　　氏名＿＿＿＿＿＿＿＿＿＿＿＿＿＿＿＿印（役職＿＿＿＿＿）

## 2-7-2［終末期医療に関する同意書２］

# 終末期医療に関する同意書

法令クリニック
　院長　法令　次郎　殿

　私＿＿＿＿＿＿＿＿＿＿＿＿(患者)、もしくは、その家族＿＿＿＿＿＿＿＿＿＿＿は、貴院主治医から、診療に基づく患者の現在の状態、今後予想される状態、それらにつき採り得る対応（治療、処置等）について具体的に説明を受け、それに基づき、主治医その他の医療・介護関係者、患者本人、その家族らと十分に話し合った結果、終末期を迎えた患者への対応（看取り対応）につき下記内容を確認し、これに同意いたします。
　なお、下記内容に変更が生じた場合、それ以外の事項に関する希望については、適宜申し出ることとします。

記

1　患者に対する苦痛を伴うような処置は行わず、積極的な治療も控え、快適に、安らかに人生の最期を全うできるような医療・介護を希望します。
2　患者が終末状態に至ったと判断される場合でも、病院等医療機関への搬送は行わず、慣れ親しんだ現在の場所(自宅または施設)で最期を看取ってもらうことを希望します。
3　患者の主治医および医療関係者は、患者の状態、今後の見込み等、適宜必要な情報を患者本人および家族に対して伝えるとともに、患者または家族の意思に沿うような診療に努めます。
4　患者の介護関係者は、主治医等に指示を仰ぎながら、可能な限り患者の苦痛を和らげ、快適な生活を送ることができるような介護を行うよう努めます。
5　患者本人、家族において意思や希望の変化があった場合には、その都度、主治医、医療関係者、介護関係者に速やかに伝えるとともに、話合いを行い、新たな内容を決定していきます。

令和　　年　　月　　日

1　患　　者　　氏名＿＿＿＿＿＿＿＿＿＿＿＿＿＿＿＿印

　（署名代行者）　氏名＿＿＿＿＿＿＿＿＿＿＿＿＿＿＿＿印
　私は、以下の理由により上記患者の意思を確認したうえで上記署名を代行しました。
　代行理由　□患者書字不能なため　□その他＿＿＿＿＿＿＿＿＿＿

2　患者家族代表　氏名＿＿＿＿＿＿＿＿＿＿＿＿＿＿＿＿印　続柄＿＿＿＿＿

3　主　治　医　氏名＿＿＿＿＿＿＿＿＿＿＿＿＿＿＿＿印

4　そ　の　他　氏名＿＿＿＿＿＿＿＿＿＿＿＿＿＿＿＿印（役職　　　　　）

　　　　　　　　氏名＿＿＿＿＿＿＿＿＿＿＿＿＿＿＿＿印（役職　　　　　）

として使用してもらっています。同意書１は、胃ろう、経鼻栄養、心肺蘇生、人工呼吸器等、具体的な処置、対応につき明示し、これらについて判断、選択、同意するものです。また、同意書２は、上記１のような明示をせず、苦痛を伴うような処置を行わない、積極的な治療は行わない等、より大きな方針を示し、これについて判断、選択、同意を求めるものです。患者、その家族が様々な、そして異なる価値観を持っていることを前提として、患者が終末期に至るまでの訪問診療を通じた交流のなかで、当該患者本人、その家族が、いずれの書面記載の内容につき判断、選択が可能なのか等を踏まえ、適切な書面を示し、共に話し合い、そして選択、同意してもらうことが重要です。

また、訪問診療の開始時に必ずとはいわないまでも、当該患者にとって終末期が抽象的ではなく具体的な事象として見えてきた時点で、可能な限り速やかに書面を示し、ゆくゆくはこのような書面に同意、提出してもらうことを認識してもらうことも重要です。

なお、意思表示の時点では患者本人に十分な判断能力があるとしても、その後その能力が減退していく可能性があることから、第１章第４節（訪問診療における診療契約）でも述べた通り、患者に判断能力がある時点で、「自己に十分な判断能力がなくなった時点で自己に代わって自己に対する医療行為に関する説明を受け、同意をすることができる者」を書面により指定しておくことも有用です。

## ⑵　患者に十分な判断能力がない場合

患者に十分な判断能力がなく、患者本人の意思の確認ができない場合には、より一層医療・ケアチームは、当該診療に関する医学的適切性、妥当性を慎重に判断すべきといえます。

### ア．患者に身寄りがある（家族がいる）場合

上記⑴の通り、患者本人が「自己に十分な判断能力がなくなった時点で自己に代わって自己に対する医療行為に関する説明を受け、

同意をすることができる者」を指定している場合には、その者に対して十分な説明を行い、協議したうえで、診療方針を決定していきます。

また、そのような者が指定されていない場合には、患者の家族等に対して十分な説明を行い、協議したうえで、診療方針を決定していきます。患者本人の意思を推定できる場合には、その推定意思を尊重し、患者本人にとっての最善の方針を採っていきますが、患者本人の意思を推定できない場合には、患者本人にとって何が最善であるかについて、患者本人に代わる者として家族等と十分に話し合い、その最善の方針を採っていきます。時間の経過、患者の心身の状態の変化、医学的評価の変更等に応じて、このプロセスを繰り返し行うこととなります。

**イ．患者に身寄りがない（家族がいない）場合**

患者に身寄りがない（家族がいない）場合、また患者の家族等が診療方針に関する判断を医療・ケアチームに委ねた場合には、チームにて十分な協議を行う、患者本人にとっての最善の方針を採っていくことなります。

いずれの場合も、このプロセスにおいて話し合った内容については、証拠として残しておくために、その都度、より詳細に記録に残しておくことが必要です。

## 4．施設への訪問診療の場合

施設に入所している患者への訪問診療においても、上記**3**の内容が原則となります。

なお、施設入所患者の場合、施設入所時に施設が患者本人、家族から終末期の方針（看取りの方針）等を聴取できていることがありますので、これを確認しておくことが重要です。そのうえで、当該患者について、終末期を念頭に置くべき時期に入った時点で、前述のプロセスに入っていくことになります。

施設入所の場合は、自宅の場合と比較しても患者の親族とのコミュニケーションが減り家族との信頼関係を築くことが難しく、看取り前後の対応につき、後々トラブルになることも間々あることから、意識的に患者本人、家族との間でコミュニケーションをとり、終末期の方針につき聴取、確認することが望ましいといえます。

## ５．がん患者の訪問診療・看取り

がん患者への訪問診療は、末期がんで回復の見込みがないと診断され、最期を住み慣れた自宅で迎えたいという希望から病院を退院し、自宅に戻るために依頼されることが多く、ほとんどの場合、自宅での看取りが前提となります。当然、看取るまでには緩和ケアや疼痛コントロールが必要になり、特に最期に近くなると、ほぼ毎日訪問または１日に複数回訪問等もあり、外来診療を行いながらでの対応はかなりの困難を伴います。確かに、がん末期の患者に対する診療報酬は多数の加算も用意されていますが、外来診療中心の診療所での在宅医療としては、少なくとも訪問看護ステーションや介護事業者等との連携関係が確立し、頻回な訪問が可能な体制が整うまでの間は、受けること自体慎重に考えることをお勧めします。

### (1)　緩和ケア・疼痛ケア

麻酔科医や勤務医時代にがん末期の患者を数多く診療してきた医師は別として、多くの医師にとって、ターミナル期の緩和ケアや疼痛コントロールを、先輩のアドバイスや他科のコンサルトなしで行うことは非常に難しいものと思われます。

また、ターミナル期における広義での緩和ケアは、患者のみならず、患者を世話する家族に対しても行う必要があり、そこには純粋に医学的な対応だけではなく、心理的・精神的な対応・ケア等も必要となってきます。もちろん、近年では緩和ケア研修などの機会は多数ありますが、最後は経験例数がものをいう分野でもありますので、まずは医師の研鑽の機会を持つことをお勧めします。

また、疼痛コントロールの場面で不可欠となる医療用麻薬の処方に際しては、少なくとも次のことが必要です。

① 処方する医師が麻薬施用者免許を保有している。
② 調剤する薬局が麻薬小売業の免許を保有している。
③ 麻薬そのものにつき厳格な管理を行う必要がある。

①に関しては、次のような理由で、すぐに医療用麻薬を処方できないといった事例が散見されます。

・以前に取得した麻薬施用者免許を更新していないために、免許が失効している。
・クリニック開業時に免許証記載の麻薬使用場所を、勤務していた病院から自分のクリニックへ変更する手続きを怠っており、免許は有効であっても、自分のクリニックでは麻薬を処方できない。

がん患者の訪問診療を開始する前に、まずは麻薬施用者免許の確認を行うことをお勧めします。

また②に関しても、がん患者の訪問診療を行う前に、その患者が利用する予定の薬局に麻薬小売業免許の有無を確認し、免許を持っていない場合は、免許を持っている薬局を紹介する等の対応も必要となります。さらに医療用麻薬は、処方した数量、使った数量、残った数量を正確に把握する必要があるため、患者宅に医療用麻薬を置く場合は、保管場所・保管方法・残薬の返却先などを、患者や家族に指導し、情報を共有しなくてはなりません。

## 6．書類（死亡診断書等）の作成

「死」に向き合うことの少ない現代にあっては、患者が最期を迎える前後においての医師の些細な言動がきっかけとなって、後々トラブルになることがあります。当然ながら、患者、家族に対する対応は慎重に行うことが求められ、患者の現状、経過、今後の見込み、また亡くなった後は死亡に至るまでの経過、死因等について丁寧に説明するとともに、家族の疑問等についても十分に説明し、理解を促すことが重要です。

患者が亡くなった時点で、医師は死亡診断書または死体検案書の作成が必要となります。自らの診療管理下にある患者が、生前に診療していた傷病に関連して死亡したと認める場合には死亡診断書、それ以外の場合には死体検案書を作成し、患者の家族に交付することとなります。

訪問診療においては、ほとんどの場合は患者の死後診察を行い（自ら診察を行わずに診断書を作成、交付することはできません。医師法20条本文）、死亡診断書を作成することとなります。死亡原因との関係で死亡診断書、死体検案書のいずれを作成すべきか、またその記載すべき内容等についても迷うことも多くなりますが、その場合は厚生労働省が作成、公表している「死亡診断書（死体検案書）記入マニュアル」（現時点では令和２年度版が最新）を参照するとよいでしょう。

診療科によっては勤務医時代に死亡診断書、死体検案書を作成する機会が多くなかった医師もいるでしょうが、訪問診療を行う以上、死亡診断書、死体検案書の作成等を避けることはできないため、まずは上記マニュアルに目を通し、作成のポイントを押さえてください。

**【医師法 20 条】**

医師は、自ら診察しないで治療をし、若しくは診断書若しくは処方せんを交付し、自ら出産に立ち会わないで出生証明書若しくは死産証書を交付し、又は自ら検案をしないで検案書を交付してはならない。但し、診療中の患者が受診後24時間以内に死亡した場合に交付する死亡診断書については、この限りでない。

なお近年、在宅等において医療を受ける患者が増えている一方で、医師の最後の診察を受けてから 24 時間を超えて死亡した場合に、「当該医師が死亡診断書を書くことはできない」または「警察に届け出なければならない」等、医師法 20 条ただし書の誤った解釈により在宅等での看取りが適切に行われていないケースが生じているとの指摘を受け、厚生労働省は平成 24 年に以下の通知を出し、改めて同条ただし書きの周知を図っています。

**【平成 24 年 8 月 31 日付け医政医発 0831 第 1 号「医師法第 20 条ただし書の適切な運用について（通知）」】**

1　医師法第20条ただし書は、診療中の患者が診察後24時間以内に当該診療に関連した傷病で死亡した場合には、改めて診察をすることなく死亡診断書を交付し得ることを認めるものである。このため、医師が死亡の際に立ち会っておらず、生前の診察後24時間を経過した場合であっても、死亡後改めて診察を行い、生前に診療していた傷病に関連する死亡であると判定できる場合には、死亡診断書を交付することができること。

2　診療中の患者が死亡した後、改めて診察し、生前に診療していた傷病に関連する死亡であると判定できない場合には、死体の検案を行うこととなる。この場合において、死体に異状があると認められる場合には、警察署へ届け出なければならないこと。

また細かい話ですが、この死亡診断書、死体検案書の記載において、基本中の基本でありながらトラブルになることがあるのが患者の氏名です。患者の中にも、まだまだ氏名に旧字体が含まれる者が少なくありませんが、これを旧字体ではなく新字体（当用漢字）で記載してしまうと、形式的には患者とは別人に関する書面となり、その後の火葬許可申請の段階で訂正が必要となる等、遺族に余計な負担を掛けることとなってしまいます。このような事態を回避するためには、患者の戸籍、住民票等があればそれにより患者の正確な氏名を確認し、ない場合であっても最低限、患者の保険証等でチェックし、患者の親族にも確認してもらう等、ダブルチェックをすることが肝要です。

なお、終末期の診療報酬については第１章第６節（終末期の診療報酬）をご参照ください。

# 第8節　診療情報の開示等

## 1. 概　要

近年、個人のプライバシーの重要性、個人に関する様々な情報の有用性、それが漏洩した場合の被害の重大性等についての認識が高まっていることは周知の事実であり、特に個人の健康状態、病歴等に関する情報は多くの人にとって秘匿しておきたい情報の最たるものであることから、医療施設における患者に関する情報の入手、保管、開示等、その取扱いについては細心の注意が求められています。

患者の氏名、住所や、過去の病歴、現在罹患している疾病、病状、経過等は、いわゆる「個人情報」にあたることから、医療施設は原則として「個人情報の保護に関する法律」（平成15年法律第57号、以下、「個人情報保護法」という）の内容に沿って患者の個人情報を取り扱うことが必要です。

本節では、在宅医療において必要な範囲で、患者の個人情報、いわゆる診療情報の取扱い、開示等について述べていきます。

なお、訪問診療を行う診療所が固有に使用する書面（書式）は特にないことから、本書に書面（書式）を掲載しませんでしたが、同診療所を含めた診療所全般で個人情報の取扱い等に必要な規程、書面（書式）は、医業経営研鑽会が既に出版した「医業経営の専門家集団が教える最新クリニックのための書式とその解説」（書式テンプレート、日本法令）において次の書面（書式）を掲載していますので参照してください。

- 個人情報管理規程
- 診療情報等の開示に関する規程
- 診療記録等の開示に関する請求書
- 診療記録等の開示に関する同意書　等

## 2．個人情報保護法等について

個人情報保護法は平成15年5月に制定され、平成17年4月1日から医療施設についても適用されました。その後、数度の改正があり、現在に至ります。

個人情報保護法については、関連法令として「個人情報の保護に関する法律施行令」（平成15年政令第507号）、「個人情報の保護に関する法律施行規則」（平成28年個人情報保護委員会規則第3号）があり、同法に基づき個人情報保護委員会が設置されました。同委員会は、個人情報の有用性に配慮しつつ、その適正な取扱いを確保するために個人情報保護法に基づき設置された独立性の高い機関であって、各分野の企業や団体が個人情報保護法等の関連法令を十分に理解し、これらに沿った対応ができるよう各種のガイドライン、ガイダンスを公表しています。

医療施設（病院・診療所）、介護施設、薬局等向けには、以下のガイダンスが公表されており、具体的な事例も踏まえ詳しくまとまっていますので、是非参照してください。

**【個人情報保護委員会公表のガイダンス】**

- 医療・介護関係事業者における個人情報の適切な取扱いのためのガイダンス（平成29年4月）
- 医療・介護関係事業者における個人情報の適切な取扱いのための

ガイダンス（対照表）（平成29年４月）
・医療・介護関係事業者における個人情報の適切な取扱いのためのガイダンスに関するＱ＆Ａ（事例集）（平成29年５月）

## ３．診療中（患者生存中）の開示等について

当該患者の診療中、すなわち当該患者の生存中に、その個人情報（診療情報等）をどのように取り扱うべきかについて、以下述べていきます。

### ⑴　個人情報（個人情報保護法２条１項）

個人情報保護法における「個人情報」とは、生存する個人に関する情報であって、当該情報に含まれる氏名、生年月日、その他の記述等により特定の個人を識別することができるもの（他の情報と容易に照合することができ、それにより特定の個人を識別することができるものを含む。）、または個人識別符号が含まれるものをいいますので、患者に対する診療において入手した情報は、ほとんどのものが同法の「個人情報」に該当します。

ただし、「生存する個人に関する情報」であることが前提ですので、診療していた患者が死亡した場合、それ以降は同人の診療情報は同法の「個人情報」には該当せず、その取扱いについては同法の適用を受けないこととなります。ほとんどの医療従事者は、患者の情報は個人の情報であるから、個人情報保護法が適用されるため、患者の診療情報の管理、開示等はすべて個人情報保護法に沿って行うべきという認識をもたれていますが、必ずしもそうではなく、この点が患者死亡後の診療情報の開示等につき誤解を生み、その取扱いを難しくしているところですので、この点については後述します。

なお、死者（死亡した患者）に関する情報が、同時に、生存する個人（患者の遺族等）に関する情報でもある場合には、当該生存する個人に関する情報となり、同法の適用を受けることになりますので、この点については注意が必要です。

**【個人情報保護法】**

（定義）

第２条 この法律において「個人情報」とは、生存する個人に関する情報であって、次の各号のいずれかに該当するものをいう。

①　当該情報に含まれる氏名、生年月日その他の記述等（文書、図画若しくは電磁的記録（電磁的方式（電子的方式、電磁的方式その他人の知覚によっては認識することができない方式をいう。次項第２号において同じ。）で作られる記録をいう。第18条第２項において同じ。）に記載され、若しくは記録され、又は音声、動作その他の方法を用いて表された一切の事項（個人識別符号を除く。）をいう。以下同じ。）により特定の個人を識別することができるもの（他の情報と容易に照合することができ、それにより特定の個人を識別することができることとなるものを含む。）

②　個人識別符号が含まれるもの

## ⑵　要配慮個人情報（個人情報保護法２条３項）

個人情報保護法における「要配慮個人情報」とは、不当な差別や偏見その他の不利益が生じないようにその取扱いに特に配慮を要するものとして同法２条３項、同施行令２条等で定める記述等が含まれる個人情報をいいます。

同法２条３項には「病歴」と規定されていますが、医療施設等において想定される要配慮個人情報に該当する情報とは、診療録等の診療記録に記載された病歴、診療や調剤の過程で患者の身体状況、病状、治療等について、医療従事者が知り得た診療情報や調剤情報、健康診断の結果および保健指導の内容、障害（身体障害、知的障害、精神障害等）の事実、犯罪により害を被った事実等があります。

なお、この要配慮個人情報の取得や第三者提供において、原則として本人同意が必要であり、同法23条２項の規定による第三者提供（オプトアウトによる第三者提供）は認められていませんので、この点については注意が必要です。

**【個人情報保護法】**

（定義）

第２条

３　この法律において「要配慮個人情報」とは、本人の人種、信条、社会的身分、病歴、犯罪の経歴、犯罪により害を被った事実その他本人に対する不当な差別、偏見その他の不利益が生じないようにその取扱いに特に配慮を要するものとして政令で定める記述等が含まれる個人情報をいう。

## ⑶　利用目的の特定および制限（個人情報保護法15条、16条）

医療施設において医療サービスを希望する（受診を求める）患者から個人情報を取得する場合、当該個人情報を患者に対する医療サービスの提供、医療保険事務、入退院等の病棟管理等で利用することは患者にとって明らかですが、それら以外で個人情報を利用する場合は、患者にとって必ずしも明らかな利用目的とはいえないため、個人情報取得にあたって明確に当該利用目的を特定し、後に述べるように公表することが求められます。医療・介護関係事業者の通常の業務で想定される利用目的は、先程挙げた「医療・介護関係事業者における個人情報の適切な取扱いのためのガイダンス」の別表２に例示されていますので、これを参考に自院における利用目的を特定し、公表（院内掲示等）してください。訪問診療における利用目的については、第１章第４節（訪問診療における診療契約）の「訪問診療に関する説明書兼同意書」（80頁）、「個人情報取扱等に関する同意書」（84頁）の記載を参照してください。

また、原則として、あらかじめ本人の同意を得ないで特定された利用目的の達成に必要な範囲を超えて個人情報を取り扱うことはできませんが、同法16条３項に掲げる例外的な場合においては、本人の同意を得ることなく、上記範囲を超えて個人情報を取り扱うことは可能です。

**【個人情報保護法】**

（利用目的の特定）

第15条　個人情報取扱事業者は、個人情報を取り扱うに当たっては、その利用の目的（以下「利用目的」という。）をできる限り特定しなければならない。

２　個人情報取扱事業者は、利用目的を変更する場合には、変更前の利用目的と関連性を有すると合理的に認められる範囲を超えて行ってはならない。

（利用目的による制限）

第16条　個人情報取扱事業者は、あらかじめ本人の同意を得ないで、前条の規定により特定された利用目的の達成に必要な範囲を超えて、個人情報を取り扱ってはならない。

２　個人情報取扱事業者は、合併その他の事由により他の個人情報取扱事業者から事業を承継することに伴って個人情報を取得した場合は、あらかじめ本人の同意を得ないで、承継前における当該個人情報の利用目的の達成に必要な範囲を超えて、当該個人情報を取り扱ってはならない。

3　前２項の規定は、次に掲げる場合については、適用しない。

① 法令に基づく場合

② 人の生命、身体又は財産の保護のために必要がある場合であって、本人の同意を得ることが困難であるとき。

③ 公衆衛生の向上又は児童の健全な育成の推進のために特に必要がある場合であって、本人の同意を得ることが困難であるとき。

④ 国の機関若しくは地方公共団体又はその委託を受けた者が法令の定める事務を遂行することに対して協力する必要がある場合であって、本人の同意を得ることにより当該事務の遂行に支障を及ぼすおそれがあるとき。

**【「医療・介護関係事業者における個人情報の適切な取扱いのためのガイダンス」別表２】**

**医療・介護関係事業者の通常の業務で想定される利用目的**

（医療機関等の場合）

【患者への医療の提供に必要な利用目的】

〔医療機関等の内部での利用に係る事例〕

・当該医療機関等が患者等に提供する医療サービス

・医療保険事務

・患者に係る医療機関等の管理運営業務のうち、

　－入退院等の病棟管理

　－会計・経理

　－医療事故等の報告

　－当該患者の医療サービスの向上

〔他の事業者等への情報提供を伴う事例〕

・当該医療機関等が患者等に提供する医療サービスのうち、

－他の病院、診療所、助産所、薬局、訪問看護ステーション、介護サービス事業者等との連携
－他の医療機関等からの照会への回答
－患者の診療等に当たり、外部の医師等の意見・助言を求める場合
－検体検査業務の委託その他の業務委託
－家族等への病状説明
・医療保険事務のうち、
－保険事務の委託
－審査支払機関へのレセプトの提出
－審査支払機関又は保険者からの照会への回答
・事業者等からの委託を受けて健康診断等を行った場合における、事業者等へのその結果の通知
・医師賠償責任保険などに係る、医療に関する専門の団体、保険会社等への相談又は届出等

【上記以外の利用目的】

〔医療機関等の内部での利用に係る事例〕
・医療機関等の管理運営業務のうち、
－医療・介護サービスや業務の維持・改善のための基礎資料
－医療機関等の内部において行われる学生の実習への協力
－医療機関等の内部において行われる症例研究

〔他の事業者等への情報提供を伴う事例〕
・医療機関等の管理運営業務のうち、
－外部監査機関への情報提供

## ⑷　利用目的の通知等（個人情報保護法18条）

医療施設においては、患者の個人情報を取得するにあたって、あらかじめその利用目的を公表しておくか、個人情報を取得した場合、速やかにその利用目的を患者本人に通知し、または公表しなければなりません。取得の状況からみて利用目的が明らかであると認められる場合等、例外に該当する場合、この限りではありません。

この利用目的の公表方法としては、院内に掲示するとともに、可能な場合にはホームページへの掲載等の方法により、なるべく広く公表する必要があるとされています。また、院内で受付にて患者に保険証を提出してもらう場合、問診票への記入を求める場合等、患者本人から直接書面に記載された当該本人の個人情報を取得する場合は、あらかじめ本人に対してその利用目的を院内掲示等により明示しなければなりません。

第１章第４節（訪問診療における診療契約）で述べた通り、通常の外来のみを行う医療施設（診療所）においては、同法において求められている利用目的の通知、公表については、外来通院患者が目にし、確認することができる院内掲示により行い、患者の選択の機会を保障することで足ります。しかし、訪問診療を受ける患者は、この掲示を確認し、それに対する意思表示の機会がないことから、訪問診療の契約段階で個人情報の取扱いに関する同意書等、患者に対する書面において利用目的等を明示し、これを確認、同意してもらう形を採ることで、無用のトラブルを避けることをお勧めします。

**【個人情報保護法】**

（取得に際しての利用目的の通知等）

第18条　個人情報取扱事業者は、個人情報を取得した場合は、あらかじめその利用目的を公表している場合を除き、速やかに、その利用目的を、本人に通知し、又は公表しなければならない。

2　個人情報取扱事業者は、前項の規定にかかわらず、本人との間で契約を締結することに伴って契約書その他の書面（電磁的記録を含む。以下この項において同じ。）に記載された当該本人の個人情報を取得する場合その他本人から直接書面に記載された当該本人の個人情報を取得する場合は、あらかじめ、本人に対し、その利用目的を明示しなければならない。ただし、人の生命、身体又は財産の保護のために緊急に必要がある場合は、この限りでない。

3　個人情報取扱事業者は、利用目的を変更した場合は、変更された利用目的について、本人に通知し、又は公表しなければならない。

4　前３項の規定は、次に掲げる場合については、適用しない。

①　利用目的を本人に通知し、又は公表することにより本人又は第三者の生命、身体、財産その他の権利利益を害するおそれがある場合

②　利用目的を本人に通知し、又は公表することにより当該個人情報取扱事業者の権利又は正当な利益を害するおそれがある場合

③　国の機関又は地方公共団体が法令の定める事務を遂行することに対して協力する必要がある場合であって、利用目的を本人に通知し、又は公表することにより当該事務の遂行に支障を及ぼすおそれがあるとき。

④　取得の状況からみて利用目的が明らかであると認められる場合

### (5) 個人情報の適正な取得（個人情報保護法17条）

個人情報保護法17条は、例外として挙げた場合を除いては、あらかじめ本人の同意を得ないで要配慮個人情報を取得してはならないと定めています。

医療においては、診療を希望する患者は傷病の回復等を目的としており、医療施設は、患者の傷病の回復等を目的としてより適切な医療が提供できるよう治療に取り組むとともに、その費用を公的医療保険に請求する必要があり、医療施設が患者の要配慮個人情報を含めた個人情報を取得することは必要不可欠です。そのため、例えば、患者が医療機関の受付等で、問診票に患者自身の身体状況や病状等を記載し、保険証を提出して受診を申し出ることは、患者自身が自己の要配慮個人情報を含めた個人情報を医療施設に取得されることを前提としていると考えられることから、医療施設が要配慮個人情報を書面または口頭等により本人から適正に直接取得する場合は、患者の当該行為をもって、当該医療機関等が当該情報を取得することについて本人の同意があったものと考えられるため、改めて患者本人の同意の有無を確認する必要はありません。また、医療施設は、患者に適切な医療サービスを提供する目的のために、当該医療施設において通常必要と考えられる個人情報の利用範囲を施設内での掲示（院内掲示）により明らかにしておき、患者側から特段明確な反対・留保の意思表示がない場合には、これらの範囲内での個人情報の利用についての同意が得られているものとして取り扱うことが可能です。

なお、急病その他の事態が生じた場合、患者本人の病歴等を医師、看護師等の医療従事者が患者の家族から聴取する場合、同法17条2項2号に該当することから、患者本人の同意は不要です。

また、認知症等病状を理由に、患者本人がこの同意を行うことが難しいと考えられる場合には、第1章第4節（訪問診療における診療契約)、本章第7節（終末期における対応・問題）にて述べたように対応していくしかないものの、患者の理解力、判断力等に応じて、可能な限り患者本人に通知し、同意を得るよう努めることが重要であり、医療施設がそのように努めたことを記録に残しておくことが肝要です。

**【個人情報保護法】**

（適正な取得）

第17条　個人情報取扱事業者は、偽りその他不正の手段により個人情報を取得してはならない。

２　個人情報取扱事業者は、次に掲げる場合を除くほか、あらかじめ本人の同意を得ないで、要配慮個人情報を取得してはならない。

①　法令に基づく場合

②　人の生命、身体又は財産の保護のために必要がある場合であって、本人の同意を得ることが困難であるとき。

③　公衆衛生の向上又は児童の健全な育成のために特に必要がある場合であって、本人の同意を得ることが困難であるとき。

④　国の機関若しくは地方公共団体又はその委託を受けた者が法令の定める事務を遂行することに対して協力する必要がある場合であって、本人の同意を得ることにより当該事務の遂行に支障を及ぼすおそれがあるとき。

⑤　当該要配慮個人情報が、本人、国の機関、地方公共団体、第76条第１項各号に掲げる者その他個人情報保護委員会規則で定める者により公開されている場合

⑥　その他前各号に掲げる場合に準ずるものとして政令で定める場合

### ⑹ 個人データの第三者提供（個人情報保護法23条）

個人情報保護法23条は、医療施設は、例外として挙げた場合を除いては、あらかじめ患者本人の同意を得ないで、個人データ（「個人データ」とは、個人情報データベース等を構成する個人情報をいいます。同法２条６項）を第三者に提供してはならないと定めています。

ただし、前記⑸で述べたように、医療行為の本質に鑑みれば、医療施設は患者の傷病の回復等を目的として、より適切な医療が提供できるよう治療に取り組むとともに必要に応じて他の医療機関と連携を図ったり、当該傷病を専門とする他の医療機関の医師等に指導、助言等を求めたりすることも日常的に行われることから、第三者への患者に関する情報の提供のうち、患者の傷病の回復等を含めた患者への医療の提供に必要であり、かつ、個人情報の利用目的として院内掲示等により明示されているものについては、原則として患者の黙示による同意が得られているものと考え、改めて第三者提供に関する同意を得る必要はないとされています。

この場合も、前記⑷で述べた通り、在宅医療においては、患者が院内掲示を確認することが難しいことから、訪問診療を受ける患者に対して、個人情報の取扱いに関する同意書等において第三者提供に関する事例を示し、これを確認、同意してもらうべきです。そもそも、診療情報に関するクレーム、トラブルの多くは、その入手、保管等よりも、圧倒的に患者以外の第三者（患者の親族も含みます）への提供に関するものであること、在宅医療においては、患者に対する医療、看護、介護が互いに連携しながら行われ、その中で患者に関する情報も当然のようにやり取りされますが、その情報のやり取りの前提となるべき患者の同意がすっぽりと抜け落ちている場合も間々あることから、無用のトラブルを避けるためにも、十分に注意する必要があります。

なお、今般の新型コロナウイルスの感染拡大に伴い、在宅医療を行うなかで患者が新型コロナウイルスに感染し、それが判明することがあり得ます。新型コロナウイルスは、「新型コロナウイルス感染症を指定感染症として定める等の政令」（令和２年政令第11号）により「感染症の予防及び感染症の患者に対する医療に関する法律」６条８項の「指定感染症」と定められ、同法12条１項に基づき、医師は新型コロナウイルス感染症の患者または無症状病原体保有者を診断したときは、直ちにその者の氏名、年齢、性別その他厚生労働省令で定める事項を、最寄りの保健所長を経由して都道府県知事に届け出なければならないという届出義務を負うこととなりました。これは患者の氏名等や新型コロナウイルス感染という患者の診療情報を保健所および都道府県という第三者に提供するものであり、個人情報保護法23条が規定する個人情報の第三者提供にあたりますが、同条１項１号の「法令に基づく場合」という例外に該当しますので、法的には患者本人の同意は不要ということになります。

しかし、法的に問題がないからといって、患者や家族とトラブルにならない保証がある訳ではなく、法的根拠の有無に関係なく患者または家族から医療施設へのクレームは出ますので、上記の場合であっても、保健所へ連絡する前に「患者である○○様が新型コロナウイルスに感染していることが判明した以上、医師は患者の氏名等につき保健所を通して都道府県に届け出なければならないことが法律で定められていますので、これに沿って届け出ます」等と患者または家族に一言連絡しておくことで、無用のトラブルを回避するよう努めるべきです。

**【個人情報保護法】**

（第三者提供の制限）

第23条　個人情報取扱事業者は、次に掲げる場合を除くほか、あらかじめ本人の同意を得ないで、個人データを第三者に提供してはならない。

①　法令に基づく場合

② 人の生命、身体又は財産の保護のために必要がある場合であって、本人の同意を得ることが困難であるとき。

③ 公衆衛生の向上又は児童の健全な育成の推進のために特に必要がある場合であって、本人の同意を得ることが困難であるとき。

④ 国の機関若しくは地方公共団体又はその委託を受けた者が法令の定める事務を遂行することに対して協力する必要がある場合であって、本人の同意を得ることにより当該事務の遂行に支障を及ぼすおそれがあるとき。

2 個人情報取扱事業者は、第三者に提供される個人データ（要配慮個人情報を除く。以下この項において同じ。）について、本人の求めに応じて当該本人が識別される個人データの第三者への提供を停止することとしている場合であって、次に掲げる事項について、個人情報保護委員会規則で定めるところにより、あらかじめ、本人に通知し、又は本人が容易に知り得る状態に置くとともに、個人情報保護委員会に届け出たときは、前項の規定にかかわらず、当該個人データを第三者に提供することができる。

① 第三者への提供を利用目的とすること。

② 第三者に提供される個人データの項目

③ 第三者への提供の方法

④ 本人の求めに応じて当該本人が識別される個人データの第三者への提供を停止すること。

⑤ 本人の求めを受け付ける方法

## 4．診療後（患者死亡後）の開示等について

近年、患者本人が死亡した後に患者の遺族が医療機関に対して診療情報の開示を求める事例が増えています。生前の診療内容等に疑問を

抱き、医療過誤に基づく損害賠償請求を前提として診療内容を知るべく診療情報の提供（カルテ開示等）を求める場合もありますが、近年増えてきたのは、患者を被相続人とする相続問題に関連して（患者が作成した遺言書の有効性を争うために作成時の患者の判断能力等を確認する等の目的で）診療情報の開示を求める場合です。

上記**３**でも述べた通り、個人情報保護法は、情報の主体である生存する個人（患者本人）からの開示請求については応じるべき旨を定めていますが、個人死亡後（患者死亡後）の個人の遺族（患者の遺族）からの開示請求については定めておらず、これは個人情報保護法の範疇ではありません。

この点、厚生労働省は、一定の範囲の遺族に対しては開示に応じるべきとの指針（診療情報の提供等に関する指針・平成15年９月12日付け医政発第0912001号「診療情報の提供等に関する指針の策定について」の別添）等を出しています。

また、個人情報保護委員会も、「医療・介護関係事業者における個人情報の適切な取扱いのためのガイダンス、同ガイダンスに関するＱ＆Ａ（事例集）」において、上記厚生労働省の指針を示し、これに沿って対応するよう求めています。

**【診療情報の提供等に関する指針（平成15年９月12日付け医政発第0912001号「診療情報の提供等に関する指針の策定について」の別添）】**

**９　遺族に対する診療情報の提供**

○　医療従事者等は、患者が死亡した際には遅滞なく、遺族に対して、死亡に至るまでの診療経過、死亡原因等についての診療情報を提供しなければならない。

○　遺族に対する診療情報の提供に当たっては、３、７の（１）、（３）及び（４）並びに８の定めを準用する。ただし、診療記録の開示を求め得る者の範囲は、患者の配偶者、子、父母及びこれに準ずる者（これらの者に法定代理人がいる場合の法定代理人を含む。）とする。

○　遺族に対する診療情報の提供に当たっては、患者本人の生前の意思、名誉等を十分に尊重することが必要である。

**【「医療・介護関係事業者における個人情報の適切な取扱いのためのガイダンス」に関するQ＆A（事例集）（平成29年5月）】**

Ｑ２－７　死亡した個人の情報については、「個人情報」に該当せず、個人情報保護法の対象にはなりませんが、どのように取り扱うべきですか。

Ａ２－７　本ガイダンスでは、患者・利用者が死亡した後においても、事業者が当該患者・利用者の情報を保存している場合には、情報の漏えい等の防止のため、生存する個人の情報と同様の安全管理措置を講ずるよう求めています（参照：ガイダンスｐ２）。

また、患者・利用者が死亡した際に、遺族に対して診療情報・介護関係記録を提供する場合には、厚生労働省において平成15年９月に作成した「診療情報の提供等に関する指針」の「９　遺族に対する診療情報の提供」の取扱いに従って提供を行うことを求めています（参照：ガイダンスｐ４）。

しかし、これらはあくまで指針に過ぎず、法的義務があるわけではないこと、そして、この指針は、患者の死亡に至るまでの診療経過、死亡原因等について患者の遺族に対する診療情報の提供を行うための一環として診療情報の開示等を求めているもので、近年患者を被相続人とする相続問題に関連して請求される診療情報の開示等を想定していないことから、必ずしも、上記指針に沿って患者の遺族に対して診療情報を提供すべきとまではいえないのが現状です。

そのため、患者死亡後の患者遺族からの診療情報の開示請求に全面的に応じるのか、全面的に応じないのか、開示の目的等によっては一定の場合のみ限定的に応じるのかについては、個々の医療機関の理念、価値観等により判断、決定し、その内容を明確に開示規程に定めていただく必要があります。

いたずらに患者遺族間の相続トラブルに巻き込まれるのを回避するとの目的から、患者遺族からの診療情報開示請求については、開示請求書に開示目的を記載してもらい、目的が診療行為の適正性を確認するため等、あくまで医学的な目的である場合には、開示請求者の本人特定等必要な事項の確認をした後に全面的に開示するが、それ以外の場合には、患者遺族の代理人弁護士からの弁護士会を通じた開示請求（弁護士会照会、弁護士法23条の２）、裁判所を通じた開示請求（文書送付嘱託手続、民事訴訟法226条）の場合のみ限定的に応じると定める施設もあります。

患者本人が死亡している場合には、どの範囲の第三者に開示等するのか、その際にどのような書類を求めるのかについては、院内で「診療情報等の開示に関する規程」を策定し、これに沿って対応してください。

なお、開示請求者から提示された書類については、後日開示等につき紛争となった場合、開示等の手続きの適正性を立証するためにも、必ず提示者の同意を得たうえでコピーを取り、保管しておくことが重要です。また、開示等の検討結果の連絡を行った際、その連絡の日時、内容等について記録を残しておくことは、後日紛争となった場合に重要となりますので、必ず記録しておくようにしてください。

## 第9節　毎年の届出・報告事項

実績報告義務のある施設基準を届け出ている保険医療機関は、毎年１回、前年７月から当年６月までの当該施設基準にかかる診療実績を、７月末までに所管の地方厚生局へ報告書として提出しなければなりません（療養担当規則11条の３第１項、療担規則及び薬担規則並びに療担基準に基づき厚生労働大臣が定める掲示事項等第四 四）。在支診を届け出ていれば、特掲診療料８および９に該当し、別紙様式11の３および別紙様式11の４に記入して、地方厚生局へ提出する必要があります（特掲診療料・別紙様式の番号は令和２年７月現在）。ただし、機能強化型でなければ、特掲診療料９には該当せず、別紙様式11の４は提出する必要はありません。ここでは、すべての在支診が提出する必要がある別紙様式11の３（次頁参照）について説明します。

電子カルテを使っていれば、別紙様式11の３の「Ⅱ.直近１年間の訪問診療等の実施回数について」と「Ⅲ.直近１月間（令和○年６月）における往診又は訪問診療の状況について」は、電子カルテからデータを取れるのが通常ですが、問題は「Ⅰ.直近１年間に在宅療養を担当した患者について」です。本稿執筆時点でこのデータに対応している電子カルテは見当たらず、手計算で集計するしかありません。

「２ 合計診療患者数」は「【再掲】死亡患者数」と書かれているように、死亡した患者をカテゴリーごとに集計すればよいのですが、７月に１年間分を一気に確認して集計するのは大変なので、訪問診療を終了した患者が発生する度に、名前、終了年月、終了した理由、死亡

## 2-9-1 ［別紙様式 11 の 3　在宅療養支援診療所に係る報告書］

【診療所】（別紙様式11の3）　　　　特掲診療料 8（表面）

### 在宅療養支援診療所に係る報告書

（在宅療養実績加算含む）（令和2年7月1日現在）

届出している場合のみ提出。
なお、捨印や訂正印は押さないこと。

保険医療機関名

保険医療機関コード

□ 別添1の「第9」の1の（1）
□ 別添1の「第9」の1の（2）
□ 別添1の「第9」の1の（3）

に規定する在宅療養支援診療所
※ 届出している区分にチェックを入れてください。

在宅療養実績加算の有無
□ 加算1　□ 加算2　□ 加算無し

※加算の区分にチェックを入れてください。

Ⅰ．直近1年間（令和元年7月1日～令和2年6月30日）に在宅療養を担当した患者について

|  | |  | |
|---|---|---|---|
| 1　平均診療期間 | ※在宅医療を開始してからの診療期間を患者ごとに算出〔在宅医療の開始月と終了月をそれぞれ算入のこと。（期間が月を跨っている場合は2ヶ月と計算する。）〕し、保険医療機関における平均診療期間を月単位で計上してください。<br>（1年以上の長期診療患者は、当初からの期間を算入してください。） | （　　ヶ月） | 小数点以下第1位を四捨五入 |
| 2　合計診療患者数 | | （　　人） | |
| 【再掲】死亡患者数 | ①+②+③+④ | （　　人） | |
| （1）うち医療機関以外での死亡者数 | ①+② | （　　人） | |
| ア　うち自宅での死亡者数 | ① | （　　人） | |
| イ　うち自宅以外での死亡者数 | ② | （　　人） | |
| （2）うち医療機関での死亡者数 | ③+④ | （　　人） | |
| ア　うち連携医療機関での死亡者数 | ③ | （　　人） | |
| イ　うち連携医療機関以外での死亡者数 | ④ | （　　人） | |

Ⅰの2（1）の「うち医療機関以外での死亡者数」を記入するに当たり、介護老人保健施設等の入所施設で死亡した患者については「イ　うち自宅以外での死亡者数」欄へ計上してください。

Ⅰの2（2）の「連携医療機関」とは、事前に緊急時の受入を届出ている医療機関であり、在宅支援連携体制についても含むものです。

Ⅱ．直近1年間（令和元年7月1日～令和2年6月30日）の訪問診療等の実施回数について

| 訪問診療等の合計回数 | （1）往診 | 【再掲】うち緊急の往診 | （2）訪問診療 | （3）訪問看護（緊急を含む） |
|---|---|---|---|---|
| ①+②+③<br>（　　回） | ①<br>（　　回） | （　　回） | ②<br>（　　回） | ③<br>（　　回） |

Ⅱの「うち緊急の往診」については、緊急又は夜間・休日若しくは深夜に行った往診を計上してください。

Ⅲ．直近1月間（令和2年6月）における往診又は訪問診療の状況について

|  | |
|---|---|
| ①　初診、再診、往診又は訪問診療を実施した患者数 | （　　人） |
| ②　往診又は訪問診療を実施した患者数 | （　　人） |
| ③　往診又は訪問診療を実施した患者の割合（②／①） | （　　%） |

Ⅳ.主として往診又は訪問診療を実施する診療所に係る状況（Ⅲの③が95％以上の医療機関は記入すること）

| （1） 直近1年間に、訪問診療を開始した患者の紹介（文書によるものに限る。）を受けた保険医療機関（算出に係る期間：令和元年7月1日～令和2年6月30日） | | | | |
|---|---|---|---|---|
| | | 保険医療機関の名称 | 患者の紹介を行った医師 | 患者の紹介を受けた日付 |
| | ① | | | |
| | ② | | | |
| | ③ | | | |
| | ④ | | | |
| | ⑤ | | | |

| （2） 直近1月間の診療実績（算出に係る期間；令和2年6月1日～令和2年6月30日） | | | | |
|---|---|---|---|---|
| | ① | 在宅時医学総合管理料を算定した患者数 | | 名 |
| | ② | 施設入居時等医学総合管理料を算定した患者数 | | 名 |
| | ③ | ①及び②のうち、要介護3以上又は別表第八の二に規定する別に厚生労働大臣が定める状態に該当する患者数 | | 名 |
| | ④ | 施設入居時等医学総合管理料を算定した患者の割合②／（①＋②） | | ％ |
| | ⑤ | 要介護3又は別表第八の二に規定する別に厚生労働大臣が定める状態に該当する患者の割合③／（①＋②） | | ％ |

※ 別添1の「第9」の1の（2）に規定する在宅療養支援診療所が当報告書を提出する際には、【診療所】別紙様式11の4の「在宅支援連携体制に係る報告書」も記入の上、提出してください。

の場合は死亡した場所などをノートなどにまとめておくと便利です。

例えば、次のような記載です。

| (名前) | (終了年月) | (理由) | (死亡した場所) |
|---|---|---|---|
| 佐藤Ａ子 | 令和２年12月 | 死亡 | 自宅で看取り |
| ○○○○ | 令和３年２月 | 施設へ入居 | |

一番大変なのは「１　平均診療期間」です。様式に細かい字で書かれているように、在宅医療を開始した月から何カ月間訪問診療を行っているか（行ったか）を患者ごとに出して、その合計を患者数で割って平均値を出さなければなりません。また、１年以上訪問診療を行っている患者は当初からの期間を算入するように求められています。当然、在支診としての活動が長くなれば、長期に訪問診療を行っている患者も増えてきますので、年に１度、訪問診療開始時に遡って集計を行うのは大変な作業になります。そこで、次のように、エクセルを使って、毎月、簡単な作業を行うことをお勧めします。

| | 繰越 | 7 | 8 | 9 | 10 | 11 | 12 | 1 | 2 | 3 | 4 | 5 | 6 | 計 |
|---|---|---|---|---|---|---|---|---|---|---|---|---|---|---|
| 佐藤Ａ子 | 5 | 1 | 1 | 1 | 1 | 1 | 1 | | | | | | | 11 |
| ○○○○ | 0 | | | 1 | 1 | 1 | 1 | 1 | 1 | 1 | 1 | | | 8 |
| △△△△ | 0 | 1 | 1 | 1 | 1 | 1 | 1 | 1 | 1 | 1 | 1 | 1 | 1 | 12 |

合計　31

上記のリストでは、毎月、訪問診療を行った患者に１を入力します。入力するのは、毎月のレセプト集計時等にルーチン化するのがよいでしょう。計や合計には計算式（SUM関数）が入っていますので、６月の入力が終われば、訪問診療の合計月数が自動的に計算されます。患者数が多くなっても、エクセルの行数で簡単に患者数もわかりますので、平均診療期間も簡単に算出することが可能です。

このように平均診療期間は、何らかの作業を行わない限り、クリニック自身でもわからないデータであり、外部から調べても簡単には確かめようがないので、概算もしくは、大体こんな感じ、といった数字を記載している在支診があるかもしれません（本書の読者には間違ってもお勧めしません)。

なお、機能強化型の届出を行う際には、届出前月までの実績につき別紙様式11の3および別紙様式11の4を同時に提出する必要があります。届出を行うタイミングが7月以外であれば、年に1回の施設基準の届出状況報告と同じ作業を行うことになりますので、いずれにしても上記の例のように、データの集計に関して何らかの工夫をしておくことをお勧めします。

[第3章]

# 在宅医療の制度と将来

第1節　歴史的経緯

## 1．死亡場所の変化

古来、人が最期を迎える場所は自宅等が多くを占めていたものが、我が国においては国民皆保険制度のもと、戦後の急激な医療供給体制の拡充により病院で最期を迎える例が急増し、1970年代にはその比率が逆転して現在に至っています。

3-1-1［死亡の場所別に見た年次別死亡数］

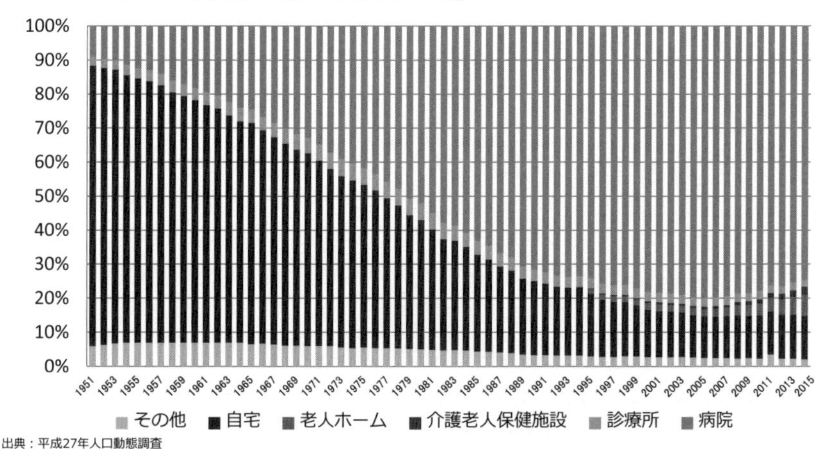


出典：中央社会保険医療協議会 平成29年3月22日資料

また、それと並行して医療技術の進歩の成果ともいえる平均寿命も急伸した結果、諸外国と比しても長期間にわたることとなった「老後」の期間においての生活の質（ＱＯＬ／ Quality of life）が課題となってきました。

### 3-1-2 [主な国の平均寿命の年次推移]

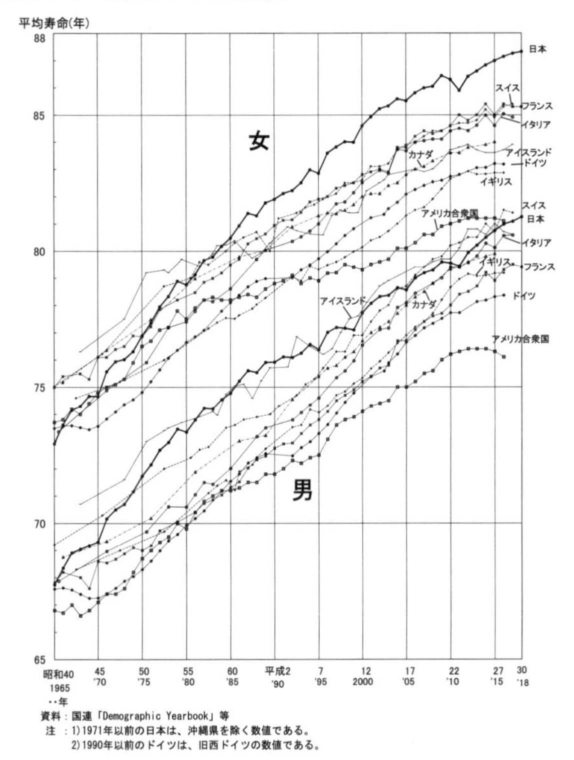


出典：厚生労働省 平成30年簡易生命表の概況

## 2．増え続ける社会保障費と入院医療費の削減

第2次世界大戦により壊滅的な被害を受けた我が国の医療提供体制は、戦後の復興期に飛躍的回復を遂げました。昭和36年の国民皆保険制度完成、昭和48年の老人医療費無料化等による受療率の上昇等のなか、昭和47年には租税特別措置法改正によりいわゆる医師優遇税制が制度化され、薬価差益等による利益も得られる等、医療機関は最も安泰の時代を謳歌しました。

その一方で、核家族化により自宅での介護が困難な家庭環境等により「社会的入院」と呼ばれる入院が増え、昭和57年の老人保健法制定による老人医療費一部自己負担の導入、昭和58年には厚生省保険局長によるいわゆる「医療費亡国論」発言、昭和61年には第一次医療法改正による「量から質への転換」政策として、地域医療計画を導入し医療圏ごとの病床数に制限を加える、といった一連の制度改定が始まりました。

とはいえ急激な少子高齢化の流れにより急伸する社会保障費のなか、医療費も増加の一途をたどり、バブル崩壊以降にはGDPの落ち込みとも相まって、国家財政に対して大きな負担をかける存在と位置付けられてしまいました。

### 3-1-3 [医療費の動向]

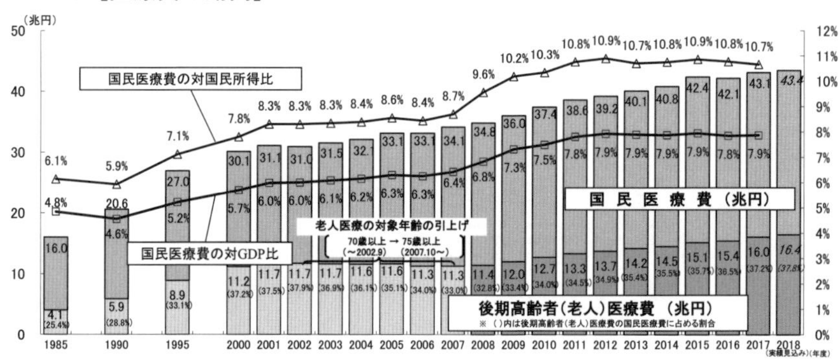


出典：第124回社会保障審議会医療保険部会 令和元年1月31日資料1－2

このような政策転換のなかで、さらに着目されたのが「医療費の地域格差」です。

人口当たりの病床数と1人あたりの総医療費、人口当たりの病床数と平均在院日数には相関関係があること等から、急性期病床を中心とした病床数削減が老人医療費上昇の抑制に向けた政策上の最大の課題とされるに至りました。

### 3-1-4［都道府県別1人あたり国民医療費と平均在院日数・医師数・病床数の相関関係］

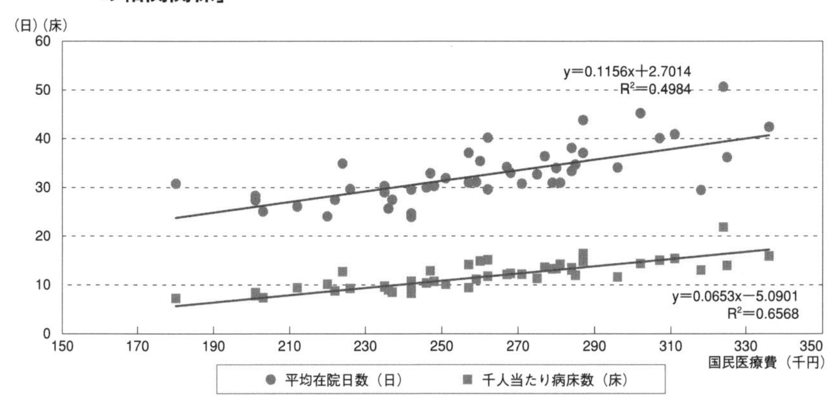


（注）　厚生労働省大臣官房統計情報部「平成14年度国民医療費」及び「平成14年病院報告」より厚生労働省政策統括官付政策評価官室作成

出典：平成17年版厚生労働白書（P167 図表2-5-25）

### 3-1-5［都道府県別1人あたり老人医療費と平均在院日数・医師数・病床数の相関関係］

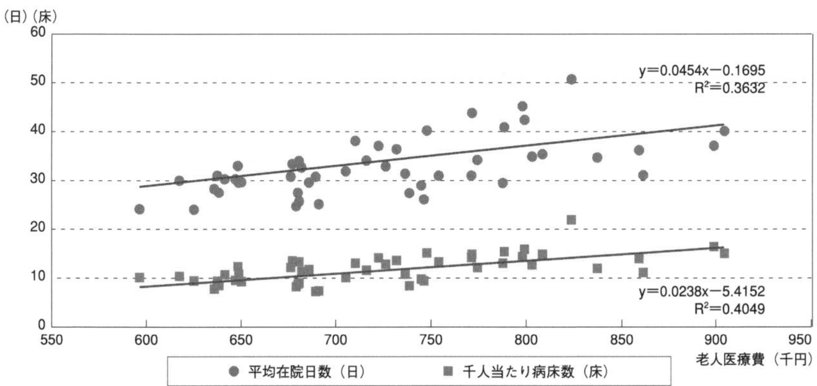


（注）　厚生労働省保険局「平成14年度老人医療事業年報」及び厚生労働省大臣官房統計情報部「平成14年病院報告」より厚生労働省政策統括官付政策評価官室作成

出典：平成17年版厚生労働白書（P168 図表2-5-26）

平成12年の介護保険法施行により、それまでのホームヘルプサービス、ショートステイ、デイサービス、老人訪問看護、特別養護老人ホーム、老人保健施設、療養型病床群等の制度が介護保険に一本化され、寝たきり患者を含む高齢者の在宅での介護に向けた体制整備が加速しました。

医療側としても平成18年に在支診が制度化され、介護保険事業所との連携により、退院後または入院するほどの医療ニーズはないものの外来への通院は困難な患者の長期間にわたる自宅等での療養を支える存在、と位置付けられるに至りました。

また近年では、死亡数が2040年のピークに向かって増加していくことが確実であり、病院外での看取りの場をいかに支えるかという課題に対し、患者家族や居宅介護サービス事業所、その他地域と連携しての在宅医療の役割がますます大きくなっています。

### 3-1-6［年齢階級別に見た死亡数の推移］

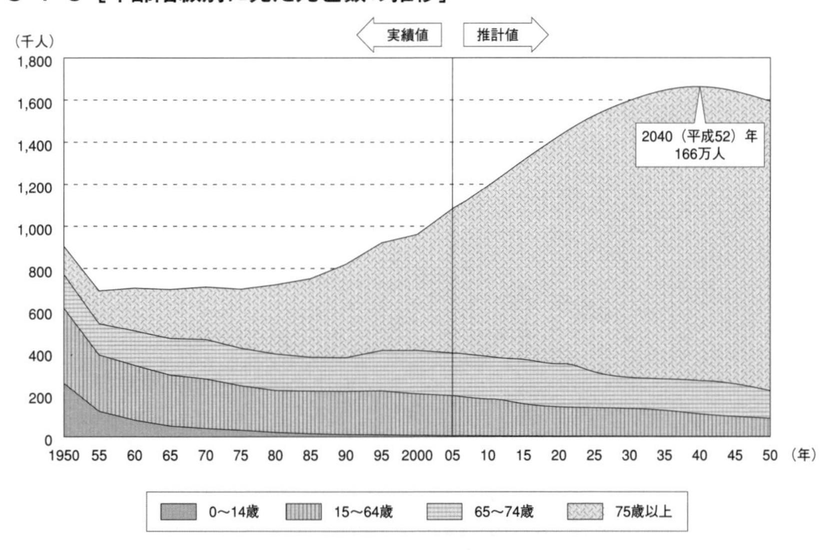


資料：2005年までは厚生労働省大臣官房統計情報部「人口動態統計」、2010年以降は社会保障・人口問題研究所「日本の将来推計人口（平成18年12月推計）中位推計」より厚生労働省政策統括官付政策評価官室作成。
（注1）2005年までは「（年齢）不詳」を除く。日本における日本人の数値。
（注2）2010年以降は中位推計の場合の死亡数（推計）である。日本における外国人を含む。

出典：厚生労働白書（平成19年版）より

## ３．患者意識の変容と経営的視点

近年の調査でも、人生の最期を迎える場所の希望として、全体で51.0％、80歳以上の男性では61.4％、80歳以上の女性では56.1％が自宅で最期を迎えることを希望している（次頁3-1-7参照）一方で、在宅で看取りを行う医療機関数は病院・診療所ともに全体の約５％に留まっています。厚生労働省が地域包括ケアシステムの構築や、高齢化で進む医療ニーズと医療費増大への対応など超高齢化社会に向けた対策を推し進めているなかで、在宅医療の供給体制の整備はまだまだ途上であるといえます。

上記のような社会情勢のなか、診療所の施設数および外来患者数はいずれも延びてきましたが、高齢者の人口割合の増加や診療所数の増加により、2025年を境に診療所医師１人の１日当たり外来患者数が減少に向かうことが推計されています（243頁3-1-8参照）。またそのなかで、2020年春以降の数カ月間は新型コロナウィルスによる受診抑制が発生し外来患者数は激減しており、仮に完全に終息したとしてもコロナ発生前の水準まで戻ることは考えにくく、外来患者数減少は予想を超える速度で進展することが見込まれます。しかし、過度な受診抑制により慢性疾患患者の病状悪化等も見られており、医療機関としては外来患者を「待つ」ばかりでなく、必要とあらば患者宅へ「出向いていく」ことで積極的に地域での役割を果たしていくことも検討課題となり得るでしょう。

なお、本稿執筆時点で正確な統計は見当たりませんが、診療科による差異はあるとしてもコロナ発生以降で外来患者が急減するなか、在宅医療を積極的に展開しているクリニックの収益は前年並みかそれ以上になっている傾向が見られます。

## 3-1-7 [完治が見込めない病気の場合に迎えたい最期の場所]

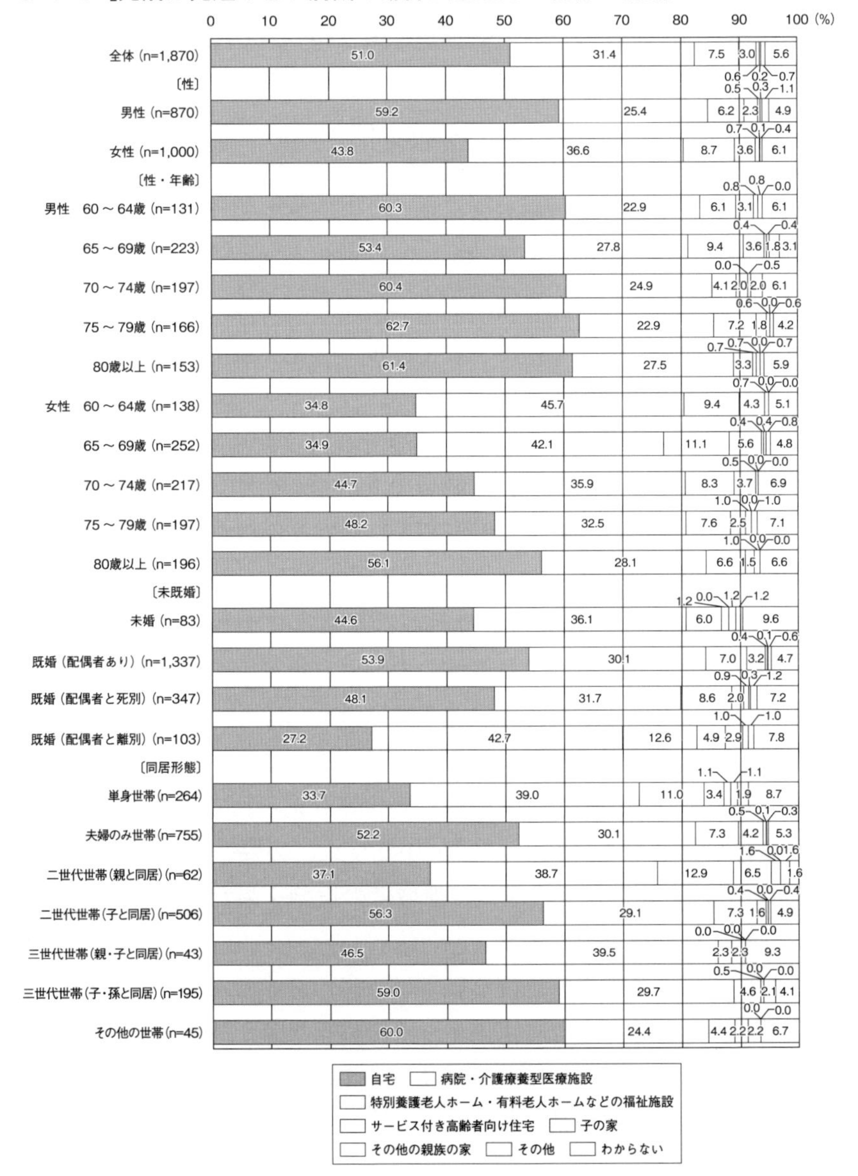


出典：内閣府 令和元年版高齢者白書（全体版）

## 3-1-8［診療所外来利用者数の将来推計］

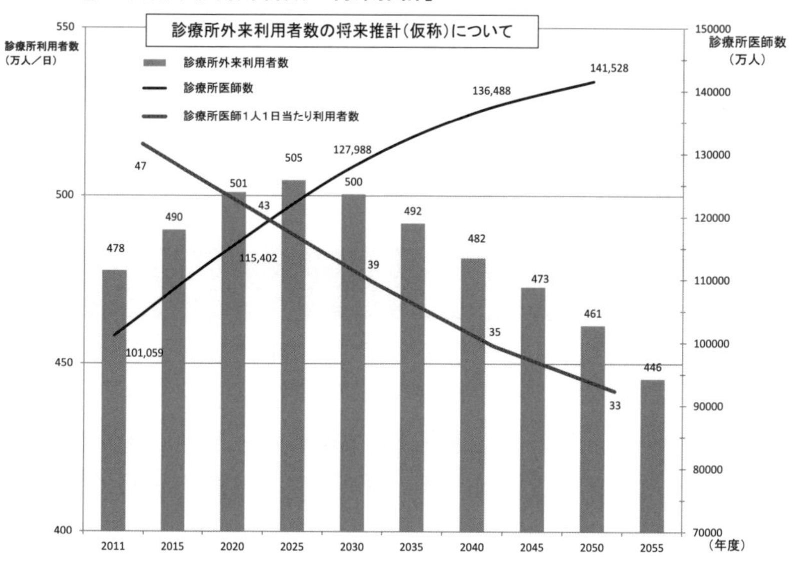


○　診療所外来利用者数は、「社会保障改革に関する集中検討会議（第十回）（参考資料１－２）医療・介護に係る長期推計」（平成２３年６月２日内閣官房）の現状投影シナリオを用い、同様の方法により延長したもの。
○　診療所医師数は、2010年医師・歯科医師・看護師調査を用いて10年毎に推計、①40歳以上は平成22年簡易生命表死亡率による死亡減少のみを見込み、②39歳以下は医学部定員（平成24年度以降は一定と仮定）に対する医療施設従事医師数の比率を一定と仮定して算出した。
医療施設従事医師数のうち、診療所医師数の割合は足下実績で固定した。

（資料：東京大学辻作成）

出典：「東京大学高齢社会総合研究機構　かかりつけ医と在宅医療の推進　辻哲夫」

# 第2節　在宅医療の供給体制

## 1．これまでの経緯

昭和61年に、患家の求めに応じて患家に赴き診療を行う「往診」とは別に、定期的に患者宅を訪問する「訪問診療」が診療報酬上で制度化され、平成18年の診療報酬改定で従前から存在した在宅時医学管理料等の施設基準を整理する形で「在宅療養支援診療所（在支診）」の制度が始まりました。その後、平成22年には200床未満の病院でも要件を満たした場合には「在宅療養支援病院（在支病）」としての届出も可能となり、平成24年からは医師３名以上の在支診を機能強化型在宅療養支援診療所（単独または連携）として３区分となり、その後の小改定を経て現在に至っています。

| 年 | 在宅医療に関する診療報酬改定 |
| --- | --- |
| S61（1986）年 | ・改定の基本項目中に「在宅医療の推進」の文言<br>・老人保健制度に訪問診療料等の新設<br>・入院時医学管理料の逓減強化等による入院期間短縮 |
| S63（1988）年 | ・「在宅医療」を部に格上げ、在宅医療に対する診療報酬が確立<br>・一般にも在宅患者訪問診療料新設<br>・往診料、老人の訪問診療料等の点数引上げ<br>・訪問看護指導料、指導管理料等新設 |
| H４（1992）年 | ・寝たきり老人在宅総合診療料新設<br>・往診料の規定新設／訪問診療との相違点明確化 |
| H６（1994）年 | ・在宅末期医療総合診療料、在宅看取り加算等新設 |
| H８（1996）年 | ・在宅医療ほぼ全体での引上げ |

| | |
|---|---|
| H10（1998）年 | ・平均在院日数短縮に向け、退院後の受け皿となる点数の引上げ |
| H12（2000）年 | ・介護保険実施に伴い、要介護者、要支援者への訪問看護、訪問リハビリテーション等を介護保険に移行<br>・訪問系点数・要件等の調整 |
| H14（2002）年 | ・診療報酬初のマイナス改定<br>・訪問系点数・要件等の調整 |
| H16（2004）年 | ・訪問看護の頻回訪問を評価<br>・訪問系点数・要件等の調整 |
| H18（2006）年 | ・一般点数表と老人点数表の一本化<br>・在宅療養支援診療所創設<br>・在宅時医学総合管理料・在宅患者訪問診療料・ターミナルケア加算等新設 |
| H20（2008）年 | ・居住系施設等を「在宅」に含め、入居患者に対しては自宅等の患者と区分した点数新設<br>・在宅患者訪問診療料等において「居住系施設」の概念廃止、「同一建物居住者以外」と「同一建物居住者」に組替え |
| H22（2010）年 | ・在支病（在宅療養支援病院）制度化 |
| H24（2012）年 | ・機能強化型在宅療養支援診療所（常勤医３人以上）新設 |
| H26（2014）年 | ・在宅療養支援診療所以外の医療機関が行う在宅時医学総合管理料等の点数引き上げ<br>・機能強化型在宅療養支援診療所・支援病院での緊急往診・看取り件数の要件強化<br>・訪問診療料、在宅時医学総合管理料等に同一建物の概念導入、点数の大幅減<br>・療養担当規則に、「経済的誘引による患者紹介を受けること」の禁止規定新設 |
| H28（2016）年 | ・地域包括ケアシステム、地域医療構想に沿った医療・介護提供体制の再編に向けた改定<br>・在宅緩和ケア充実診療所・病院加算新設 |
| H30（2018）年 | ・2025年に向けた最大の同時改定<br>・強化型在宅療養支援診療所・病院の看取り実績の要件緩和・在宅時医学総合診療料、施設入居時等医学総合管理料に継続診療加算、包括的支援加算、オンライン在宅管理料（在医総管のみ）新設 |

医療政策的にも、急性期を中心に病床数、入院期間の双方を減らすことで入院医療費を削減し、その受け皿として在宅医療が位置付けられたこともあり、制度創設当初より診療報酬点数で優遇された在支診は、その数が急増しました。しかしその後、不適切事例（本章第３節（制度的誘導）、第４節（不適切事例の増加）で後述）が目立って以降の診療報酬減額や、報告義務等の要件強化によりその数はいったん減少し、近年ではほぼ横ばいとなっています。

### 3-2-1［在宅療養支援診療所・病院の届出数の推移］

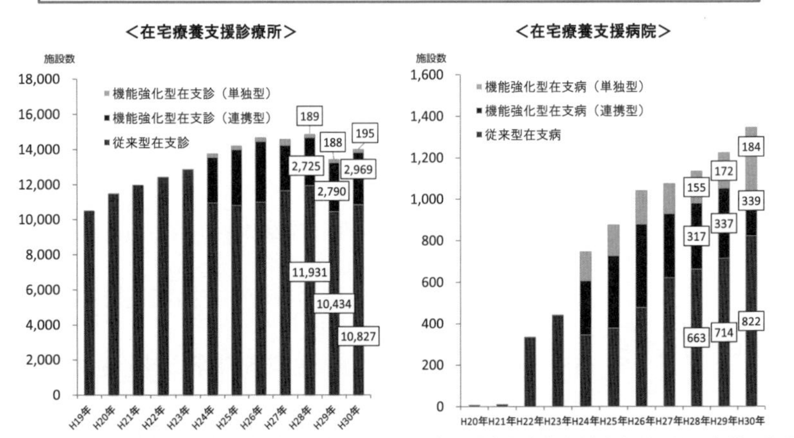


出典：中央社会保険医療協議会 令和元年９月11日資料「在宅療養支援診療所の届け出数の推移」

## 2．全国的傾向

在支診の分布は全国平均で人口10万人当たり10.87施設、それを都道府県別に見ると最も少ないのが岩手県（5.09施設）、最も多いのが長崎県（21.25施設）と大きな開きがあり、歴史的に人口当たりの療養病床数が多い高知県を別にすると、東日本では全国平均を下回り、西日本では全国平均を上回るという、「西高東低」の分布となっています（次頁図表3-2-2）。

また、地域包括ケアシステム構築に向け、病院の中でも急性期と慢性期に加え回復期、地域包括ケア等の機能分化の方向で制度改定が進み、近年では病床数を削減しながら一部を地域包括ケア病床とした病院が自院からも訪問診療チームを出す、または訪問看護ステーションを併設する等で、近隣の在支診の後方ベッドの役割を持つ在宅療養支援病院となる事例も増えてきました。

## 3-2-2［人口10万あたりの在宅療養支援診療所、在宅療養支援病院数］

| | 在宅療養支援病院 | うち機能強化型（単独） | うち機能強化型（連携） | うち従来型 | 在宅療養支援診療所 | うち機能強化型（単独） | うち機能強化型（連携） | うち従来型 | 人口10万当たりの在支病 | 人口10万当たりの在支診 |
|---|---|---|---|---|---|---|---|---|---|---|
| (全国計または平均) | 1,275 | 174 | 337 | 764 | 13,614 | 183 | 2,869 | 10,562 | 1.02 | 10.87 |
| 北海道 | 56 | 8 | 11 | 37 | 290 | 12 | 75 | 203 | 1.06 | 5.46 |
| 青森県 | 9 | 3 | 2 | 4 | 83 | 0 | 10 | 73 | 0.69 | 6.37 |
| 岩手県 | 9 | 3 | 1 | 5 | 64 | 2 | 15 | 47 | 0.72 | 5.09 |
| 宮城県 | 22 | 8 | 3 | 11 | 125 | 5 | 24 | 96 | 0.96 | 5.45 |
| 秋田県 | 8 | 2 | 2 | 4 | 71 | 2 | 3 | 66 | 0.79 | 7.02 |
| 山形県 | 8 | 2 | 0 | 6 | 84 | 4 | 3 | 77 | 0.73 | 7.63 |
| 福島県 | 6 | 2 | 2 | 2 | 155 | 3 | 24 | 128 | 0.31 | 8.13 |
| 茨城県 | 20 | 2 | 5 | 13 | 184 | 3 | 33 | 148 | 0.69 | 6.37 |
| 栃木県 | 5 | 0 | 1 | 4 | 139 | 3 | 27 | 109 | 0.26 | 7.14 |
| 群馬県 | 20 | 3 | 5 | 12 | 231 | 0 | 37 | 194 | 1.03 | 11.93 |
| 埼玉県 | 47 | 9 | 20 | 18 | 447 | 8 | 130 | 309 | 0.65 | 6.21 |
| 千葉県 | 33 | 5 | 12 | 16 | 350 | 7 | 125 | 218 | 0.54 | 5.69 |
| 東京都 | 108 | 12 | 45 | 51 | 1,395 | 31 | 450 | 914 | 0.82 | 10.64 |
| 神奈川県 | 64 | 7 | 27 | 30 | 791 | 18 | 233 | 540 | 0.71 | 8.82 |
| 新潟県 | 13 | 3 | 3 | 7 | 125 | 0 | 17 | 108 | 0.57 | 5.52 |
| 富山県 | 13 | 2 | 2 | 9 | 60 | 2 | 5 | 53 | 1.23 | 5.70 |
| 石川県 | 19 | 4 | 4 | 11 | 146 | 0 | 19 | 127 | 1.67 | 12.84 |
| 福井県 | 7 | 1 | 1 | 5 | 51 | 0 | 7 | 44 | 0.90 | 6.56 |
| 山梨県 | 8 | 1 | 1 | 6 | 59 | 0 | 10 | 49 | 0.97 | 7.16 |
| 長野県 | 25 | 5 | 10 | 10 | 254 | 2 | 56 | 196 | 1.20 | 12.20 |
| 岐阜県 | 16 | 3 | 7 | 6 | 248 | 7 | 48 | 193 | 0.80 | 12.37 |
| 静岡県 | 19 | 3 | 8 | 8 | 343 | 4 | 63 | 276 | 0.52 | 9.37 |
| 愛知県 | 45 | 4 | 15 | 26 | 760 | 8 | 210 | 542 | 0.62 | 10.39 |
| 三重県 | 13 | 2 | 5 | 6 | 175 | 2 | 54 | 119 | 0.73 | 9.80 |
| 滋賀県 | 9 | 4 | 4 | 1 | 140 | 3 | 25 | 112 | 0.65 | 10.05 |
| 京都府 | 27 | 5 | 10 | 12 | 328 | 2 | 64 | 262 | 1.08 | 13.09 |
| 大阪府 | 116 | 10 | 36 | 70 | 1,626 | 12 | 324 | 1,290 | 1.34 | 18.84 |
| 兵庫県 | 61 | 6 | 15 | 40 | 841 | 4 | 203 | 634 | 1.11 | 15.33 |
| 奈良県 | 9 | 0 | 2 | 7 | 153 | 1 | 33 | 119 | 0.66 | 11.25 |
| 和歌山県 | 16 | 1 | 6 | 9 | 164 | 0 | 40 | 124 | 1.65 | 16.93 |
| 鳥取県 | 6 | 1 | 2 | 3 | 76 | 3 | 21 | 52 | 1.06 | 13.42 |
| 島根県 | 7 | 2 | 0 | 5 | 117 | 2 | 17 | 98 | 1.02 | 17.12 |
| 岡山県 | 36 | 7 | 8 | 21 | 302 | 4 | 29 | 269 | 1.90 | 15.94 |
| 広島県 | 40 | 4 | 9 | 27 | 541 | 5 | 70 | 466 | 1.43 | 19.32 |
| 山口県 | 15 | 1 | 1 | 13 | 143 | 2 | 13 | 128 | 1.09 | 10.36 |
| 徳島県 | 33 | 4 | 2 | 27 | 141 | 0 | 9 | 132 | 4.39 | 18.75 |
| 香川県 | 12 | 4 | 2 | 6 | 123 | 2 | 14 | 107 | 1.22 | 12.53 |
| 愛媛県 | 19 | 2 | 3 | 14 | 194 | 3 | 45 | 146 | 1.37 | 14.03 |
| 高知県 | 17 | 0 | 3 | 14 | 37 | 0 | 12 | 25 | 2.36 | 5.13 |
| 福岡県 | 77 | 8 | 16 | 53 | 785 | 8 | 82 | 695 | 1.52 | 15.51 |
| 佐賀県 | 11 | 1 | 2 | 8 | 123 | 4 | 25 | 94 | 1.33 | 14.86 |
| 長崎県 | 24 | 3 | 4 | 17 | 291 | 1 | 50 | 240 | 1.75 | 21.25 |
| 熊本県 | 43 | 2 | 6 | 35 | 207 | 2 | 18 | 187 | 2.42 | 11.66 |
| 大分県 | 26 | 1 | 3 | 22 | 186 | 0 | 16 | 170 | 2.25 | 16.07 |
| 宮崎県 | 20 | 3 | 1 | 16 | 112 | 0 | 14 | 98 | 1.81 | 10.12 |
| 鹿児島県 | 45 | 9 | 8 | 28 | 262 | 2 | 39 | 221 | 2.73 | 15.91 |
| 沖縄県 | 13 | 2 | 2 | 9 | 92 | 0 | 28 | 64 | 0.89 | 6.32 |

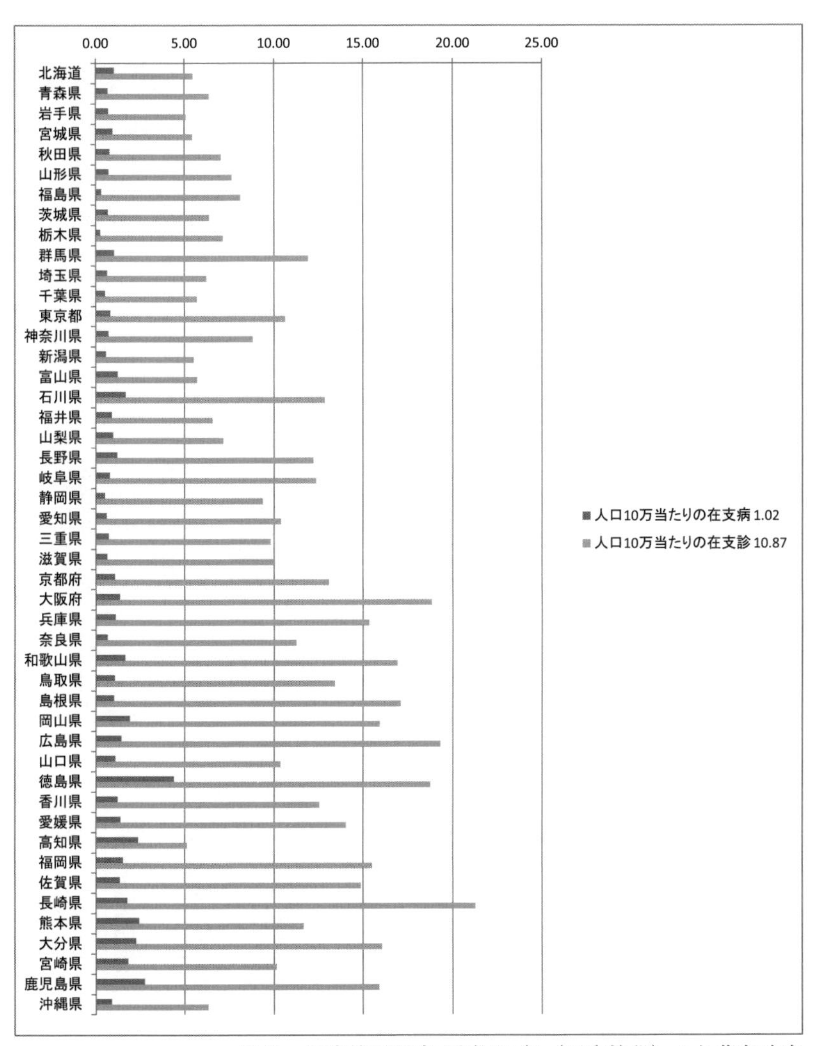


出典：医療施設調査 平成30年（医療施設）より著者改変

# 3．地域ごとの状況 

在支診の届出状況を全国的に見ると前述の通り、「西高東低」となっていますが、その典型は東京と大阪の届出状況の比較です。日本医師会地域情報システムを使って、東京都と大阪府の届出状況を検索した結果が次の通りです。

### 3-2-3［在宅医療の供給体制　東京都の在宅医療の状況と大阪府の在宅医療の状況］

**東京都の在宅医療の状況**

| 医療圏 | | 人口（千人） | 診療所 | | 在宅療養支援診療所(A) | | 在宅療養支援病院(B) | A+B | |
|---|---|---|---|---|---|---|---|---|---|
| | | | 施設数 | 10万人当たり | 届出件数 | 10万人当たり | 届出件数 | 届出件数 | 10万人当たり |
| 23区 | 区中央部 | 861 | 1,918 | 223 | 178 | 20.67 | 4 | 182 | 21.14 |
| | 区南部 | 1,104 | 1,030 | 93 | 141 | 12.77 | 7 | 148 | 13.41 |
| | 区西南部 | 1,406 | 1,697 | 121 | 212 | 15.08 | 8 | 220 | 15.65 |
| | 区西部 | 1,226 | 1,335 | 109 | 181 | 14.76 | 7 | 188 | 15.33 |
| | 区西北部 | 1,916 | 1,618 | 84 | 252 | 13.15 | 22 | 274 | 14.30 |
| | 区東北部 | 1,325 | 964 | 73 | 134 | 10.11 | 28 | 162 | 12.23 |
| | 区東部 | 1,436 | 1,011 | 70 | 137 | 9.54 | 10 | 147 | 10.24 |
| 23区以外 | 西多摩 | 391 | 188 | 48 | 19 | 4.86 | 5 | 24 | 6.14 |
| | 南多摩 | 1,430 | 934 | 65 | 110 | 7.69 | 15 | 125 | 8.74 |
| | 北多摩西部 | 641 | 488 | 76 | 48 | 7.49 | 7 | 55 | 8.58 |
| | 北多摩南部 | 1,023 | 841 | 82 | 94 | 9.19 | 9 | 103 | 10.07 |
| | 北多摩北部 | 731 | 457 | 63 | 68 | 9.30 | 6 | 74 | 10.12 |
| | 島しょ | 26 | 13 | 50 | 3 | 11.54 | 0 | 3 | 11.54 |
| 東京都　計 | | 13,516 | 12,494 | 92 | 1,577 | 11.67 | 128 | 1,705 | 12.61 |

**大阪府の在宅医療の状況**

| 医療圏 | 人口（千人） | 診療所 | | 在宅療養支援診療所(A) | | 在宅療養支援病院(B) | A+B | |
|---|---|---|---|---|---|---|---|---|
| | | 施設数 | 10万人当たり | 届出件数 | 10万人当たり | 届出件数 | 届出件数 | 10万人当たり |
| 豊能 | 1,037 | 972 | 94 | 189 | 18.23 | 9 | 198 | 19.09 |
| 三島 | 747 | 599 | 80 | 151 | 20.21 | 6 | 157 | 21.02 |
| 北河内 | 1,164 | 888 | 76 | 157 | 13.49 | 18 | 175 | 15.03 |
| 中河内 | 843 | 669 | 79 | 159 | 18.86 | 8 | 167 | 19.81 |
| 南河内 | 613 | 462 | 75 | 112 | 18.27 | 12 | 124 | 20.23 |
| 堺市 | 839 | 728 | 87 | 166 | 19.79 | 13 | 179 | 21.33 |
| 泉州 | 906 | 659 | 73 | 131 | 14.46 | 21 | 152 | 16.78 |
| 大阪市 | 2,691 | 3,230 | 120 | 756 | 28.09 | 39 | 795 | 29.54 |
| 大阪府　計 | 8,840 | 8,207 | 93 | 1,821 | 20.60 | 126 | 1,947 | 22.02 |

出典：日本医師会　地域医療情報サイト（http://jmap.jp/）（令和2年8月10日時点での検索結果）より

人口・診療所数ともに、東京都は大阪府の約1.5倍あるにもかかわらず、在支診の届出件数は大阪府のほうが240以上も多く、そのため、人口当たりの届出件数は、大阪府が東京都の約2倍になっています。一方、どちらも同じ都府の中でも医療圏によるばらつきが見られます。人口当たりの在支診の届出件数を見ると、東京23区内では、区中央部医療圏と区東部医療圏では２倍以上の差が、また、東京都内では区中央部医療圏と西多摩医療圏では４倍以上の差があります。この西多摩医療圏は、東京都内でありながら、後述する宮城県と同レベルです。また、大阪府内でも、大阪市医療圏と北河内医療圏では２倍以上の差が開いています。

地方の例として、宮城県を取り上げてみます。宮城県は、人口当たりの在支診の届出件数が岩手県、高知県に次いで全国で３番目に低い県であり、検索結果は次の通りです。

### 3-2-4［在宅医療の供給体制　宮城県の在宅医療の状況］

宮城県の在宅医療の状況

| 医療圏 | 人口（千人） | 診療所 | | 在宅療養支援診療所(A) | | 在宅療養支援病院(B) | A+B | |
|---|---|---|---|---|---|---|---|---|
| | | 施設数 | 10万人当たり | 届出件数 | 10万人当たり | 届出件数 | 届出件数 | 10万人当たり |
| 仙南 | 177 | 86 | 49 | 4 | 2.26 | 4 | 8 | 4.52 |
| 仙台 | 1,529 | 1,065 | 70 | 97 | 6.34 | 12 | 109 | 7.13 |
| 大崎・栗原 | 276 | 135 | 49 | 20 | 7.25 | 4 | 24 | 8.70 |
| 石巻・登米・気仙沼 | 352 | 171 | 49 | 18 | 5.11 | 2 | 20 | 5.68 |
| 宮城県　計 | 2,334 | 1,457 | 62 | 139 | 5.96 | 22 | 161 | 6.90 |

出典：日本医師会　地域医療情報サイト（http://jmap.jp/）（令和２年８月10日時点での検索結果）より

仙台医療圏は、東北唯一の100万人都市である仙台市を含む医療圏で、宮城県全体の人口の約３分の２、診療所の70％以上が集中していますが、人口当たりの在支診の届出件数は、東京都や大阪府の各医療圏と比較すると、東京都の西多摩医療圏に次いで低い状況です。また、県内でもばらつきが見られ、人口当たりの届出件数が最も多い大崎・栗原医療圏と最も少ない仙南医療圏とでは、人口当たりの在支診の届出件数に３倍以上の差が生じています。県全体での人口当たりの届出件数では、東京都とは約２倍、大阪府とは３倍以上の差があり、なかでも仙南医療圏では極めて大きな差が生じており、地方において在宅医療が普及していない非常に厳しい状況を示しています。

このように在支診の届出状況は、全国的に見ると西高東低といった傾向はあるものの、医療圏によって、さらには医療圏の中の市町村によって、かなりばらつきが見られます。日本医師会地域医療情報システムは、医療圏に属する各市町村のデータも検索できるので、クリニックの所在する市町村のデータはもちろんのこと、近隣の市町村のデータも確認しておくとよいでしょう。

※日本医師会　地域医療情報システム：http://jmap.jp/

## 4．訪問診療の担い手

厚生労働省・平成26年度医療施設調査（特別集計）を見ると、次のことがわかります。

- 施設数ベースで見ると、訪問診療を行うクリニックの約半分は在支診、残りの約半分は在支診ではないクリニックが訪問診療を行っている。
- サービス提供量ベースで見ると、訪問診療の86％は在支診が行っている。
- 在支診の届出件数に対して、実際に訪問診療を行っている在支診の数は約４分の３である。

このように、在支診の届出件数を見ただけでは、地域内の実際の訪問診療供給量を把握できない可能性があります。

そこで、各都道府県の地域診療計画を確認することで、地域の訪問診療供給量の実態を把握できる場合があります。

## 3-2-5 [在宅医療サービスを実施する診療所の属性]

○ 在宅医療サービスを実施する一般診療所の施設数をみると、在宅療養支援診療所（在支診）ではないが、在宅医療サービスを提供する一般診療所が相当数ある。
○ 在宅療養支援診療所であっても、全ての在宅医療サービスを実施しているとは限らない。

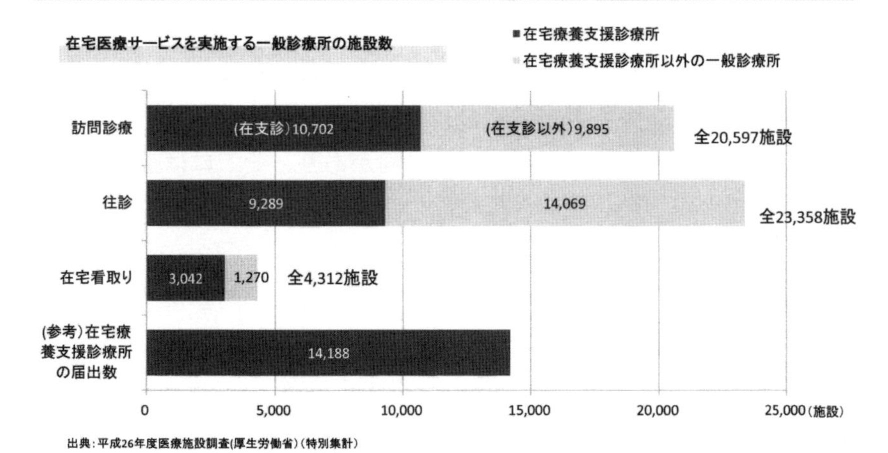


出典：厚生労働省 平成26年度医療施設調査（特別集計）

## 3-2-6 [属性による在宅医療サービスの提供量の違い]

○ 在宅医療サービスの提供量についてみると、訪問診療については、在支診によって全体の9割弱が提供されている。
○ 往診や在宅看取りについては、在支診ではない一般診療所によって、全体の2〜4割が提供されている。

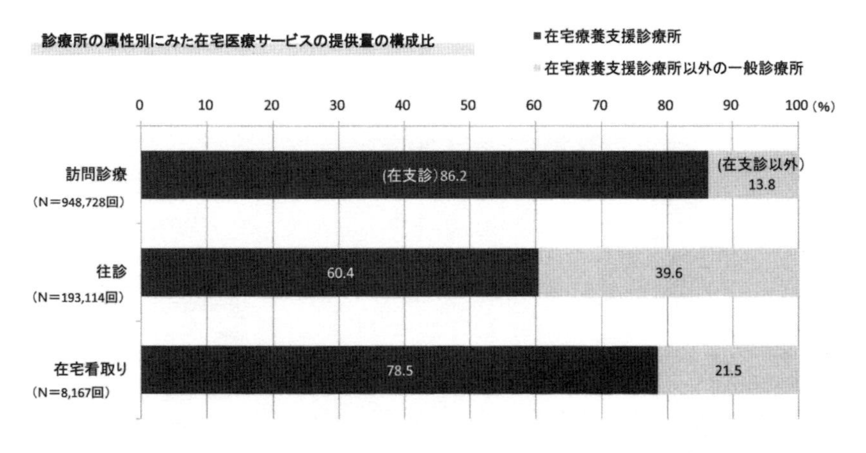


出典：厚生労働省 平成26年度医療施設調査（特別集計）

## 5．都道府県の地域医療計画

医療法に基づき、都道府県は５疾病（がん、脳卒中、急性心筋梗塞、糖尿病、精神疾患）、５事業（救急医療、災害時における医療、へき地の医療、周産期医療、小児医療）、在宅医療について、具体的な医療提供体制を医療計画に記載、位置付ける必要があります。したがって、どの都道府県にも地域医療計画があり、そこには必ず在宅医療についての現状や目標、目標達成のための施策などが書かれています。

例えば、宮城県の第７次地域医療計画（2018年度～2023年度）によれば、平成27年度の時点で、宮城県全体の訪問診療を実施して

### 3-2-7［宮城県の第７次地域医療計画］

| | 訪問診療を実施している診療所・病院数 ※3 | 在宅療養支援診療所数 ※1 | 在宅療養支援病院数 ※1 | 訪問看護ステーション数 ※2 | 訪問看護を実施している診療所・病院数 ※3 | 在宅療養支援歯科診療所数 ※1 | 訪問薬剤指導を実施する薬局数（介護保険） ※4 |
|---|---|---|---|---|---|---|---|
| 宮城県 | 301 | 124 | 23 | 134 | 107 | 102 | 273 |
| 仙南 | 29 | 4 | 4 | 6 | 6 | 10 | 15 |
| 仙台 | 174 | 83 | 12 | 98 | 60 | 68 | 197 |
| 大崎・栗原 | 50 | 18 | 4 | 13 | 21 | 7 | 29 |
| 石巻・登米・気仙沼 | 48 | 19 | 3 | 17 | 20 | 17 | 32 |

出典：※1「施設基準の届出受理状況」（平成29（2017）年6月1日現在）（東北厚生局）
※2「宮城県内の介護サービス事業者リスト」（平成29（2017）年6月1日現在）（県保健福祉部）
※3「NDB」（平成27（2015）年度）（厚生労働省）
※4「介護DB」（平成29（2017）年3月現在）（厚生労働省）

数値目標

（注）2023年度末以降の整備目標については，医療計画の中間年において見直しを行います。

| 指標 | 医療圏 | 現況 | 整備目標 2020年度末 | 整備目標 2023年度末 | 整備目標 2025年 | 出典 |
|---|---|---|---|---|---|---|
| 訪問診療を実施する診療所・病院数 | 仙南 | 29ヶ所 | 32ヶ所 | 35ヶ所 | 36ヶ所 | 「NDB」（平成27（2015）年度）（厚生労働省）<br>（注）現在の訪問診療を実施する診療所・病院における患者数が一定のまま推移した場合の数値です。診療所・病院が患者数を増やして将来需要に対応していくことも想定されます。<br>【参考】<br>平成28年度宮城県医療機能調査における届出別医療機関当たりの患者数（人/月）<br>在宅療養支援診療所・病院（機能強化型）……82人<br>在宅療養支援診療所・病院（上記以外）……38人<br>上記以外の診療所・病院……17人 |
| | 仙台 | 174ヶ所 | 214ヶ所 | 239ヶ所 | 255ヶ所 | |
| | 大崎・栗原 | 50ヶ所 | 51ヶ所 | 51ヶ所 | 52ヶ所 | |
| | 石巻・登米・気仙沼 | 48ヶ所 | 51ヶ所 | 53ヶ所 | 55ヶ所 | |

出典：第７次宮城県地域医療計画第５編第２章第11節在宅医療より抜粋

### 3-2-8［東京都の保健医療計画］

評価指標

| 取組 | 指標名 | 現状 | 目標値 |
|---|---|---|---|
| 取組１<br>取組２<br>取組４ | 訪問診療を実施している診療所数 | 2,432所 | 増やす |
| | 訪問診療を実施している病院数 | | |
| 取組１<br>取組２<br>取組４ | 在宅看取り（ターミナルケア）を実施している診療所数 | 1,060所 | 増やす |
| | 在宅看取り（ターミナルケア）を実施している病院数 | | |
| 取組１<br>取組２<br>取組４ | 訪問診療を受けた患者数（レセプト件数） | 1,017,495件 | 増やす |
| 取組１<br>取組２<br>取組４ | 在宅ターミナルケアを受けた患者数（レセプト件数） | 10,487件 | 増やす |
| 取組２ | 訪問看護ステーションの看護職員数 | 4,476人 | 増やす |
| 取組３ | 退院支援を実施している診療所数 | 243所 | 増やす |
| | 退院支援を実施している病院数 | | |
| 取組３<br>取組４ | 入退院支援に関わる研修受講者数 | 1,497人 | 3,177人 |

出典：東京都保健医療計画（平成30年3月改定）第２部第１章第４節12在宅療養より抜粋

いる診療所・病院は301（その内訳は、在支診が124、在支病が23、それ以外が154）で、数値目標としては計画最終年度の2023年度に378まで増やす（約25％増）となっています。また、東京都保健医療計画（平成30年３月改定）でも同様に、訪問診療を実施する医療機関を増やす目標を掲げています。

# 第3節　制度的誘導

## 1．診療報酬による参入誘導とその後 

平成18年に制度化された在支診には診療報酬での優遇もあり、導入初年度末には保険医療機関として指定を受けている診療所の1割以上の届出がありました。しかし、必ずしもそのすべてが在宅医療に積極的に取り組むものではなく、また制度発足時のような「不適切事例」（次節で後述）は極端な例としても、その後の「適正化」等によりさほどの利益を上げることができなくなったこと等もあり、近年での届出済診療所数はほぼ横ばい傾向となっています（246頁図表3-2-1参照）。

在支診が制度化される前も含めると、診療所からの在宅医療に対する診療報酬の推移は、概ね次頁の通りとなります。

<table>
<tr><th></th><th colspan="3">【診療報酬】</th><th colspan="2">【老人診療報酬】</th></tr>
<tr><td>昭和 61 年</td><td colspan="3"></td><td colspan="2">寝たきり老人訪問診療料／同管理料</td></tr>
<tr><td>昭和 63 年</td><td colspan="3">在宅患者訪問診療料</td><td colspan="2"></td></tr>
<tr><td>平成４年</td><td colspan="3"></td><td colspan="2">寝たきり老人在宅総合診療料</td></tr>
<tr><td>平成６年</td><td colspan="3">在宅時医学管理料</td><td colspan="2"></td></tr>
<tr><td rowspan="2">平成 18 年</td><td colspan="5">在宅療養支援診療所制度創設</td></tr>
<tr><td colspan="3">訪問診療料</td><td colspan="2">在宅時医学総合管理料</td></tr>
<tr><td>平成 20 年</td><td>訪問診療料①（自宅等）</td><td colspan="2">訪問診療料②（居住系施設）</td><td>在宅時医学総合管理料</td><td>特定施設入居時等医学総合管理料</td></tr>
<tr><td>平成 22 年</td><td>訪問診療料①（同一建物外）</td><td colspan="2">訪問診療料②（同一建物）</td><td></td><td></td></tr>
<tr><td rowspan="2">平成 24 年</td><td colspan="5">（新設）機能強化型在宅療養支援診療所</td></tr>
<tr><td></td><td>特定施設等</td><td>特定施設等以外の同一建物</td><td></td><td></td></tr>
<tr><td>平成 26 年</td><td></td><td>適正化</td><td>適正化</td><td colspan="2">同一建物居住者の場合の適正化</td></tr>
<tr><td>平成 28 年</td><td></td><td colspan="2">訪問診療料②（同一建物）</td><td colspan="2">同一建物内患者数、重症度、月の訪問回数等で細分化</td></tr>
<tr><td>平成 30 年</td><td>（新設）他院依頼による訪問診療</td><td colspan="2">（新設）併設介護施設の場合</td><td colspan="2">月１回の訪問を評価<br>月２回以上の訪問を適正化</td></tr>
</table>

出典：中央社会保険医療協議会 令和元年９月 11 日資料「在宅医療に対する診療報酬上の主な評価の変遷」より（改変）

## 2．地域包括ケアシステムをはじめとした国の施策

「地域包括ケア」の概念は平成17年の介護保険法改正の前後から使われるようになり、地域住民の介護や医療に関する相談窓口として市町村からの委託事業で設置された「地域包括支援センター」が中心となり地域包括ケアシステム構築が推進されることとなりました。

またその後の法改正により、地域包括ケアシステム推進は自治体の義務となり、在宅医療と介護の連携推進、地域ケア会議の推進、「介護予防・日常生活支援総合事業」の創設などの制度改定が続いています。

医療制度改革については、平成20年1月の閣議決定により設置された「社会保障国民会議」で基本方針が決定され、その後の平成25年に制定、施行された「持続可能な社会保障制度の確立を図るための改革の推進に関する法律（通称：社会保障改革プログラム法）」をきっかけに加速しています。近年の主な施策は下記の通りです。

- 病床機能報告制度の創設
- 地域の医療提供体制の構想の策定等による病床機能の分化および連携
- 国保の保険者・運営等の在り方の改革
- 後期高齢者支援金の全面総報酬割、70～74歳の患者負担
- 高額療養費の見直し

また、いわゆる「団塊の世代」が後期高齢者となる2025年に向け、「地域ごとに効率的で不足のない医療提供体制を構築すること（令和元年9月27日医政局発）」を目的に「地域医療構想」の実現に向けた取組みも進んでいます。

地域医療構想では、二次医療圏を基本とした地域医療構想区域ごと

に病床区分ごとに将来の医療需要と必要病床数を算出し、交通事情や人口分布、医療機関の所在地等も加味したうえで入院機能の供給体制を調整し、その際には退院後の受皿となる在宅医療・介護サービスの提供体制も考慮されることとなっています。

## 3．地域包括ケア体制のなかでの在宅医療の役割

前述のように、我が国は人類がいまだ経験したことのない超高齢社会に突入し、戦後一貫して発展してきた入院と外来を中心とした医療からの転換期を迎えるなかで、明治以前の「町医者」に近いともいえる「かかりつけ医」機能も併せ持つ在宅医療には、地域包括ケア体制構築に向けた取組みのなかで多様な役割が期待されています。

また、地域包括ケア体制のなかでの在宅医が戦後の病院を中心とした医療、明治以前の「町医者」と決定的に異なるのは、医師が単独で判断し、処置等をしていた明治以前の町医者に対し、現代の在宅医療、かかりつけ医にあっては看護師、保健師、薬剤師、セラピスト、ケアマネージャー、MSW 等の多職種が地域内で患者中心に連携する、「チーム医療」が前提となっている点です。体調悪化から看取りまでの期間が短かった明治以前に対し、医療技術が進歩した現代にあってはターミナル期を経て看取りに至るまでの在宅療養期間は伸びる一方であり、その期間のすべてを通じて医師の「個人技」で対応できるものではありません。また、患者や家族の意識は多様化し、情報量も多くなってきたことから、医療提供側の患者家族とのトラブル防止という意味でも、医師以外の専門職と連携したチーム医療の体制を確立し、そのなかで在宅医療を提供することで、医療機関としての「善管注意義務」を果たしたことを明確にすることも、医療機関の経営安定性の観点からは重要となってきます。

## 4．新規開業に際しての在宅医療への参入の意向確認

また近年の地域医療構想では、医療機能の分化が病院と診療所、入院と外来といった区分のみならず、外来機能のなかでも専門外来とかかりつけ医の間での機能分化と連携を求める政策が進んでいます。ここでいう「かかりつけ医」機能には様々なものが含まれますが、「なんでも相談できる上、最新の医療情報を熟知して、必要な時には専門医、専門医療機関を紹介でき、身近で頼りになる地域医療、保健、福祉を担う総合的な能力を有する医師（日本医師会）」のように、単一の疾患の治療ではなく患者を全人的に診たうえで、その生活を支援する存在であることが求められ、必須ではないものの在宅医療もその一環と位置付けられています。

なお実務面においても、新規開院時の診療所開設届出や保険医療機関指定申請の際にも、在宅医療提供の意思が、申請書の添付書面にチェックマークを入れる形で確認される取扱いが急増しています。

## 3-3-1［地域で不足する外来医療機能に係る確認書／宮崎県の例］

**様式１**

地域で不足する外来医療機能に係る確認書

年　　月　　日

殿

開設者　住所
氏名　　　　　　　　　　　　㊞
（法人にあっては、主たる事務所の所在地、名称及び代表者の氏名）

外来医師多数区域における地域で不足する外来医療機能を担うことの意思の有無について、下記のとおり提出します。

<table>
<tr><td colspan="2">名　　　　称</td><td colspan="2"></td><td>電話番号</td><td></td></tr>
<tr><td colspan="2">開設の場所</td><td colspan="4"></td></tr>
<tr><td colspan="2">開設予定年月日</td><td colspan="4">年　　月　　日</td></tr>
<tr><td rowspan="2">管理者</td><td>住所</td><td colspan="4"></td></tr>
<tr><td>氏名</td><td colspan="2"></td><td>電話番号</td><td></td></tr>
<tr><td colspan="2" rowspan="2">診療に従事する医師の氏名等</td><td>氏　　名</td><td>担当診療科名</td><td>診療日又は勤務日</td><td>診療時間又は勤務時間</td></tr>
<tr><td></td><td></td><td></td><td></td></tr>
<tr><td colspan="2">次の外来医療機能を担うことへの合意</td><td colspan="4">有　・　無</td></tr>
<tr><td></td><td>有の場合、担う予定の機能<br>（該当に全て○）</td><td colspan="4">①　初期救急医療（在宅当番医、夜間休日急患センター）<br>②　在宅医療（往診、在宅診療、ターミナルケアの実施）<br>③　公衆衛生に関する医療（産業医、学校医、乳幼児健診、予防接種）</td></tr>
<tr><td></td><td>無の場合その理由</td><td colspan="4"></td></tr>
</table>

（備　考）

（1）　この届出書は、医療法第30条の４第１項に規定する外来医療に係る医療提供体制の確保に関する事項（外来医療計画）に定められた外来医師多数区域における新規開業者が新規開業（法人化による新規開設手続、移転による新規開設手続、親子間承継による新規開設手続等を含む。）行う前に提出すること。

（2）　届出内容については、地域医療構想調整会議（外来医療提供体制の協議の場）と共有することとし、不足する外来医療機能を担わない場合には、その理由等について聞き取りを行うこと。

（3）　届出内容に変更が生じた場合には、速やかに本様式により報告すること。

## 第4節　不適切事例の増加

超高齢社会のなかで入院医療を減少させ、長期にわたる在宅での療養を支える存在として創設され、診療報酬面でも優遇された在支診ですが、制度創設の数年後からは以下のような「不適切事例」が目立ってきました。

① 夜間対応等の機能を実際に持っているとは言いがたい診療所でアルバイトの非常勤医師を多数雇用し、居住系施設等で一度に多数の患者を診て訪問診療料を算定する。
② 患者の「居宅」の訪問として訪問診療料等を算定していながら、実際は居住系施設の中を病院での「回診」のように多数の患者を診る、または施設内の「医務室」のようなところに患者を集め、外来診療とほとんど変わらない診療を行う。
③ 居住系施設と提携し、診療報酬中から在宅患者の紹介料として施設経営者への利益供与を行う。
④ 介護業界に参入した営利企業等が医師個人の名義を借りて実質的に在支診を経営する、または医療法人の実質的オーナーとなる。管理者がほぼ不在の例もある。
⑤ ホームレス高齢者をアパート等に集め、生活保護を申請させて住居扶助、医療扶助等の保護費のすべてを使わせる等の、いわゆる「生保ビジネス」。

これらに対しては、2008年以降の「同一建物」居住者への訪問診療点数減額、2014年診療報酬改定時の療養担当規則改正による「経済的誘因による患者紹介を受けること」の禁止、医療機関の開設者の確認及び非営利性の確認について（最終改正平成24年３月30日医政総発0330第４号 医政指発0330第４号）等の通知に基づく都道府県の指導、平成27年医療法改正によるガバナンス強化等の措置が取られ、近年では明らかな不適切事例は減少傾向にあると考えられます。

ただしその裏では大手資本のオーナーが後継者のいない旧法医療法人の持分と社員の地位を買い取る、資金不足に悩む病院グループに資本を注入して実質的支配権を掌握する等による営利企業の参入は水面下でなお進んでおり、従来は病院中心にみられたこれらの手法による営利企業による医療機関の支配が、いよいよ在宅医療分野にまで及んで来ている可能性があります。

## １．朝日新聞による訪問診療不正報道

上記のような不適切事例について、平成25年８月から10月にかけて、朝日新聞が数回にわたり報道しました。例えば、朝日新聞平成25年８月25日日曜日の朝刊１面トップでは、高齢者施設の訪問診療について、訪問診療患者を医療機関に紹介する業者が暗躍し、法外な手数料を取っていることを、また、２面では、粗末な診察など質の悪い診療を行っていることを報道しています。

この朝日新聞の報道は中央社会保険医療協議会で取り上げられ、2014年の診療報酬改定で、高齢者施設などへの訪問診療に関する診療報酬が大幅に低下する結果となりました。

朝日新聞が取り上げた事例は、批判されて当然です。しかし、全国の多くの訪問診療医は、真摯に訪問診療に取り組んでいます。意図的ともとれる一部の事例にだけ焦点を当て、訪問診療全体を十把一絡げ的に扱い、診療報酬をいきなり大幅に減額されたことに、多くの訪問診療医は衝撃を受け、一部には、訪問診療から撤退したり、縮小した

りする動きも見られました。データで見ても、この時期には一定数の営利企業の撤退も含めて、在支診の届出件数が減っています。

### 3-4-1［訪問診療不正事例］

参考

**患者紹介ビジネス横行**

兵庫の診療所。「先生にいい話を持ってきました。喜んでもらえると思います」高齢者施設で暮らす患者を紹介するから訪問診療をしてほしいと提案した。「収入（診療報酬）が入ったら、2割をコンサルタント料として頂きます。」

さらに診療所のリストを見せ、「たくさんのお医者様にも契約して頂いています」と続けた。1時間粘ったが、医師は断った。

福岡県の診療所にも別の業者が来た。「この市場はちょっとしたバブルでして。いろんな業者が参入してきて大変なんですよ」営業マンは「今のところグレーゾーン。規制が入るかもしれない」と危機感を見せる一方、「いくらなら折り合えますか」と食い下がった。断る医師に「あきらめてません。またうかがいますので」というところで録音は終わっている。

出典：平成25年8月25日朝日新聞要約

**「鍼灸院で訪問診療偽装」**

患者紹介ビジネスを手がける大阪市の業者が鍼灸院に患者を集め、医師の診療を受けさせていたことが分かった。患者の居住場所以外で診ても、訪問診療として診療報酬を請求することはできないが、医師は自宅で診たように装って不正請求した疑いが強い。

この業者は近畿で350以上の鍼灸院や医師約50人と契約を結んでおり、「鍼灸院に患者を集める業者は全国にある」と話している。医師は診療報酬の2割を紹介料として業者に支払う。

医師が訪問診療として請求できるのは自宅や施設などに限られ、鍼灸院で診ても請求できない。だが、患者への医療費通知等によると、医師は鍼灸院でしか診ていないのに訪問診療として請求した。請求時に診察場所を記す必要はなく、業者は営業で「どこで診ているかはわからないから大丈夫」と説明していた。

鍼灸院にも利点がある。はり師やきゅう師の治療の保険適用には、医師の診断と同意書が必要。医師が鍼灸院に来て同意書を書いてくれれば、患者の自己負担は1～3割になり、「客」を呼び込みやすい。このため鍼灸院も、同意書発行料を業者に支払う仕組みだ。

出典：平成25年8月26日朝日新聞要約

**「架空診療所設け訪問報酬」**

東京都の医療法人が架空の歯科診療所を設け、そこから訪問診療しているように装って診療報酬の請求をしていたことが分かった。訪問診療は診療所から16キロ内しか認められておらず、さらに遠い場所を訪問するための偽装工作だ。診療所には治療台もなく、パイプいすだけがあった。

出典：平成25年9月2日朝日新聞要約

**認知症入居者に過剰診療か**

高齢者施設と診療所を運営する岐阜県の社会福祉法人が、認知症の入居者に対し、家族の了解を得ずに毎日のように訪問診療するなど過剰とみられる治療を受けさせていたことがわかった。一部には架空診療の疑いもある。

この法人が運営するケアハウスに、同市の女性(66)が入居した。隣接の診療所から医師が入居者を訪問診療している。女性は認知症で、医療費通知等によれば、ハウスでは大みそかや元日を含めほぼ毎日、訪問診療等を受けたことになっていた。自己負担分を含む医療費の総額は月20万円超にのぼった。また、昨年9月半ばから別の病院に入院したが、その期間もハウスで訪問診療等を受けたと記されていた。

出典：平成25年10月6日朝日新聞要約

出典：中央社会保険医療協議会 2013年（平成25年）10月23日資料より抜粋

# 第５節　かかりつけ医と在宅医療

## １．診療報酬上のかかりつけ医機能

「かかりつけ」を国語辞典で引けば、多くの辞書に「いつも診察してもらっていること」と書かれています。また、前述の通り、日本医師会の定義によれば、かかりつけ医は、「なんでも相談できる上、最新の医療情報を熟知して、必要な時には専門医、専門医療機関を紹介でき、身近で頼りになる地域医療、保健、福祉を担う総合的な能力を有する医師」ということです。そうであれば、内科のかかりつけ医だけではなく、眼科のかかりつけ医、皮膚科のかかりつけ医、整形外科のかかりつけ医と、１人の患者に、何名もの「かかりつけ医」がいてもおかしくはありません。

かかりつけ医、かかりつけ歯科医、かかりつけ薬剤師と、どれも「かかりつけ」ですが、診療報酬上、かかりつけ医と、かかりつけ歯科医・かかりつけ薬剤師とでは、大きく異なる点があります。歯科医については、かかりつけ歯科医機能強化型歯科診療所に関して、薬剤師については、かかりつけ薬剤師薬剤指導料やかかりつけ薬剤師包括管理料に関して、施設基準の届出が必要であり、算定要件が設定されています。一方、かかりつけ医と名前のつく診療報酬はなく、したがって、かかりつけ医やかかりつけ医機能に関する施設基準も、算定要件もありません。しかし、医科の診療報酬に、かかりつけ医やかかりつけ医機能といった言葉は出てきます。例えば、第１章で説明した初診料の機能強化加算は、「留意事項」の通知に、次のように書かれています。

**【診療報酬の算定方法の一部改正に伴う実施上の留意事項について（通知）】**（令和２年３月５日保医発0305第１号）

機能強化加算は、外来医療における適切な役割分担を図り、より的確で質の高い診療機能を評価する観点から、かかりつけ医機能を有する医療機関における初診を評価するものであり、……（以下略）（下線は筆者）

機能強化加算は、施設基準の届出要件の１つとして、在支診・在医総管の施設基準を届け出ていることであり、かかりつけ医機能と在宅医療は、密接な関係にあることがわかります。

## ２．地域包括ケアシステムにおけるかかりつけ医

第１章第１節（在宅医療とは）に掲載した図1-1-2「医療・介護サービス保障の強化（地域包括ケアシステム）」（26頁）の中程左にも示されている、地域包括ケアシステムの重要な要素の１つである在宅医療を担うのが、かかりつけ医です。そのかかりつけ医のイメージ、役割、ゲートオープナー機能を示したものが次頁の図です。

これらの資料から、少なくとも、地域包括ケアシステムにおけるかかりつけ医とは、以下を担う主治医ということになります。

- 患者がアクセスしやすい中小病院や診療所の医師である。
- 健康管理や予防の段階から関わる。
- 病気を発症すれば、外来で最初に診察し、必要に応じて専門医や病院への紹介を行う。
- 発症後は、日常的な医学管理と重症化の予防を行う。
- 通院が困難になってくれば、在宅医療を提供する。
- 看取りを行う。

## 3-5-1［かかりつけ医機能のイメージ］

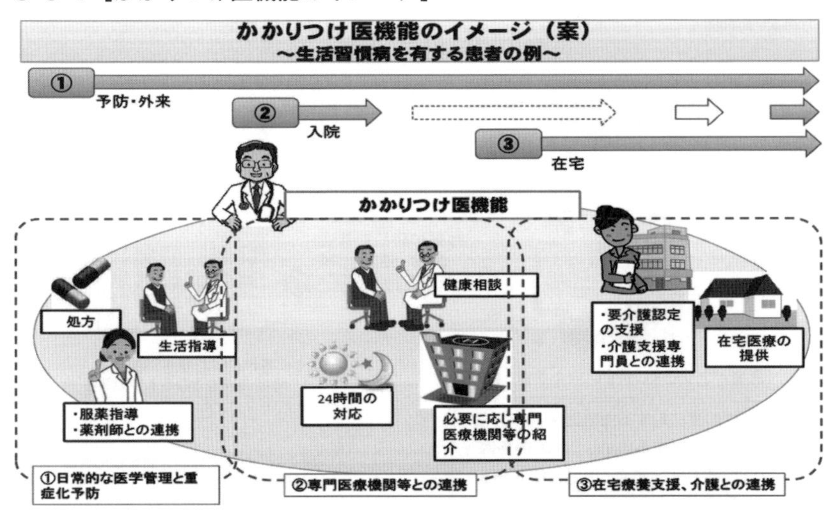


出典：中央社会保険医療協議会 2017（平成 29）年２月 22 日資料より抜粋

## 3-5-2［疾病の経過に応じ想定されるかかりつけ医の役割］

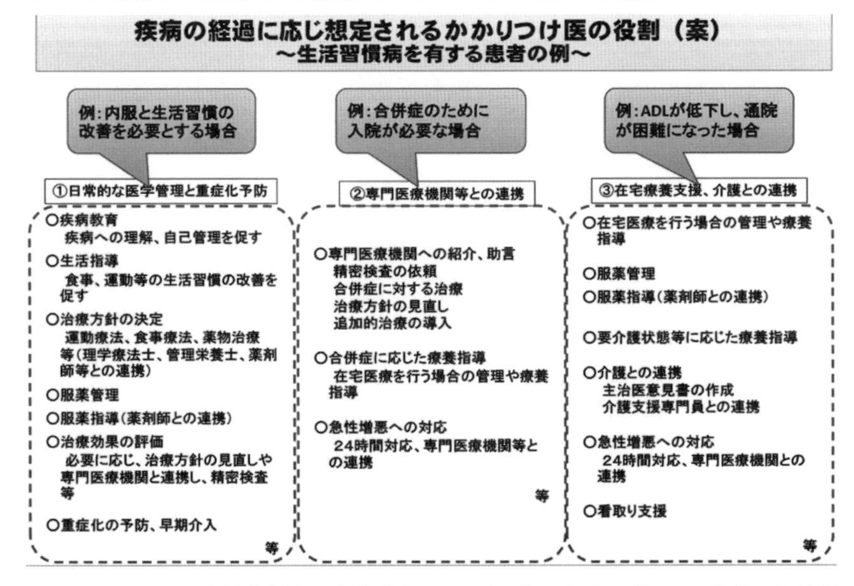


出典：中央社会保険医療協議会 2017（平成 29）年２月 22 日資料より抜粋

### 3-5-3［外来の機能分化・連携の推進］

平成28年度診療報酬改定

**外来の機能分化・連携の推進**

かかりつけ医の普及を図り、かかりつけ医が患者の状態や価値観も踏まえ、医療をサポートする「ゲートオープナー」機能を確立。

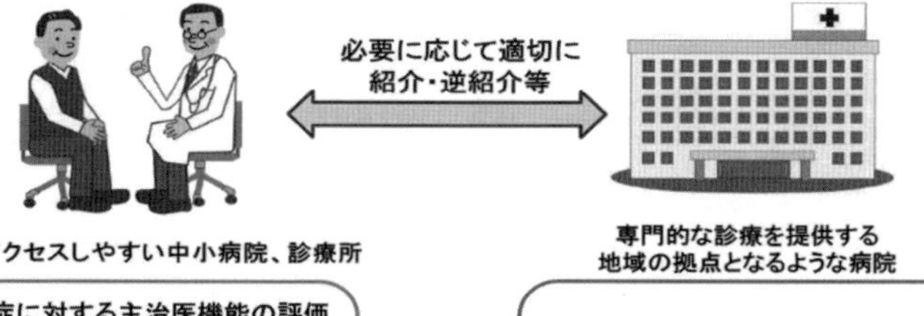


患者がアクセスしやすい中小病院、診療所

- ・認知症に対する主治医機能の評価
- ・小児に対するかかりつけ医の評価
- ・地域包括診療料、地域包括診療加算(※)の施設基準の緩和

（※）複数の慢性疾患を持つ患者に対する継続的で全人的な医療を評価

専門的な診療を提供する
地域の拠点となるような病院

- ・紹介状なしで大病院を受診した場合の定額負担を導入

出典：第 99 回社会保障審議会医療保険部会 2016（平成 28）年 10 月 26 日資料 1 － 1

したがって、この意味でのかかりつけ医は、通常、眼科医、皮膚科医、整形外科医などではなく、内科系の医師ということになるはずです。

## ３．地域包括診療料

2014年の診療報酬改定で、地域包括診療料という新たな診療料が設定されました。この診療報酬は、次のような変遷を経て、現在、４つの診療報酬になっています。なお、「診療料」となっていますが、診療報酬上は、「医学管理等」の診療報酬です。

**3-5-4［地域包括診療料等］**

**2014年：地域包括診療料の創設**

**2016年：地域包括診療料＋認知症地域包括診療料の創設**

**2018年：地域包括診療料１と２、認知症地域包括診療料１と２**

地域包括診療料を算定するには、施設基準を届け出る必要があります。地域包括診療料１の施設基準は、次の通りです。

**【特掲診療料の施設基準等及びその届出に関する手続きの取扱いについて】**（令和２年３月５日保医発0305第３号）

第６の８　地域包括診療料

１　地域包括診療料１に関する施設基準

(1)から(8)までの基準を全て満たしていること。

(1)　診療所又は許可病床数が200床未満の病院であること。

(2)　当該医療機関に、慢性疾患の指導に係る適切な研修を修了した医師（以下この区分において「担当医」という。）を配置していること。

(3)　健康相談を実施している旨を院内掲示していること。

(4)　診療所において、当該患者に対し院外処方を行う場合は、24時間対応をしている薬局と連携をしていること。

(5)　当該保険医療機関の敷地内における禁煙の取扱いについて、次の基準を満たしていること。

ア　当該保険医療機関の敷地内が禁煙であること。

イ　保険医療機関が建造物の一部分を用いて開設されている場合は、当該保険医療機関の保有又は借用している部分が禁煙であること。

(6)　介護保険制度の利用等に関する相談を実施している旨を院内掲示し、かつ、要介護認定に係る主治医意見書を作成しているとともに、以下のいずれか一つを満たしていること。

ア　介護保険法（平成９年法律第 123号）第46条第１項に規定する指定居宅介護支援事業者の指定を受けており、かつ、常勤の介護支援専門員（同法第７条第５項に規定するものをいう。）を配置していること。

イ　介護保険法第８条第６項に規定する居宅療養管理指導又は同条第10項に規定する短期入所療養介護等を提供した実績があること。

ウ　当該医療機関において、同一敷地内に介護サービス事業所（介護保険法に規定する事業を実施するものに限る。）を併設していること。

エ　担当医が「地域包括支援センターの設置運営について」（平成18 年10月18日付老計発1018001号・老振発1018001号・老老発1018001号厚生労働省老健局計画課長・振興課長・老人保健課長通知）に規定する地域ケア会議に年１回以上出席していること。

オ　介護保険によるリハビリテーション（介護保険法第８条第５項に規定する訪問リハビリテーション、同条第８項に規定する通所リハビリテーション、第８条の２第４項に規定する介護予防訪問リハビリテーション、同条第６項に規定する介護予防通所リハビリテーションに限る。）を提供していること。（なお、要介護被保険者等に対して、維持期の運動器リハビリテーション料、脳血管疾患等リハビリテーション料又は廃用症候群リハビリテーション料を原則として算定できないことに留意すること。)

カ　担当医が、介護保険法第14条に規定する介護認定審査会の委員の経験を有すること。

キ　担当医が、都道府県等が実施する主治医意見書に関する研修会を受講していること。

ク　担当医が、介護支援専門員の資格を有していること。

ケ　病院の場合は、区分番号「Ａ２４６」入退院支援加算の注８に規定する総合機能評価加算の届出を行っていること又は介護支援等連携指導料を算定していること

(7)　以下の全てを満していること。

ア　診療所の場合

(イ)　時間外対応加算１の届出を行っていること。

(ロ)　常勤換算２名以上の医師が配置されており、うち１名以上が常勤の医師であること。

(ハ)　在宅療養支援診療所であること。

イ　病院の場合

(イ)　地域包括ケア病棟入院料の届出を行っていること。

(ロ)　在宅療養支援病院の届出を行っていること。

(8)　外来診療から訪問診療への移行に係る実績について、以下の全てを満たしていること。

ア　直近１年間に、当該保険医療機関での継続的な外来診療を経て、区分番号「Ｃ００１」在宅患者訪問診療料(Ⅰ)の「１」、区分番号「Ｃ００１－２」在宅患者訪問診療料(Ⅱ)(注１のイの場合に限る。)又は区分番号「Ｃ０００」往診料を算定した患者の数の合計が、10人以上であること。

イ　直近１か月に初診、再診、往診又は訪問診療を実施した患者のうち、往診又は訪問診療を実施した患者の割合が70％未満

であること。
（下線は筆者）

下線部を中心にこの施設基準と先程のかかりつけ医のイメージ、役割、ゲートオープナー機能を示した図の内容を比べてみると、非常によく一致していることがわかります。さらに、地域包括診療料を算定する要件の１つに次のことがあります。

**【留意事項】**

⑷コ　患者の同意について、当該診療料の初回算定時に、別紙様式48 を参考に、当該患者の署名付の同意書を作成し、診療録等に添付すること。ただし、直近 1 年間に４回以上の受診歴を有する患者については、別紙様式 48を参考に診療の要点を説明していれば、同意の手続きは省略して差し支えない。なお、当該医療機関自ら作成した文書を用いることでよい。

### 3-5-5［別紙様式48「地域包括診療料」・「認知症地域包括診療料」に関する説明書・同意書］

（別紙様式４８）

「地域包括診療料」・「認知症地域包括診療料」に関する説明書

**当院では、「地域包括診療料」等を算定する患者さんに、「かかりつけ医」として、次のような診療を行います。**

○ 生活習慣病や認知症等に対する治療や管理を行います。

○ 他の医療機関で処方されるお薬を含め、服薬状況等を踏まえたお薬の管理を行います。

○ 予防接種や健康診断の結果に関する相談等、健康管理に関するご相談に応じます。必要に応じ、専門の医療機関をご紹介します。

○ 介護保険の利用に関するご相談に応じます。

○ 必要に応じ、訪問診療や往診に対応します。

○ 体調不良時等、患者さんからの電話等による問い合わせに対応しています。

連絡先　▲▲医院　●●●－●●●－●●●●

**患者さん・ご家族へのお願い**

○ 他の医療機関を受診される場合、お急ぎの場合を除き、担当医にご相談ください。お急ぎの場合に、他の医療機関を受診した場合には、次に当院を受診した際にお知らせください。（他の医療機関で受けた投薬なども、お知らせください。）
○ 受診時にはお薬手帳をご持参ください。
○ 処方を受けている薬局のお名前をお知らせください。
○ 健康診断の結果については、担当医にお知らせください。

（別紙様式４８）

「地域包括診療料」　・　「認知症地域包括診療料」

に関する同意書

「地域包括診療料」　・　「認知症地域包括診療料」

について説明を受け、理解した上で、▲▲医院　医師　〇〇〇〇を担当医として、生活習慣病等（●●、□□）に対する継続的な診療、お薬の管理、健康管理に関する相談・指導等を受けることに同意いたします。

※　他の医療機関で「地域包括診療加算」「認知症地域包括診療加算」「地域包括診療料」「認知症地域包括診療料」を算定している方は、署名する前にお申し出ください。

（患者氏名）＿＿＿＿＿＿＿＿＿＿

上記の通り別紙様式48には、「「地域包括診療料」等を算定する患者さんに、「かかりつけ医」として、次のような診療を行います」と書かれており、地域包括診療料は、**かかりつけ医として算定する診療報酬**であることが明示されています。

歯科医や薬剤師と異なり、かかりつけ医と名前のつく診療報酬は存在しませんが、実質的には地域包括診療料がかかりつけ医診療料の性格を持つものにほかなりません。

ではなぜかかりつけ医診療料としないのか？については判然としませんが、地域包括診療料の施設基準を届け出ている医療機関があまりに少なく（令和元年７月の時点で263施設）、地域包括診療料をかかりつけ医診療料という名称にしてしまうと、かかりつけ医と名乗れる医師が全国でごく少数しかないということになってしまう等の理由が考えられます。

それでは、地域包括診療料の届出をしやすいようにして、届け出る医療機関の数を増やせばよいのではないかという疑問が湧くところですが、その通り施設基準の緩和はされています。例えば、前記269頁の施設基準の(7)ア　診療所の場合の(ロ)で、2014年の創設当初は「常勤医３名以上」だった要件が2016年の改定で「常勤医２名以上」となり、さらに2018年の改定では「常勤換算２名以上の医師が配置されており、うち１名以上が常勤の医師であること」、すなわち院長１名と非常勤医が数名でも、その非常勤医の合算が常勤医１名分以上になればよいことになりましたが、その他の要件に大きな変更はなく、クリニックにとってハードルの高い施設基準であることに変わりはありません。第１章第１節（在宅医療とは）の「診療所におけるかかりつけ医の業務に対する負担感」を見てもわかるように、先程の医師数を始め、多くのクリニックにとって、夜間休日の対応等に関する厳しい要件も並んでいる以上、地域包括診療料の届出数が一気に増えることは考えにくいのが現状です。

## 4．2014年および2016年の診療報酬改定

地域包括診療料が新設された2014年の診療報改定では、第1章の第3節（往診料と在宅患者訪問診療料）、第5節（在宅時医学総合管理料と在宅療養指導管理料）で説明したように、在医総管等に「同一建物居住者」という概念を導入し、1つの建物で複数の患者に訪問診療を行っている場合、在医総管等を大幅に減額する改定がありました。これは前節で述べたように、前年（2013年）の朝日新聞による訪問診療の不正報道が大きく影響しています。

例えば、機能強化型ではない在支診が、有料老人ホームの入居者20名に訪問診療を月に2回行っていた場合、1カ月当たりの診療報酬は、次の通りになりました。

(2014年診療報酬改定以前)
患者1人当たり：400点×2回＋3,000点＝3,800点
20人分の診療報酬：3,800点×20人＝76,000点
(2014年診療報酬改定後)
患者1人当たり：203点×2回＋720点＝1,126点
20人分の診療報酬：1,126点×20人＝22,520点

この事例での診療報酬は、診療報酬改定後に改定前の約70%減、1カ月当たり50万円（＝年間600万円）以上の減収です。高齢者施設などに訪問診療を行っていたクリニックは、経営的に非常に大きなダメージを受けました。

そのようななかで厚生労働省関係者から聞こえてきたのは、高齢者施設へ訪問診療を行っている医療機関は、新設された地域包括診療料の施設基準を届け出て算定したほうが診療報酬は多く得られる、という話でした。ちなみにこのときの地域包括診療料は1,503点です。地域包括診療料を算定すると、一部の費用を除き再診料や訪問診療料・

在医総管などは算定できないので、1,503点しか算定できませんが、確かに、上記の計算結果（1,126点）と比べると、診療報酬は高くなります。この機に乗じて、既に在支診・在医総管等を届け出ているクリニックに、実質的なかかりつけ医診療料である地域包括診療料の届出を促し、名実共にかかりつけ医を増やそうという国の思惑が窺えます。

しかし、それでも多くの診療所にとって施設基準のハードルは高く、地域包括診療料の届出は極めて低調でした。そのうえ、在支診の届出件数まで減ってしまったこともあり、2016年の診療報酬改定では在医総管等を少し増点して、在支診の届出件数減少に歯止めをかけようとしたのではないかと思われます。前述の例のように、機能強化型ではない在支診が、有料老人ホームの入居者20名に訪問診療を月に２回行っていた場合、１カ月当たりの診療報酬は、次の通りになりました。

（2016年診療報酬改定後）
患者１人当たり：203点×２回＋1,100点＝1,506点
20人分の診療報酬：1,506点×20人＝30,120点

2014年の診療報酬改定前の約40％ですが、地域包括診療料を算定する場合との差はなくなりました。

## ５．初診料の機能強化加算

2018年の診療報酬改定で新設された加算が、第１章第２節（在宅療養支援診療所とは）で紹介した初診料の機能強化加算です。本節**1**の「留意事項」（266頁）で見たように、この加算は、「かかりつけ医機能を有する医療機関における初診を評価するもの」と位置付けられています。かかりつけ医機能を評価するのであれば、施設基準の要件

は実質的なかかりつけ医診療料である地域包括診療料と小児かかりつけ診療料だけでもよいはずです。しかし、在支診で在医総管・施設医総管を届け出ていることも、要件に加えられています。これは、かかりつけ医機能のなかでも、24時間体制で在宅医療を行うことが非常に重要である一方、その役割を担うクリニックがまだまだ不足しているため、診療報酬でのインセンティブを与えて、在支診・在医総管等の届出を促進したいという思惑があるのではないかと推測されます。もしそうであれば、思惑通りに将来、在支診・在医総管の届出が増えたところで、初診料の機能強化加算の施設基準は地域包括診療料と小児かかりつけ診療料だけになり、在支診・在医総管の届出は、施設基準の要件から外される可能性があるとも考えられます。

その理由は、あくまでも届出を増やしたいのは、かかりつけ医診療料である地域包括診療料のはずだからです。例えば、第1章での例示のように、外来診療を行い在支診として在宅医療を行っているクリニックが、初診料を年間で2,000回算定していれば、初診料の機能強化加算で年間160万円の診療報酬を得ることになります。仮に機能強化加算の施設基準から在支診・在医総管等の要件が外されたら、年間160万円の減収になってしまうため、その減収を避けるためには地域包括診療料の届出を行うことが必要になります。在支診・在医総管等の届出、すなわち24時間体制で在宅医療を行うことは、非常に重要な一部分とはいえかかりつけ医機能の一部でしかありません。かかりつけ医機能を包括的に要件としている地域包括診療料の届出を増やすこと、すなわち、地域包括ケアシステムにおけるかかりつけ医を増やすことが、国のねらいであるはずです。

また在支診・在医総管等の届出が増えない場合も本来の目的である地域包括診療料の届出も増えないことから機能強化加算自体が廃止される可能性も否定できません。目的を達することができない加算がいきなりある年の診療報酬改定で廃止された例は過去に多数あることからも機能強化加算の動向には十分な注意が必要と考えられます。

# 第６節　現場の負担解消に向けた取組事例

「2014 年度診療報酬改定に係る診療所調査結果－かかりつけ医機能と在宅医療を中心に－」（日医総研ワーキングペーパー .330）によれば、在宅医療を行ううえで特に大変なこととしては、第１位「緊急時の対応（75.4％）」、第２位「自身の体力（52.9％）」（複数回答）が挙げられており、在宅医療を進めるうえでの最大の課題は、外来診療後に患者居宅を回る等の物理的負担はもちろんのことながら、「夜でもゆっくり休めない」「旅行に行けない」といった精神的負担が大きなウェイトを占めていることが考えられます。

また、平成 24 年度在宅医療連携拠点事業総括報告書（厚生労働省医政局指導課在宅医療推進室）では、在宅医療を推進するうえでの課題として挙げられた項目として、多い順に「連携不足」、「情報共有体制」、「住民への普及啓発」（以下略）となっており、市民の理解のもとで情報共有、地域連携体制を構築することが課題と考えられます。

こういった現場の本音から、現場の負担（感）を軽減し、在宅医療を無理なく推進すべく、自治体や地域医師会等で様々な取組みがなされています。

## １．在宅副主治医制（柏モデル）

一般社団法人柏市医師会が柏市、独立行政法人都市再生機構、東京大学と連携し、高齢化が進む大規模団地再生モデルの１つとして、在宅医療に係る負担軽減に向けた主治医・副主治医制の構築に取り組んでいます。訪問診療の依頼を受けた医師会員は主治医として訪問診療

を行い、その際に医師会内でのグループ中の医師または在宅プライマリ・ケア委員会の医師に副主治医を依頼して、主治医が訪問できないときの補完的役割を担います。また、役割分担がうまく機能できない状況になった場合には地域ごとに定めた「副主治医機能集中診療所」が副主治医機能を代替することで、個々の医療機関にかかる負担を軽減しています。

## 2．インターネット回線を用いたカルテ情報共有

医療機関同士でネットワークを介して診療情報を共有することで、連携関係を円滑にすることはもちろんのこと、重複検査や薬剤の重複投与を抑制する等の効果も期待されています。電子カルテの普及やレセプトオンライン請求の義務化、住民基本台帳ネットワークシステムの制度化等の後押し等もあることから、情報共有は一気に普及することが見込まれていました。

しかしながら、様々な団体や自治体が連動することなく個別に動き出し、電子カルテ相互の接続の問題等もあり、なかなか進んでいないのが実情です。

そのようななか、あじさいネット（長崎)、天かける（尾道）等、市民に認知され、関係事業者を巻き込んだ情報共有をルーチン化している事例も散見されるようになり、注目されています。

## 3．「ベッドサイドノート」を用いた多職種との連携

在宅療養患者の枕元に置いた「連絡ノート」を用いて、訪問診療医師、訪問看護師、訪問薬剤師、ケアマネージャー、介護機器業者等の間で「注意してほしい事項、お願い事項」等の伝達をするという、

もっとも「原始的」な手法であって、類似の事例は全国で多数あるものと思われます。

取材した神奈川県の事例では、夜間・休日等の対応についても、24時間対応可能な訪問看護ステーションが中心となって関係者の連携関係が確立されており、実際に医師に電話が行く例は稀であって、何かあっても多くは翌朝の報告で足りるとのことです。

患者の手の届くところに置かれたノートに患者に声掛けしながら家族や介護者誰もが閲覧、記入できるため、その情報共有につき患者本人の同意があったものと考えられることから、患者情報共有の意味も含め、ある意味有用な手法といえるでしょう。

ちなみにノートに書かれている内容は「薬の飲み忘れが多いパターンの注意喚起」「減薬の相談」「脱水予防（水分摂取量のメモ）」「担当者交代挨拶」「夜間休日対応のルール」「入院の目安（風邪をひいたとき）」「排泄時の注意」「「顔の見える会議」開催のお知らせ」等多岐にわたっており、近年はこのノートの「電子版」への移行を試行中とのことです。

## ４．グループでのオンコール当番制による訪問診療

同一法人内での本院と分院、または大規模な在支診とそこから独立した医師個人が開設する小規模な在支診等、系列内の複数の診療所で常設の連携関係を構築。連携機能強化型在支診として届け出たうえで、電子カルテは同一メーカーのものを採用、同意を得た患者についてはパスワードも共有し、訪問診療の契約書も共通の様式を用います。その段階で患者情報共有につき予め本人の同意を得ておくことで、毎月開催される合同カンファレンスで患者情報を共有でき、主治医以外の医師も訪問可能な体制とします。

以上の体制を整備したうえで、平日、日勤帯の訪問診療は各院の主

治医がそれぞれ行い、夜間、休日の電話対応についてはオンコール当番制とすることで、医師個人にかかる負担を軽減しています。また、夜間、休日対応用専用の携帯電話を実際に「バトン」のように受け渡し、それを持っている日は飲酒しない、等でメリハリをつけている事例もあります。

# 第７節　オンライン診療と在宅医療

## １．遠隔・オンライン診療

遠隔医療、オンライン診療、電話診療等、患者と医師が物理的に対面することなく医療行為を行うことは、「無診察治療の禁止（医師法20条）」の解釈からくる「対面診療の原則」の壁に阻まれ、なかなか進んでいないのが現状です。平成９年12月24日健政発第1075号（最終改正平成23年３月31日）では、「１．基本的考え方　診療は、医師又は歯科医師と患者が直接対面して行われることが基本であり、遠隔診療は、あくまで直接の対面診療を補完するものとして行うべきものである。」として、遠隔診療に関しては例外的に離島・へき地の場合や、長期間診療を継続してきた患者で病状の安定している患者に対し、別表で適応を限定したうえで認める、という制度が取られてきました。

とはいえ、人口減少、医師の高齢化、在宅療養患者の増加、ICT技術の進歩等を考え合わせると、直接対面を伴わない診療が進むべき方向であることは論を待ちません。

平成29年６月９日に閣議決定された規制改革実施計画では、遠隔診療については「離島・へき地」等に留まらず、単に対面診療を補完するものではなく、初診時も含めて効率的・効果的に医療を提供する観点から、新たな通知の発出や診療報酬改定により積極的に推進するものと決定されています。

### 3-7-1 [規制改革実施計画]

③ IT時代の遠隔診療

| No. | 事項名 | 規制改革の内容 | 実施時期 | 所管府省 |
|---|---|---|---|---|
| 11 | 遠隔診療の取扱いの明確化 | 情報通信機器を用いた診療（いわゆる「遠隔診療」）について、以下の事項を含め、取扱いを明確に周知するため、新たな通知の発出を行う。<br>・「離島・へき地」以外でも可能であること。<br>・初診時も可能であること。<br>・医師の判断で実施可能な具体的な症例として、全て遠隔で行う禁煙外来、１回の診療で完結する疾病が想定されること。<br>・医師の判断で活用可能なツールとして、ＳＮＳや画像と電子メール等の組合せが想定されること。 | 平成29年度上期検討・結論・措置 | 厚生労働省 |
| 12 | 遠隔診療の診療報酬上の評価の拡充 | 対面診療と遠隔診療を単に比較するのではなく、より効果的・効率的な医療の提供を可能とする観点から、糖尿病等の生活習慣病患者の効果的な指導・管理、血圧、血糖等の遠隔モニタリングを活用するなど、対面とオンラインを組み合わせることで継続的な経過観察が可能になり重症化を防ぐといった例も含め、診療報酬上より適切な評価がなされるよう、遠隔診療の診療報酬上の評価の在り方について、平成 30 年度診療報酬改定に向けて対応を検討し、結論を得る。 | 平成29年度検討・結論、平成30年度措置 | 厚生労働省 |

出典：厚生労働省「オンライン診療の適切な実施に関する指針」（平成30年3月 令和元年7月一部改訂）

上記閣議決定を受けた形で2018年診療報酬改定の際にオンライン診療料が創設され、診療報酬上は、基本診療料の１つとして位置付けられました。初診料、再診料、外来診療料に次ぐ４番目の診療料です。一部では画期的な評価との声もあり、オンライン診療解禁、とばかりに報道されたことは記憶に新しいところです。しかし、医師法20条の解釈として定着している「対面診療の原則」は変わっていないこともあって、次の通り、対象疾患は限定され、施設基準の届出が必要など、算定するためのハードルが非常に高いうえに、診療報酬も70点と大変低いものとなりました。

（算定可能な患者）
特定疾患療養管理料、小児科療養指導料、地域包括診療料、認知症地域包括診療料、生活習慣病管理料、在宅時医学総合管理料、てんかん指導料、難病外来指導管理料、糖尿病透析予防指導管理料、精神科在宅患者支援管理料を算定している患者

**【主な算定要件】**（医学通信社「診療点数早見表」2018年４月版より引用）
⑴　リアルタイムでコミュニケーション可能な情報通信機器を用いて、オンラインによる診療を行った場合に、１月につき算定。
⑵　当該管理に係る初診から６月以上経過していること。（６月間、毎月同一の医師による対面診療を行っていること。ただし、当該管理料等の初算定月から６月以上経過している場合は、直近12月以内に６回以上で可。）
⑶　３月連続での算定は不可。
⑷　対面診療とオンライン診療を同月に行った場合、オンライン診療料の算定不可。
⑸　対面診療とオンライン診療を組み合わせた療養計画を作成すること（対面診療の間隔は３月以内であること）。当該計画に基づかない他の傷病に対して、オンライン診療料は算定不可。
⑹　対面診療とオンライン診療を行う医師は同一であること。

注）2020年に一部変更されています。

**【施設基準】**（「基本診療料の施設基準等及びその届出に関する手続きの取扱いについて」平成30年３月５日保医発0305第２号）

１ オンライン診療料に関する施設基準

(1) 厚生労働省の定める情報通信機器を用いた診療に係る指針に沿って診療を行う体制を有する保険医療機関であること。

(2) オンライン診療料の算定を行う患者について、緊急時に概ね30分以内に当該保険医療機関が対面による診察が可能な体制を有していること。（ただし、区分番号「Ｂ００１」の「５」小児科療養指導料、区分番号「Ｂ００１」の「６」てんかん指導料又は区分番号「Ｂ ００１」の「７」難病外来指導管理料の対象となる患者は除く。）

(3) 当該保険医療機関において、１月当たりの区分番号「Ａ００１」再診料（注９による場合は除く。）、区分番号「Ａ００２」外来診療料、区分番号「Ａ００３」オンライン診療料、区分番号「Ｃ００１」在宅患者訪問診療料（Ⅰ）及び区分番号「Ｃ００１－２」在宅患者訪問診療料（Ⅱ）の算定回数に占める区分番号「Ａ００３」オンライン診療料の算定回数の割合が１割以下であること。

同じ基本診療料に位置付けられている初診料、再診料、外来診療料には課せられていない施設基準の届出や、「緊急時に概ね30分以内に当該保険医療機関が対面による診察が可能な体制を有していること」という要件が求められたうえ、さらに疑義解釈から、この緊急時に対応する医師は、オンライン診療を行う医師と同一の医師でなければならないとされました。在支診による24時間対応の訪問診療でさえ、事前に患家に文書で通知すれば、主治医以外の医師による対応も可ですが、オンライン診療における対応は、そのようなことも許されない極めて厳しい要件です。これでは、オンライン診療を開始したら、医師はクリニックから概ね30分より遠い場所に行くことができない、ということになります。

このような厳しい条件のため、2020年の診療報酬改定までに、オンライン診療の施設基準を届け出た医療機関は全国で1,000施設程度に留まり、保険診療におけるオンライン診療はほとんど普及しませんでした。そのため、2020年診療報酬改定では要件や施設基準の見直しが行われましたが、それも下記のように限定的な緩和に留まっています。

「2020年改定のオンライン診療料要件緩和」

- （主な算定要件）オンライン診療前の対面診療期間6カ月以上→3カ月以上
- （施設基準）緊急時の対応は、30分以内に対面診療可能な体制→やむを得ない場合には速やかに対面診療可能な他の医療機関を計画に記載しておくことでも差し支えない
- （算定可能な患者）在宅自己注射指導管理料の算定患者、定期的な通院が必要な慢性頭痛患者を追加

なお、2020年11月の本稿執筆時点で、患者と医師が直接対面することなく実施可能な保険診療には、以下のようなものがあります。

- 電話再診料
- オンライン診療料
- オンライン在宅管理料
- 在宅酸素療法指導管理料（遠隔モニタリング加算）
- 心臓ペースメーカー指導管理料（遠隔モニタリング加算）
- 難病外来指導管理料（オンライン診療料算定時）

## 2．在宅医療におけるオンライン診療の診療報酬

2018年の診療報酬改定で、オンライン診療での在宅医療の診療報酬として、オンライン在宅管理料が設定されました。これは在医総管の加算として位置付けられており、創設時の主な算定要件は以下の通りでした。なお、診療報酬は、1カ月当たり100点です。

⑴　オンライン診療料の施設基準を届け出ていること。
⑵　在医総管を算定している患者であること。
⑶　訪問診療を月に1回行っている患者であること。
⑷　在医総管を算定してから6カ月以上経過していること。
⑸　基本的には、訪問診療を行っている医師と同一の医師がオンライン診療も行うこと。
⑹　3カ月連続では算定できないこと。
⑺　訪問診療とオンライン診療を組み合わせた在宅診療計画を作成し、その計画に沿ってオンライン診療を行うこと。

例として、在医総管を算定してから6カ月以上経過している個人宅の訪問診療患者1名に対して、次の通りに訪問診療とオンライン診療を行うことが可能です。

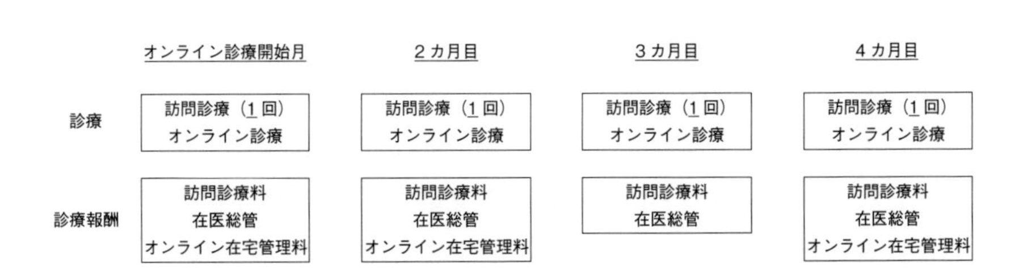


機能強化型ではない在支診が、上記のように診療を行ったとする

と、オンライン診療開始月、２カ月目、４カ月目の診療報酬は、訪問診療料888点と在医総管2,400点の合計3,288点を算定することになり、オンライン在宅管理料100点は、在医総管の所定点数2,300点に加えて算定します。

上記の算定要件⑵から、施設に入居している患者に訪問診療を行っている場合、在医総管ではなく施医総管を算定することになるため、オンライン在宅管理料は算定できません。また⑶から、月に２回以上の訪問診療を行っている場合も、オンライン在宅管理料は算定できません。さらに⑺から、急変時などの在宅診療計画外の診療にオンライン診療を使った場合も、オンライン在宅管理料は算定できません。そのうえ、オンライン在宅管理料は在医総管の加算ですので、オンライン診療を月２回、３回と複数回行っても診療報酬は100点です。このようにオンライン在宅管理料は、現時点では制約が多いうえに点数の低い診療報酬となっています。

なお、2020年の診療報酬改定で、上記の算定要件の一部が改定されました。⑶については月１回以上に変更され、訪問診療を月に２回以上行っている場合でも、オンライン在宅管理料が算定可能になりました。また⑷については３カ月に変更され、期間が短縮されました。しかし、診療報酬は、依然として100点のままとなっています。

## ３．在宅医療におけるオンライン診療の可能性

前述の通り、現行制度では訪問診療を行っている患者の急変時に、オンライン診療を行うことはできません。

オンライン診療システムをテレビ電話として使い、電話再診料を算定できる可能性はありますが、その場合は100点よりもさらに低い73点です。しかし診療報酬を別とすれば、急変時に緊急の診療をオンライン診療システムで行うことは、有用な場合が相当程度あるもの

と考えられます。
訪問診療・往診の際に医師が診察に使える物といえば、聴診器、体温計、血圧計、パルスオキシメーター、エコーといった程度で、基本的には、バイタルサインの確認、患者に対する問診（患者に行えない場合は介護している家族やスタッフへの問診）、視診、聴診、触診を行うことになります。一方、クリニックで外来診察を行えば、それらに加え、レントゲンを撮ったり、採血してその場で血液検査装置にかけたりと、診察を行う際の情報を大きく増やすことが可能です。訪問診療・往診では、限られた情報の中で診察をして、診断・治療を行うことになります。
急変の場合、まず一報は携帯電話での連絡です。電話で状態等を聴取した医師が電話での音声による情報だけでは不十分と判断した場合は往診に行くことになります。しかし、オンライン診療を使えれば、少なくとも画面を通しての視診は可能です。また、デジタル聴診器の登場で、聴診音をBluetoothで飛ばせば、聴診も可能です。夜間・早朝の往診は、寝ている所を携帯電話で起こされることが医師にとっては非常に大きな負担ですが、悪天候時の往診も含めて、患家に赴くこと自体も大変大きな負担です。オンライン診療を使えれば、医師は自宅で診療を行い病院へ搬送すべきかも含めた総合的な判断をすることができる可能性があります。
対面診療とオンライン診療の差についても、4K・8Kといった超高精細画像であれば、視診は対面と遜色ない程度に行うことが可能です。このような超高精細画像データを送るには5Gが必要ですし、また、オンライン診療を行うPCやスマートフォンも、4K・8K対応にする必要がありますが、これらは、間もなく実現されるはずです。また、デジタル聴診器も、今後、軽量・安価となり、送信される聴診音もさらに向上していくことが予想されます。さらに、遠隔で触診を行える技術開発も進んでおり、近い将来は医師が自宅にいても、問診、視診、聴診、触診（打診）のすべてを行うことが可能になる可能性があります。夜間・早朝の患者急変時に、着替えて患家に赴かなくても自宅で診察を行うことが可能になれば、オンライン診療は在支診の医師の負担軽減に、大きく寄与するはずです。

## ４．新型コロナウイルス感染症拡大による特例措置

令和２年３月より感染が拡大した新型コロナウイルス感染症により、医療機関での感染リスクを恐れ、受診を控える患者が増加するなか、同年４月７日に閣議決定された「新型コロナウイルス感染症緊急経済対策」において、国民・患者が安心して医療を受けることができるよう、初診も含め、電話や情報通信機器で医療機関へアクセスし、適切な対応が受けられる仕組みを整備することが表明されました。これを受けて、令和２年４月10日厚生労働省事務連絡「新型コロナウイルス感染症の拡大に際しての電話や情報通信機器を用いた診療等の時限的・特例的な取扱いについて」が発出され、電話や情報通信機器を用いた臨時特例的な診察が具体的に示されました。これ以降、厚生労働省もマスコミも、この電話や情報通信機器を用いた臨時特例的な診察を「オンライン診療」と呼ぶようになり、前述の2018年に創設されたオンライン診療料との区別がつかない状態となってしまいました。しかし、この両者は、まったく別な診療であるため、ここでは2018年に創設されたオンライン診療料に基づく診療を「オンライン診療」とします。また、令和２年４月10日事務連絡で臨時特例的に認められた診療は、従前から存在した「電話等による再診」を初診時に拡大したものであり、これをオンライン診療と呼ぶことは不適切であるため、「電話等診療」と呼ぶことにします。オンライン診療と電話等診療を比較したものが、次の表になります。

### 3-7-2 ［オンライン診療と電話等診療の比較］

| | 除：医療資源の少ない地域　オンライン診療 | 電話等診療 |
|---|---|---|
| 算定点数 | オンライン診療料　71点　＋出来高 | 電話等を用いた場合の初診料　214点　＋出来高<br>電話等再診料　73点＋　出来高 |
| 対応患者 | 特定疾患管理料、小児科療養指導料、難病外来指導料、糖尿病透析予防指導料、地域包括診療料、認知症地域包括診療料、生活習慣病管理料、在宅時医学総合管理料、精神科在宅患者支援管理料、在宅自己注射管理料（糖尿病、肝疾患等）の算定対象となる患者、一次性頭痛の患者 | 制限なし<br>【凡例】<br>令和2年4月改定 |
| 対象患者 | オンライン診療開始前~~6~~3か月の間、オンライン診療対象疾患で毎月対面診療している<br>日常的に対面診療が可能<br>初診時NG | 制限なし（医師が可能と判断した範囲） |
| 診療上の注意 | ~~緊急時に概ね30分以内に当該保険医療機関が対面による診察可能~~<br>対面とオンラインを組み合わせた診療計画を事前に作成<br>対面診療で治療中の患者のdo処方、当該疾患にかかる追加処方は診療計画無くても可<br>~~再診料等の算定回数全体のうち1割以下~~<br>~~診療計画に基づかない他の傷病に関する診療は対面診療~~ | 麻薬、向精神薬、ハイリスク薬（薬剤管理料1算定対象）の処方不可<br>処方日数上限7日間<br>処方箋備考欄に0410対応追記／患者の希望する薬局にFAX送信 |
| 届出・報告 | 施設基準（A003オンライン診療料）届出<br>オンライン診療の実施にかかる研修受講（猶予）<br>各月1日まで届出で当月から算定可（令和2年5月のみ5月29日迄） | 都道府県に報告（所轄保健所の道府県もある） |
| 通信手段 | ビデオ通話が可能な情報通信機器 | 電話またはビデオ通話 |

※取消線部分は2020年改定で削除

上記の通り、オンライン診療は施設基準の届出が必要であり、初診は不可で対象患者も限定されているのに対し、電話等診療は施設基準の届出は不要で、初診も可、対象患者の制限もありません。そのうえ、診療報酬は電話等診療のほうが高くなっています。電話等診療の実態は、前述の通り大部分が電話による診療なので、今回の暫定措置については次の点で問題があると考えられます。

## (1) オンライン診療と電話等診療の差

視診ができない電話での診療は初診が可で対象患者の制限もないのに、視診ができるオンライン診療はそれらが認められないという状態になっており、臨時とはいえ、制度間の不整合が生じています。

## (2) 電話等診療での初診

過去に受診歴がまったくない新規の患者への初診を電話で行おうと

した場合、視覚情報すらないなかで、本人確認や患者の基礎疾患の情報把握・確認などは大変難しく、非常にリスクのある診察になる可能性があります。

また、電話等診療において、Line や Zoom のような汎用アプリを使って視診を含めた診察を行っている場合があるようです。オンライン診療においても、汎用アプリを使って診察することは認められていますが、汎用アプリを使う場合は次のような注意が必要です。

どちらの場合も、厚生労働省は「オンライン診療の適切な実施に関する指針」に基づいて行うように求めており、令和元年７月の改定された指針には、「個別の汎用サービスに内在するリスクを理解し、必要な対策を行う責任が専ら医師に発生するということを理解すること。」などの要件が課されています。メジャーな汎用アプリは常に世界中のハッカーから攻撃の対象とされており、必要な対策を行う責任が専ら医師にあると言われても、それに対応できる医師はほぼ皆無です。したがって汎用アプリ上の問題で診察情報等が外部に漏洩した場合は、少なくとも指針によればその責任は医師にあることになります。オンライン診療に汎用アプリを使う場合には、このようなリスクがあることを十分に認識したうえで行うことが重要です。

在宅医療に関しては、電話等診療は診療計画に基づいて行う必要はなく、状態に変化などがあった場合、電話もしくは情報通信機器で診察をして、必要な薬があれば処方もできるので、医師・患者双方にとって便利な診察と考えられます。

なお、令和２年８月 26 日付けで、厚生労働省医政局医事課から事務連絡が発出されました。

この事務連絡では、初診から電話や情報通信機器を用いた診療において不適切な事例が見られたとの指摘をしており、そのため、令和２年４月 10 日付け事務連絡で特例的に認められている電話や情報通信機器を用いた診療を行う医師は、可能な限り速やかに、遅くとも令和３年３月末までに、「オンライン診療の適切な実施に関する指針」で受講を求めている研修を受講するように勧奨しています。この研修はオンラインで受講可能なので、該当する場合は下記サイトより早めの受講をお勧めします。

⇒厚生労働省 オンライン診療研修実施概要 https://telemed-training.jp/entry

## 5. オンライン診療の将来

厚生労働省は、4の特例措置は新型コロナウイルス感染症が終息するまでの時限的措置だと明言していました。しかし、安倍政権時代の令和2年7月17日の閣議において、新型コロナウイルス感染症の感染拡大を踏まえた時限的措置の検証結果等に基づき、オンライン診療の適切な普及・促進に向けて必要な見直しを行う等の議論があり、菅政権になって以降、10月9日の閣議後に田村厚生労働大臣から、「安全性と信頼性をベースに、初診も含めオンライン診療は原則解禁することでそれぞれが合意と言いますか、意識合わせをしたということです。」といった発言がありました。このような動きを受けて、11月2日に行われた「第11回オンライン診療の適切な実施に関する指針の見直しに関する検討会」では、今後のオンライン診療のあり方の検討として、次のような検討がなされています。

・安全性と信頼性をベースに、初診も含めオンライン診療は原則解禁する。

・オンライン診療は、電話ではなく映像があることを原則とする。

・安全性と信頼性については、オンライン診療を行うことによる患者の利便性等のメリットと、対面診療を行わないことによる疾患の見逃し・重症化のリスクや、患者と医療機関の感染やトラブルのリスク等を総合的に考慮する。

・新型コロナウイルス感染症の拡大に際しての時限的措置の検証結果を踏まえつつ、今後のオンライン診療のあり方として具体的に位置づけるものを検討する。

今後、議論は紆余曲折が予想され、本稿執筆時点では、最終的にどのような結論になるのかはまったく予断を許しません。

しかし、その一方でIT・AI技術は、想像を超えるスピードで進歩しています。その結果、近い将来、国もSociety 5.0が実現するとの見通しを出しており、今回の新型コロナウイルス感染症は、IT化を進める菅政権の政策とも相まってSociety 5.0の実現を早めるきっかけになる可能性があります。オンライン診療が、その時のメインストリームになるのかはわかりませんが、在宅分野を別にしても診療所経営者としては、今後のオンライン診療の動向に十分な関心を持つことは必須と考えられます。

### 3-7-3［内閣府Society5.0新たな価値の事例（医療・介護）］

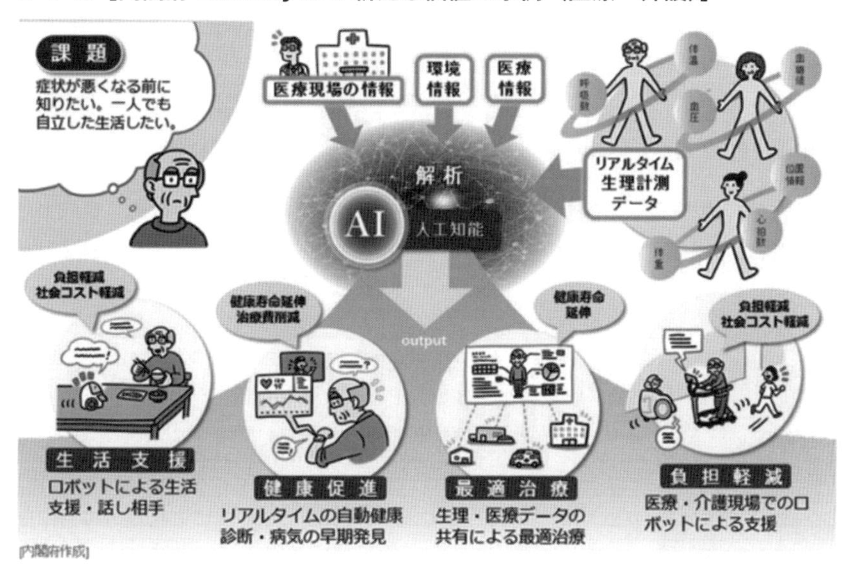


出典：内閣府ホームページ「Society5.0新たな価値の事例（医療・介護）」より
https://www8.cao.go.jp/cstp/society5_0/medical.html

注）「LINE」はLINE株式会社の商標または登録商標です。
「Zoom」はZoom Video Communications, Inc. の登録商標です。

## 著者略歴

**岸部 宏一（きしべこ ういち）**

行政書士法人横浜医療法務事務所 代表社員
有限会社メディカルサービスサポーターズ代表取締役
URL：https://www.med-ss.jp/
1965 年 東京都生まれ（秋田市育ち）1988 年 中央大学商学部商業・貿易学科卒
特定行政書士、日本医師会医療安全推進者、２級福祉住環境コーディネーター、個人情報保護士、医業承継士
バイエル薬品㈱で 10 年余ＭＲを経験後、医療法人（人工透析・消化器内科）事務長として医療法人運営と新規事業所開設を担当。2000 年より㈱川原経営総合センター（川原税務会計事務所／現：税理士法人川原経営）医療経営指導部で修行、2001 年行政書士登録を経て 2004 年独立。医業経営コンサルタントとして全国の病院・診療所の経営指導・経営支援の傍ら、医療法務分野の第一人者として法務実務並びに医師会、薬剤師会、各種士業団体等での講演を通じ、医療経営についての啓蒙活動を継続。
＝執筆＝
日経メディカルオンライン連載「クリニック事件簿」「ある日院長が倒れたら」（日経 BP 社）
『クリニック開業を思い立ったら最初に読む本』（2016.6 日本法令 / 共著）
『小説で学ぶクリニック承継 ある院長のラストレター』（2017.6 中外医薬社 / 共著）
『医療法人設立認可申請ハンドブック』（2017.9 日本法令 / 共著）
『病医院の引き継ぎ方・終わらせ方が気になったら最初に読む本』（2019.5 日本法令 / 共著）
『医業経営の専門家集団が教える 新 クリニックのための書式とその解説（書式テンプレート 180）』（2020.7 日本法令 / 共著）
『３訂版 医療法人の設立・運営・承継・解散』（2021.2. 日本法令 / 共著）

**松山　茂（まつやま しげる）**

ＭＳ行政書士事務所
URL：http://msgyosei.onamae.jp/
1961 年東京生まれ。特定行政書士、社会福祉士
慶応義塾大学経済学部を卒業後、大手化学メーカーに就職。20 年間営業職として勤務し退職。2006 年に東北地方の沿岸部でクリニックを医師２名と共に立ち上げ、事務長に就任。その後、在宅医療に特化したクリニックの設立、東日本大震災による被災（津波によるクリニックの全壊・廃院）などを経て、再びクリニックの事務長に就任し、現在に至る。最初のクリニックも現在のクリニックも外来診療を行いながら在宅医療も行っている。2017 年に、行政書士試験に合格してＭＳ行政書士事務所を開設し、クリニックの各種手続きやコンサルティングなども行っている。
２級ファイナンシャル・プランニング技能士（個人資産相談業務）、２級福祉住環境コーディネーター、医科医療事務管理士

**小島 浩二郎（こじま こうじろう）**

税理士法人晴海パートナーズ代表社員
URL：http://harumi-partners.jp/
1972年東京生まれ 2000年税理士登録
大学卒業後に大手税理士専門学校講師を経て、千代田区の税理士法人入社、中小企業、病院・クリニックなどの医療法人・個人の税務申告やコンサルティングを行う。2003年独立、2015年1月に弁護士7名税理士2名で中央区築地に晴海パートナーズグループ立ち上げ社会保険労務士事務所、行政書士事務所が加わり現在に至る。
病医院に対する300件以上の財務コンサルと中小企業のM&Aのコンサル実績があり、またスポーツ組織の支援も行う。
公益社団法人日本新体操連盟　監事
一般社団法人日本アーバンスポーツ支援協議会　監事
一般社団法人医業承継士協会代表理事 ほか
＝執筆＝
『病医院の引き継ぎ方・終わらせ方が気になったら最初に読む本』（2019.5 日本法令/共著）

**山田 隆史　（やまだ たかふみ）**

山田隆史法律事務所
URL：https://yamadatakafumi-lo.com/
1970年 福岡県柳川市生まれ 1994年 早稲田大学法学部卒業
2004年 司法研修所修了　同年 弁護士登録
2011年 山田隆史法律事務所開設
弁護士登録当初より、医療施設・介護施設側のみから依頼を受け、医療事故・介護事故を中心とする医療案件・介護案件を積極的に手がけ、これまでに担当した案件は300件に上る。独立後は、医療事故・介護事故のみならず、クレーム対応、未払診療費の回収、スタッフの労務管理、業者との契約関係の処理、医療施設の開設・承継に関する法的チェック等、医療施設の運営における様々な問題の助言、対応を業務の中心とし、これらの経験を踏まえた講演、セミナー等も多数行っている。
＝執筆＝
『医業経営の専門家集団が教える 最新 クリニックのための書式とその解説（書式テンプレート180）』（2020.7 日本法令/共著）

クリニックが在宅医療をはじめよう
と思ったら最初に読む本

令和３年２月20日　初版発行
令和５年３月20日　初版２刷

〒101-0032
東京都千代田区岩本町1丁目2番19号
https://www.horei.co.jp/

検印省略

編　著　医業経営研鑽会
著　者　岸部宏一
　　　　松山　茂
　　　　小島浩二郎
　　　　山田隆史
発行者　青木健次
編集者　岩倉春光
印刷所　神谷印刷
製本所　国宝社

（営 業）　TEL　03-6858-6967　　Eメール　syuppan@horei.co.jp
（通 販）　TEL　03-6858-6966　　Eメール　book.order@horei.co.jp
（編 集）　FAX　03-6858-6957　　Eメール　tankoubon@horei.co.jp

（バーチャルショップ）　https://www.horei.co.jp/iec/
（お詫びと訂正）　https://www.horei.co.jp/book/owabi.shtml
（書籍の追加情報）　https://www.horei.co.jp/book/osirasebook.shtml

※万一、本書の内容に誤記等が判明した場合には、上記「お詫びと訂正」に最新情報を掲載しております。ホームページに掲載されていない内容につきましては、FAXまたはEメールで編集までお問合せください。



ISBN 978-4-539-72816-1